A TÓPICA E O SUPREMO TRIBUNAL FEDERAL

Paulo Roberto Soares Mendonça

Doutor em Direito pela UERJ, Mestre em Direito pela PUC-RJ, Professor Adjunto da Uni-Rio e da PUC-RJ, Professor do Mestrado em Direito da Universidade Candido Mendes, Procurador do Município do Rio de Janeiro

A TÓPICA E O SUPREMO TRIBUNAL FEDERAL

RENOVAR
Rio de Janeiro • São Paulo
2003

Todos os direitos reservados à
LIVRARIA E EDITORA RENOVAR LTDA.
MATRIZ: Rua da Assembléia, 10/2.421 - Centro - RJ
CEP: 20011-901 - Tel.: (21) 2531-2205 - Fax: (21) 2531-2135
LIVRARIA CENTRO: Rua da Assembléia, 10 - loja E - Centro - RJ
CEP: 20011-901 - Tels.: (21) 2531-1316 / 2531-1338 - Fax: (21) 2531-1873
LIVRARIA IPANEMA: Rua Visconde de Pirajá, 273 - loja A - Ipanema - RJ
CEP: 22410-001 - Tel: (21) 2287-4080 - Fax: (21) 2287-4888
FILIAL RJ: Rua Antunes Maciel, 177 - São Cristóvão - RJ - CEP: 20940-010
Tels.: (21) 2589-1863 / 2580-8596 / 3860-6199 - Fax: (21) 2589-1962
FILIAL SP: Rua Santo Amaro, 257-A - Bela Vista - SP - CEP: 01315-001
Tel.: (11) 3104-9951 - Fax: (11) 3105-0359

www.editorarenovar.com.br   renovar@editorarenovar.com.br
SAC: 0800-221863

Conselho Editorial

Arnaldo Lopes Süssekind — Presidente
Carlos Alberto Menezes Direito
Caio Tácito
Luiz Emygdio F. da Rosa Jr.
Celso de Albuquerque Mello
Ricardo Pereira Lira
Ricardo Lobo Torres
Vicente de Paulo Barretto

Revisão Tipográfica
Paulo Guanaes
Renato R. Carvalho

Capa
Adriano Bottino

Editoração Eletrônica
TopTextos Edições Gráficas Ltda.

№ 1400

CIP-Brasil. Catalogação-na-fonte
Sindicato Nacional dos Editores de Livros, RJ.

M252	Mendonça, Paulo Roberto Soares
	    A tópica e o Supremo Tribunal Federal / Paulo Roberto Soares Mendonça. — Rio de Janeiro: Renovar, 2003.
	    414p. ; 21cm.
	
	    ISBN 85-7147-357-9
	
	    1. Jurisprudência do STF — Brasil. I. Título.
	
	                                                                                    CDD 343.810887

Proibida a reprodução (Lei 9.610/98)
Impresso no Brasil
Printed in Brazil

A Vânia, meu amor

Meus agradecimentos

— ao Professor Doutor Vicente de Paulo Barretto, pela orientação dada ao longo da elaboração da tese de Doutorado que deu origem a esta obra.

— aos ilustres membros da banca examinadora de tese, Professores Doutores Juarez Freitas, João Maurício Adeodato, Nelson Saldanha e Ricardo Lobo Torres, que com suas críticas e sugestões nos permitiram aprimorar o trabalho original, dando origem a este livro.

— aos integrantes do Corpo Docente do Programa de Pós-Graduação em Direito Civil da Faculdade de Direito da Universidade do Estado do Rio de Janeiro, pelas preciosas lições recebidas nas disciplinas do Curso de Doutorado.

— à Coordenação da Pós-Graduação em Direito, à Direção da Faculdade de Direito e à própria Universidade do Estado do Rio de Janeiro, pelo apoio recebido durante o Doutorado.

— à Vice-Reitoria de Pós-Graduação e Pesquisa da Universidade Estácio de Sá e à Coordenação do Mestrado em Direito daquela Instituição, pelo apoio institucional e financeiro fornecido para a elaboração da tese de Doutorado, no ano de 2000.

— à Vânia, minha esposa, pela digitação dos manuscritos originais da tese.

— aos meus pais, Moysés e Francisca (*in memorian*), pela paciência e compreensão com as minhas ausências no período de elaboração desta obra.

— aos meus sogros, irmãos, cunhados, parentes e amigos, pelo pensamento positivo.

— aos meus ex-alunos do Mestrado em Direito da Universidade Estácio de Sá e da Graduação em Direito da PUC-RIO, de forma muito especial aos da disciplina de Retórica e Teoria da Argumentação, a qual representou um verdadeiro laboratório da metodologia de estudo do direito proposta nesta obra.

"There is no doubt that if there were a super-Supreme Court, a substancial proportion of our reversals of state courts would also be reversed. We are not final because we are infalible, but we are infalible only because we are final."

Justice Robert H. Jackson, Juiz da Suprema Corte norte-americana, citado por Bernard Schwartz, no prefácio de *Decision: how the Supreme Court decides cases*, New York, Oxford University Press, 1996, p. x.

Prefácio

O livro do prof. Paulo Soares Mendonça traz para a literatura jurídica nacional uma valiosa contribuição. Sob o enganador título, *A Tópica e o Supremo Tribunal Federal*, o livro pretende realizar uma análise da jurisprudência do STF para isto empregando o instrumental clássico da tópica; no entanto, o livro é mais do que uma análise casuística de decisões. A temática e o projeto interpretativo, sugerido pelo Prof. Paulo Mendonça, constitui-se em original abordagem da jurisprudência, utilizando um método hermenêutico muito discutido e estudado do ponto de vista teórico, em dissertações e teses sobre a obra de Theodor Viehweg, mas pouco utilizado na análise da realidade judiciária brasileira.

A principal originalidade do texto do prof. Paulo Mendonça reside na aplicação da tópica não de forma mecânica, mas como resultante de uma instigante recuperação teórica e histórica das próprias raízes da cultura jurídica ocidental, quer nos indica uma concepção específica do Direito. Para isto, o autor trabalha com fontes originais e desdobra para o leitor um rico panorama da evolução da ciência jurídica, tendo com eixo central precisamente a questão da interpretação das leis e a reflexão teórica sobre a mesma. A interpretação não aparece, assim, como um dado transmitido através da lição de mestres hermeneutas, mas como o tema original em torno do qual iniciou-se a construção do sistema de conhecimento que hoje constitui a ciência do direito.

Essa evolução histórica, entretanto, não é meramente seqüencial, onde datas e autores povoam as páginas e a imaginação do leitor, marcando o tempo histórico e o espaço das grandes culturas jurídicas do Ocidente. O livro trata dos modelos lógico-racionais, e sua contextualização política e social, que marcaram as diferentes etapas da construção do saber hermenêutico. As raízes da ciência do direito identificam-se com a necessidade de análise e interpretação dos primeiros exemplos de sistematização legal na história do Ocidente, que ocorrem com o Código de Justiniano, referente à legislação e ao estudo da doutrina e jurisprudência do direito romano, e o Decreto de Gratiano, que sistematiza a legislação da Igreja Católica. As primeiras inquirições teóricas sobre a temática da sistematização e da interpretação das leis, que serviram de base para a ciência jurídica moderna, surgiram na Idade Média, estando relacionadas com a necessidade da aplicação e da interpretação dos textos legais do Império ou da Igreja Católica.

O livro inicia-se, portanto, com este processo de recuperação das origens da ciência jurídica no Ocidente. Esse processo, como escreve o prof. Paulo Mendonça, desenvolveu-se nas universidades européias, principalmente no centro pioneiro de formação dos glosadores, a

Universidade de Bolonha. O primeiro passo para a sistematização de uma ciência da interpretação deu-se em virtude de terem sido as universidades chamadas, principalmente, na Grã-Bretanha, Itália e França, a formarem os quadros dirigentes das monarquias que surgiam no panorama político europeu.

O fenômeno interessante assinalado pelos estudiosos do tema é o de que a teoria da interpretação teológica, filosófica e jurídica teve que esperar alguns séculos para aperfeiçoar-se e constituir um corpo sistematizado do conhecimento científico. Somente no alvorecer da Idade Moderna, principalmente depois da Reforma Protestante, é que começaram a surgir autores que, contestando a interpretação única e dogmática dos livros sagrados realizada pelos teólogos católicos, começaram a organizar uma reflexão crítico-sistemática sobre o problema da interpretação. Elaboraram-se, então, os primeiros sistemas interpretativos, que serviriam de base para a sofisticada construção teórica do tema, a partir do final do século XVIII.

A segunda parte do livro do Prof. Paulo Mendonça, trata especificamente da teoria do raciocínio tópico no direito, contrapondo-o ao raciocínio sistemático. O autor mostra as relações da tópica com o direito, explicitando e problematizando a contribuição clássica de Aristóteles; privilegia, com razão, a contribuição de Cícero, não tanto para a teoria da interpretação, mas principalmente para a sua prática. Finalmente, trata do autor com quem irá trabalhar, Theodor Viehweg.

O prof. Paulo Mendonça, entretanto, ao escolher a tópica de Viehweg como instrumental de seu trabalho analítico, não se furtou de reconhecer os impasses com que esse modelo se defronta no quadro da cultura jurídica contemporânea. Examina como esse declínio achava-se já prenunciado na própria evolução do direito na modernidade, que teve na teoria pura do direito de Hans Kelsen o seu mais elaborado momento. Por essa razão, chama a atenção o prof. Paulo Mendonça, como essas dificuldades da tópica na modernidade acabaram por explicitar-se em problemas que perderam o seu caráter epistemológico para dar lugar a impasses que têm mais a ver com metodologias do que com uma teoria da interpretação. Sugere, então, o prof. Paulo Mendonça alternativas tópicas para essa metodologia do direito em crise. Contribui com um capítulo intitulado, significativamente, "Desfazendo alguns mitos sobre a tópica jurídica", onde questiona alguns dos principais argumentos que contestam a viabilidade teórica e a utilidade prática do emprego da tópica no direito.

Estabelecidos, então, os parâmetros referenciais em que o leitor encontra-se situado no contexto da temática, o prof. Paulo Mendonça, leva para a análise das decisões do poder judiciário, especificamente do Supremo Tribunal Federal, todo o arcabouço teórico-crítico desenvolvido. A obra do Prof. Paulo Mendonça contribui, portanto, para que se possa situar na literatura jurídica nacional o entendimento da problemática da interpretação em nível teórico mais elaborado, crítico e exigente, sendo mais um livro que rompe com a tradição positivista e dogmática.

Rio de Janeiro, 16 de dezembro de 2002

Vicente de Paulo Barretto

SUMÁRIO

PREFÁCIO VII
INTRODUÇÃO 1

Capítulo 1
AS RAÍZES MEDIEVAIS DA TRADIÇÃO JURÍDICA
OCIDENTAL 13
1.1 História e metodologia do direito 18
1.2 A crise dos fundamentos do direito ocidental 21
1.3 As universidades européias e a formação da ciência do
    direito ocidental 27
  1.3.1 O *Imperium* e o *ius commune* europeu 33
  1.3.2 A Universidade de Bolonha 36
    1.3.2.1 O programa escolar e o ensino 38
    1.3.2.2 A influência do método dos glosadores 41
  1.3.3 Os comentadores ou pós-glosadores 43
1.4 Diferença entre o pensamento jurídico medieval e o
    romano 46
1.5 Direito canônico e sistematização do direito 50
  1.5.1 Dialética escolástica e ciência do direito 50
  1.5.2 Direito romano e direito canônico 55
  1.5.3 *Corpus Ecclesiae mysticum* e *corpus Reipublicae*
        mysticum 57

1.5.4 A *Constituição* da Igreja e a harmonização das normas 61
1.5.5 Limitações à jurisdição eclesiástica 63
1.5.6 Aspectos procedimentais do direito canônico 68
1.6 O direito medieval e a ciência no Ocidente 73
  1.6.1 Características metodológicas da ciência do direito 73
  1.6.2 Premissas de valor da ciência do direito 77
  1.6.3 Normas sociológicas da ciência do direito 80
1.7 O retorno ao pensamento jurídico medieval e a compreensão do direito 84

Capítulo 2
O RACIOCÍNIO TÓPICO E SISTEMÁTICO NO DIREITO 87
2.1 A tópica e o direito 88
  2.1.1 Fundamentos da tópica 88
    2.1.1.1 A tópica de Aristóteles 89
    2.1.1.2 A tópica de Cícero 97
    2.1.1.3 A tópica de Viehweg 100
  2.1.2 A tópica na tradição jurídica ocidental 104
    2.1.2.1 O direito romano 104
    2.1.2.2 O direito medieval 107
  2.1.3 O humanismo e o rompimento com o raciocínio tópico no direito 111
2.2 A concepção sistemática do direito 112
  2.2.1 A noção de sistema 113
  2.2.2 Direito e sistema 116
    2.2.2.1 Sistemas estáticos e sistemas dinâmicos 117
    2.2.2.2 Sistemas formais e sistemas materiais 121
      2.2.2.2.1 Sistematicidade formal 123
      2.2.2.2.2 Sistematicidade material 134
    2.2.2.3 Sistemas circulares e sistemas lineares 141
    2.2.2.4 Uma sistematicidade específica para o direito .. 146

Capítulo 3
DO PROBLEMA AO SISTEMA: O DECLÍNIO DA TÓPICA NA MODERNIDADE 147
3.1 A Era Moderna e o direito racional 150

3.2 Estado e sistema jurídico 157
3.3 A Revolução Francesa e a codificação do direito 164
   3.3.1 O Código de Napoleão 167
   3.3.2 A Escola da Exegese 172
3.4 O *pandectismo* alemão e o sistema de conceitos jurídicos... 179
3.5 A teoria pura do direito de Hans Kelsen 183
3.6 Problemas metodológicos derivados do declínio da tópica.. 189

Capítulo 4
ALTERNATIVAS TÓPICAS PARA A METODOLOGIA
DO DIREITO 197
4.1 A tópica de Theodor Viehweg aplicada ao direito 197
   4.1.1 A tópica e a aporia da justiça 206
   4.1.2 Tópica e argumentação 215
4.2 A vertente argumentativa da ciência do direito 218
   4.2.1 A teoria da argumentação de Chaïm Perelman 221
      4.2.1.1 Demonstração e argumentação 223
      4.2.1.2 Características e pressupostos da
               argumentação 227
      4.2.1.3 Dos tipos de argumentos 231
   4.2.2 Argumentação e direito 235
4.3 Da importância da teoria da argumentação para uma
    abordagem tópica do direito 241
4.4 Desfazendo alguns mitos sobre a tópica jurídica 243
   4.4.1 Mito nº 1: *sistema jurídico e tópica não são harmonizáveis* 243
   4.4.2 Mito nº 2: *para ser jurídico deve ser sistemático* 248
   4.4.3 Mito nº 3: *sistema jurídico aberto não pressupõe raciocínio tópico* 251
   4.4.4 Mito nº 4: *não há qualquer inovação, quando a tópica vincula conceitos e proposições jurídicas a problemas* 253
   4.4.5 Mito nº 5: *a tópica está ligada à dialética, que se liga à retórica, e todas estão distantes da verdade* 254
   4.4.6 Mito nº 6: *a tópica é útil apenas para o legislador* 258
   4.4.7 Mito nº 7: *a tópica só é útil excepcionalmente, quando a valoração pelo direito positivo é incompleta,*

  como no caso das lacunas da lei e das cláusulas gerais 263
4.5 O raciocínio tópico como opção para a ciência do direito ... 265

Capítulo 5
O SUPREMO TRIBUNAL FEDERAL E O RACIOCÍNIO TÓPICO 273
5.1 A tópica e os tribunais superiores 276
 5.1.1 Hermenêutica constitucional e tópica 282
  5.1.1.1 O papel do tribunais superiores na concretização dos princípios constitucionais .. 285
   5.1.1.1.1 A motivação das decisões judiciais 288
   5.1.1.1.2 A constitucionalização do direito privado 293
5.2 A construção tópica do direito pelo Supremo Tribunal Federal 300
 5.2.1 A delimitação do conceito de *interesse público* 304
 5.2.2 A força dos precedentes 346
 5.2.3 As mudanças jurisprudenciais: o caso do mandado de injunção 360
5.3 A relevância da metodologia proposta 373

Capítulo 6
CONCLUSÃO 377

REFERÊNCIAS BIBLIOGRÁFICAS 395

Introdução

Esta obra é um produto, com alguns acréscimos e alterações, da tese de Doutorado intitulada *O Raciocínio Tópico e a Jurisprudência do Supremo Tribunal Federal*, defendida e aprovada junto ao Programa de Pós-Graduação em Direito da Universidade do Estado do Rio de Janeiro, no ano de 2000. As modificações empreendidas no texto original tiveram como inspiração as sugestões e críticas dos membros da banca examinadora e algumas leituras realizadas posteriormente à elaboração da tese.

O interesse pelo tema desta obra surgiu a partir de diferentes atividades de pesquisa sobre o Poder Judiciário, desenvolvidas no Departamento de Direito da PUC-RJ, a partir de 1988. Trata-se de uma preocupação surgida ainda quando bolsista de iniciação científica naquela Instituição, que ganhou corpo nas atividades desenvolvidas como discente de seu Mestrado em Direito e que culminaram na dissertação *A Argumentação nas Decisões Judiciais: uma análise segundo a teoria da argumentação de Chaïm Perel-*

man.¹ Posteriormente, em pesquisa de iniciação científica que se teve oportunidade de orientar naquela instituição, entre 1995 e 1997,² foram lançadas as bases de uma reflexão que alcançou um maior aprofundamento no presente trabalho.

Na linha de abordagem aqui adotada é priorizada exatamente a importância, na história da cultura jurídica ocidental, de uma prática de construção do direito por meio de processos decisórios judiciais, prática esta que, a nosso ver, perdeu-se a partir da adoção da concepção lógico-formal do direito, iniciada na Idade Moderna e levada a um grau extremo pelo positivismo jurídico do século XIX e pelo normativismo jurídico de Hans Kelsen, na primeira metade do século XX.

Somente é possível compreender a proposta de revitalização desse processo de aplicação do direito, como preocupação da metodologia jurídica, quando se considera que até a eclosão do modelo do direito codificado no século XIX, a atuação dos tribunais ainda contribuía para a criação das normas jurídicas dos Estados ocidentais, sobretudo aquelas aplicáveis às relações de direito privado.

O que hoje é comumente chamado de crise do Poder Judiciário decorre em grande parte de um descompasso entre os referenciais interpretativos do direito, adotados no século XIX e a dinâmica das sociedades complexas da

---

1. A referida dissertação foi publicada em 1997 pela Editora Renovar sob o título reduzido de *A Argumentação nas Decisões Judiciais*, já em sua segunda edição.
2. A pesquisa intitulada *A Questão Argumentativa e os Tribunais Superiores* foi desenvolvida pelo autor, como professor do Departamento de Direito da PUC-RJ, com o auxílio de dois bolsistas de iniciação científica, havendo sido iniciada em agosto de 1995 e concluída em julho de 1997.

atualidade. Tal situação pode ser constatada principalmente na atuação dos tribunais superiores, que por diversas vezes são levados a abandonar um tratamento puramente técnico das questões jurídicas a fim de buscar soluções razoáveis para os novos problemas que lhes são apresentados. Este tipo de procedimento seria inadmissível dentro de uma visão absolutamente lógico-formal do sistema jurídico, segundo a qual o ordenamento é formado a partir de axiomas rígidos e a busca de soluções jurídicas só é possível a partir de um raciocínio dedutivo, que os tome como premissa maior.

A proposta aqui formulada caminha exatamente no sentido de uma rediscussão do papel do julgador nos sistemas de direito codificado, verificando inclusive se o estudo do papel criador da jurisprudência pode servir de base para a construção de uma nova metodologia do direito. Essa nova metodologia parte do pressuposto de que os tribunais têm papel decisivo na construção da normatividade do ordenamento jurídico.

É importante destacar que a preocupação central da presente obra não está relacionada com a análise de aspectos de natureza essencialmente processual da atuação do Poder Judiciário, mas com os mecanismos de natureza argumentativa que orientam as suas decisões.

O marco teórico da obra encontra-se na chamada *tópica jurídica* de Theodor Viehweg, que pretende retomar o modo de pensar tópico na ciência do direito, que fez parte do pensamento jurídico até a Baixa Idade Média e entrou em declínio com o processo crescente de racionalização do direito, ocorrido a partir da Era Moderna. A proposta de Viehweg passa exatamente por um retorno às origens problemáticas do direito na Antiguidade e na Idade Média, quando eram consagradas certas máximas (*topoi, loci*), que se consolidavam a partir da reiteração das soluções dadas para casos concretos não contemplados pelo direito então existente. Esse modo de pensar fundado em problemas adquire relevância metodológica, no momento em que possibilita uma investigação dos próprios fundamentos da ordem jurídica, a partir de um raciocínio indutivo, e não reduz a tarefa do aplicador do direito a um mero silogismo normativo.

A *tópica* oferece a orientação básica para a estrutura da obra, muito embora deva-se reconhecer a sua clara conexão com uma vertente argumentativa do direito, reconhecida pelo próprio Viehweg, que, citando Cícero, vê a tópica como uma *"praxis* da argumentação".[3] Assim, recorrer-se-á também a conceitos fundamentais da *teoria da argumentação* de Chaïm Perelman. Em verdade, o raciocínio a partir de problemas adotado pelos tribunais com freqüência lança mão de recursos argumentativos, a fim de tornar aceitáveis as novas construções jurídicas desenvolvidas. O discurso dos tribunais fundamenta-se não apenas na autoridade da função jurisdicional, mas também na procura de uma adesão social aos fundamentos das decisões proferidas.

O estudo da atividade argumentativa dos tribunais faz com que se possa melhor compreender o caráter legitimador das suas decisões. Elas, mais do que criarem uma imposição de conduta jurídica, devem aproximar-se de certos

---

3. Theodor VIEHWEG, *Tópica e Jurisprudência*, tradução de Tércio Sampaio Ferraz Jr., Brasília, Imprensa Nacional, 1979 (orig. 1953), p. 31. Versão em inglês: *Topics and Law: a contribution to basic research in Law*, translated by Cole Durham Jr., Frankfurt am Main; Berlin; Bern; New York; Paris; Wien, Lang, 1993, p. 17. As referências seguintes da obra terão como base apenas a versão em língua portuguesa.

valores socialmente consagrados, de modo a estabelecerem uma harmonização entre o discurso juridicamente dominante e aquele presente no senso comum da sociedade. Tal tarefa exige a adoção de um modelo de raciocínio que considere o contexto no qual o direito é aplicado, o que é uma preocupação fundamental da tópica jurídica.

A presente obra parte, portanto, da hipótese de que a normatividade do ordenamento jurídico não resulta apenas da atuação do Poder Legislativo, verificando-se uma verdadeira complementação normativa, a partir da atividade decisória do tribunais superiores, que utilizam vários tipos de argumento na solução de novos problemas.

A fim de comprovar a validade da hipótese ora formulada, optou-se por desenvolver um estudo de decisões marcantes do Supremo Tribunal Federal, posteriores à entrada em vigor da Constituição de 1988, em que tenha sido debatida a natureza do conceito de *interesse público*. A opção por tal conceito derivou muito mais da necessidade metodológica de delimitar precisamente o objeto da investigação, do que de alguma predileção em especial. Poder-se-ia até ter adotado outro conceito jurídico qualquer como referência, mas o conceito escolhido é dotado de uma abertura de conteúdo, que permite uma concretização de seu significado pela jurisprudência. Deve-se destacar, ainda, que outros acórdãos obtidos ao longo do levantamento e não vinculados especificamente à discussão sobre o conceito de interesse público, foram também considerados relevantes para a discussão sobre a força dos precedentes nos sistemas de direito codificado e inseridos em itens próprios da obra.[4]

---

4. Ver itens 5.2.2 e 5.2.3 *infra*.

A metodologia utilizada na elaboração da obra comportou uma fase inicial essencialmente de pesquisa bibliográfica sobre a *história do pensamento jurídico ocidental* e sobre a *teoria do direito*, a fim consolidar as bases factuais e conceituais da obra. Em seguida, foi trabalhado o suporte teórico da obra, a partir da *tópica jurídica* de Theodor Viehweg e da *teoria da argumentação* de Chaïm Perelman. A esta fase, seguiu-se a referida pesquisa de acórdãos do Supremo Tribunal Federal, posteriores à Constituição de 1988. Foi realizada uma análise qualitativa de casos, na qual foram priorizados acórdãos em que tenha sido debatido o conceito de *interesse público*. A jurisprudência foi coletada junto à *Revista Trimestral de Jurisprudência*, ao *Ementário de Jurisprudência do Supremo Tribunal Federal* e à página daquela Corte na *Internet*. A análise realizada incidiu sobre a totalidade dos votos dos ministros e não apenas sobre as ementas dos acórdãos. Tal fato justifica a preocupação mais qualitativa do que propriamente quantitativa na análise, até mesmo porque não pretendeu a pesquisa realizada levantar dados de ordem estatística, mas apenas analisar em cada caso como os ministros utilizavam-se de raciocínios tópicos na fundamentação de suas decisões.

A *tópica jurídica* e a *teoria da argumentação* serviram, assim, de parâmetros metodológicos para a análise dos acórdãos do Supremo Tribunal Federal. Foram selecionados acórdãos em que o exercício argumentativo deu-se de forma expressiva. A análise empreendida dedicou especial atenção à tipologia dos argumentos utilizados: *dissociativos de idéias, associativos, quase-lógicos*, segundo a classificação desenvolvida por Perelman.[5] A tópica de Viewheg ser-

---

5. Ver item 4.2.1.3 *infra*.

viu de referência para o levantamento daqueles casos em que o Supremo Tribunal Federal delimitou a amplitude jurídica do conceito de *interesse público*, a partir da análise das características de casos particulares.

Outro aspecto importante a ser destacado em relação à feitura da obra diz respeito ao fato de que o trabalho apresenta um reduzido número de citações literais de autores, além de terem sido evitadas as chamadas referências "de segunda mão". Além disso, há nesta obra uma preocupação constante com as referências internas do próprio trabalho, a fim de evitar que ficasse comprometida a organicidade do texto.

Em verdade, apenas o Capítulo 5 da obra, na parte em que são analisados os acórdãos do Supremo Tribunal Federal, recorre a várias citações literais dos votos. Tal estrutura justifica-se, na medida em que se optou por não agregar ao corpo da obra um Anexo, contendo a íntegra dos acórdãos, o que fatalmente exigiu que se desse ao leitor conhecimento dos trechos dos votos dos ministros que foram objeto de discussão na obra.

A obra está organizada em cinco grandes eixos temáticos, aos quais correspondem os capítulos, mais a parte conclusiva, presente em capítulo próprio.

Inicialmente são debatidas as raízes medievais da tradição jurídica ocidental, estudo fundamental para que se tenha conhecimento dos mecanismos históricos de surgimento da ciência do direito no Ocidente, a partir da Baixa Idade Média. Neste primeiro Capítulo faz-se um balanço do quadro de crise do direito na atualidade e das possibilidades de uma abordagem histórico-jurídica como uma alternativa viável para a construção de um novo parâmetro para a dogmática jurídica. Um estudo fundamental deste Capítulo diz respeito ao processo de formação da ciência do direito nas primeiras universidades européias, sobretudo o papel dos *glosadores* e *pós-glosadores* italianos, que realizaram estudos jurídicos, tendo por base a retomada das fontes romanísticas do direito. Também o direito canônico teve grande importância para o direito da Baixa Idade Média, pois o seu método escolástico de interpretação dos textos sagrados e dos canônes da Igreja influenciou a própria hermenêutica jurídica medieval, que, por sua vez, é responsável por diversos processos de interpretação ainda hoje utilizados pelos juristas ocidentais. O direito canônico também contribuiu sensivelmente com o processo de sistematização das normas jurídicas, ao adotar critérios de autoridade, cronologia e especialização na determinação das normas aplicáveis a cada caso e da jurisdição competente para o seu julgamento. O fecho do primeiro Capítulo é marcado por um exame do legado da cultura medieval para o pensamento do Ocidente, principalmente no campo do direito, sob os prismas valorativo, sociológico e metodológico.

O segundo grande eixo de discussão da obra, correspondente ao Capítulo 2, desenvolve uma diferenciação entre raciocínio tópico e sistemático, indispensável para que se possa chegar à discussão central do trabalho. A defesa da possibilidade de harmonização entre a tópica e a concepção sistemática do direito pressupõe o conhecimento dos limites e da natureza de cada um desses modos de pensar. No que tange ao pensamento tópico, este Capítulo analisa as suas três influências básicas no direito: Aristóteles, Cícero e o anteriormente citado Theodor Viehweg. Acrescente-se que este Capítulo discute as manifestações tópicas no direito ocidental, presentes no direito romano e no direito medieval, e a ruptura com o raciocínio tópico, iniciada pelo humanismo da Idade Média tardia. Quanto ao aspecto sistemático do direito, primeiramente é discutida genericamente a noção de sistema, para em seguida abordar-se a forma como tal conceito é aplicado ao direito, em suas diferentes formulações: sistema estático e sistema dinâmico, sistema formal e sistema material, sistema circular e sistema linear. Este Capítulo tem o seu fechamento com uma reflexão acerca das particularidades dos sistemas jurídicos.

O Capítulo 3 retoma a discussão ligada à história do pensamento jurídico, presente no Capítulo 1 da obra, a fim de consolidar as causas do declínio dos métodos tópicos de estudo do direito, a partir da Idade Moderna. Inicialmente, é abordada a mudança ocorrida na própria consciência do homem ocidental, que passou de uma cultura fortemente teologizada para uma de perfil laico, baseada no conceito de razão humana. A Era Moderna trouxe também uma importante modificação na função do direito, que passou de ser um mecanismo essencialmente voltado para a resolução de problemas, como aconteceu até a Idade Média, para se transformar em um instrumento de afirmação da autoridade dos Estados modernos. O conceito de sistema jurídico passou a estar associado a um conjunto de normas derivadas do Estado, organizadas dedutivamente. Estas são as bases do positivismo jurídico, cujas tendências principais são também discutidas no Capítulo 3: o positivismo legalista da Escola da Exegese francesa, o conceitualismo da pandectística alemã e o normativismo jurídico de Hans Kelsen. O encerramento deste Capítulo enfoca os problemas metodológicos ocasionados pelo declínio da tópica na modernidade.

O quarto eixo de discussão da obra parte exatamente da crise metodológica derivada do declínio das correntes positivistas do direito, para debater alternativas tópicas para a metodologia do direito. Neste Capítulo são discutidas de início a função da tópica jurídica de Theodor Viehweg, como instrumento para a concretização da aporia da justiça, e a relação entre tópica e argumentação. Em seguida, é debatida a vertente argumentativa da ciência do direito, a partir da análise dos traços principais da teoria da argumentação de Chaïm Perelman. Procura-se neste Capítulo desfazer alguns mitos criados pelos adversários da aplicação de referenciais tópicos ao direito e, ao final, empreende-se uma defesa dos raciocínios tópicos como base para a construção de uma nova metodologia para a ciência do direito.

O Capítulo 5 é exatamente uma demonstração de como uma metodologia tópica pode ser adotada no estudo do direito. A sua aplicação na atualidade tem como pressuposto um exame do papel dos tribunais superiores, na construção da normatividade do ordenamento jurídico, justamente porque o processo decisório judicial representa o instrumento básico de equilíbrio entre visões sistemáticas absolutamente dissociadas da realidade e raciocínios puramente casuísticos, capazes de comprometer a própria coerência do sistema jurídico. Isto justifica a existência de uma parte inaugural do Capítulo 5, em que é discutida a função dos tribunais superiores no ordenamento jurídico, como elementos concretizadores de princípios constitucionais, e a importância da fundamentação das suas decisões para a orientação das demais instâncias decisórias do sistema. A segunda parte deste Capítulo refere-se à já mencionada investigação empírica de decisões do Supremo Tribunal Federal, incluindo a análise de acórdãos versando sobre a temática do interesse público, e faz um estudo sobre a importância dos precedentes no Supremo e as mudanças em sua jurisprudência. Por fim, é destacada a relevância para o direito, da metodologia proposta no Capítulo.

A parte conclusiva da obra relaciona a investigação teórica com a pesquisa dos acórdãos do Supremo Tribunal Federal, a fim de demonstrar a hipótese inicialmente formulada, de que o raciocínio tópico é inerente à prática jurídica e que, em razão disso, os tribunais superiores criam normatividade no ordenamento, a partir do manejo de argumentos e do exame de casos, mesmo nos sistemas de direito codificado.

Enfim, estas eram as considerações preliminares, de ordem metodológica e estrutural, que se julgou necessárias, para especificar a proposta deste trabalho, que representa um tributo a Viehweg e Perelman, autores que a partir da década de 1950, buscaram uma alternativa às concepções positivistas acerca do direito, com base na retomada de alguns parâmetros da cultura jurídica antiga e medieval.

Capítulo 1

As raízes medievais da tradição jurídica ocidental

Harold Berman[1] parte da premissa de que a construção do direito representa uma empreitada peculiar, em que as leis apenas representam uma parcela do desenvolvimento de uma cultura jurídica determinada. Falar de uma "tradição" do direito no Ocidente corresponde a destacar alguns importantes fatos históricos, sobretudo o desenvolvimento contínuo experimentado pelas instituições jurídicas, a partir do fim do século XI e início do século XII. O direito ocidental cresceu em função de uma atividade intelectual de gerações de juristas, que desenvolveram institutos jurídicos a partir das construções conceituais estabelecidas no passado, dentro daquilo que Berman denomina "desenvolvimento orgânico".[2]

---

1. Harold J. BERMAN, *La Formación de la Tradición Jurídica de Occidente*, tradução de Mónica Utrilla de Neira, México, Fondo de Cultura Económica, 1996 (orig. 1983), p. 24.
2. Harold J. BERMAN, *op. cit.*, p. 15.

A transição da Alta para a Baixa Idade Média foi marcada por uma profunda preocupação institucional, em que as coletividades passaram a buscar uma identidade própria: as universidades, como instituições voltadas para a educação e a profissionalização; os tribunais, como órgãos competentes para julgar conflitos de interesse; e a própria Igreja, como ente orientador de condutas religiosas e morais. Berman[3] destaca que tais instituições tinham um caráter de permanência, por isso tiveram que se adaptar a novas situações. Essa adaptabilidade podia ser espontânea, quando as instituições assumiam voluntariamente um compromisso com as mudanças, ou, mais freqüentemente, compulsória, quando a necessidade e o curso dos acontecimentos conduziam às mudanças.

Assim, estilos artísticos e literários sucediam-se e combinavam-se, criando novos padrões, que guardavam traços de identidade com as diferentes influências sofridas. O direito também seguia procedimento semelhante, pois novos institutos jurídicos eram criados tendo por base os anteriormente existentes.

Berman[4] adverte, contudo, que essa tendência não pode ser tida como absoluta e menciona diversos exemplos, como o duelo e o ordálio no campo penal, que não serviram de base para a posterior instituição do júri. Na realidade, os primeiros eram institutos tipicamente de caráter tribal e feudal, enquanto o segundo representa instituição característica do direito real, não se podendo estabelecer um nexo causal entre eles, mas apenas um vínculo de substituição de uma sistemática por outra.[5]

---

3. Harold J. BERMAN, *op. cit.*, p. 15.
4. Harold J. BERMAN, *op. cit.*, p. 17.
5. Em realidade, o que se verifica é uma grave ruptura na tradição jurídica inglesa, a partir do século XIII, com a introdução da *trial*

Partindo da tese do *desenvolvimento orgânico*, Berman[6] elenca algumas características básicas da tradição jurídica ocidental.

O *campo jurídico definido* representa um traço marcante da cultura jurídica do Ocidente. Apesar de inequivocamente influenciado pela política, religião, moral e costumes, o direito procura manter uma autonomia quanto ao seu objeto de análise. Somente dessa forma, é possível distinguir o costume, como expressão de padrões habituais de conduta, do chamado direito consuetudinário, formado pela consolidação temporal de práticas jurídicas. Da mesma forma, padrões morais podem servir de base para a lei, sem contudo confundirem-se com ela, como ocorre em outras tradições jurídicas.

Em relação ao direito ocidental também é possível falar em uma *profissionalização da atividade jurídica*,[7] com a existência de escolas especificamente voltadas à formação de juristas e advogados. Na maior parte dos casos, a profissão jurídica é a atividade básica daqueles que lidam com questões ligadas à lei, tendo esses profissionais uma educação voltada para o direito, utilizando bibliografia e recursos técnicos próprios.

Pode-se, então, identificar no Ocidente a tentativa de construção de uma ciência do Direito voltada justamente

---

by jury, que põe fim à irracionalidade dos ordálios, dando origem a um processo em que o objetivo passou a ser a apuração da verdade dos fatos. Sobre o tema ver John GILISSEN, *Introdução Histórica ao Direito*, tradução de António Manuel Hespanha, Lisboa, Fundação Calouste Gulbenkian, 1986 (orig. 1979), p. 214.

6. Harold J. BERMAN, *op. cit.*, p. 17.
7. Harold J. BERMAN, *op. cit.*, p. 18.

para a análise do fenômeno jurídico, como algo dotado de autonomia temática. Tal fato cria uma dialética bastante peculiar, uma vez que fica instituída uma relação bastante próxima entre a cultura e as instituições jurídicas, em que a primeira sistematiza as segundas através de aulas e de obras doutrinárias. O direito mostra-se, então, formado pelas leis e pelos juízos emitidos pelos estudiosos a seu respeito.

Esses primeiros traços característicos do direito ocidental estão diretamente vinculados a uma herança do direito romano, não tendo correspondência imediata no sistema anglo-saxônico.[8]

Merece destaque, ainda, a *concepção sistemática do direito*, que constitui um aspecto essencial da tradição jurídica ocidental. O direito é visto como um todo coerente, integrado, um "corpo" de normas, que se amplia e "amadurece" com o passar dos séculos e gerações. Berman[9] associa o conceito corpóreo do direito exatamente à tendência de separação entre ele, a moral e o costume, herdada da civilística romana. Entretanto, a idéia da criação de um *Corpus iuris* propriamente dito é típica da técnica jurídica medieval e não do direito romano. Os estudiosos medievais desenvolveram um conjunto de mecanismos para superar as

---

8. Sobre essa questão, ver René DAVID, *Os Grandes Sistemas do Direito Contemporâneo*, tradução de Hermínio A. Carvalho, 3.ed., São Paulo, Martins Fontes, 1996, pp. 307-308. Ele destaca que, até o século XVIII, a atividade jurídica na Inglaterra não exigia uma formação universitária específica em direito, não tendo também sofrido uma influência mais direta do direito romano, o que de certa forma a afasta de um quadro comum da tradição jurídica da Europa continental.
9. Harold J. BERMAN, *op. cit.*, p. 19.

contradições entre as normas e formular conceitos jurídicos gerais, a partir do exame das regras romanas, em face de novas situações.[10]

A vitalidade do direito e a preservação de seu caráter harmônico pressupõem uma capacidade de adaptação a novas circunstâncias, que estaria expressa no já citado princípio do *desenvolvimento orgânico*, destacado por Berman.[11] Tal desenvolvimento não é aleatório, mas segue uma lógica interna de mudança, na qual o próprio sistema jurídico prevê mecanismos de modificação. No direito ocidental, o passado é reinterpretado, para satisfazer as necessidades do futuro, e a história tem a função de servir de base para a construção de um novo direito e não a de constituir a normatividade em si.

Esta dimensão histórica do direito cria um dos pilares da tradição do Ocidente, que é a questão da *superioridade da lei sobre o governante*. Segundo Harold Berman,[12] desde o século XII já se admitia que, em certos aspectos importantes, o direito transcende a política, e mesmo nas monarquias européias prevalecia a idéia de que o rei pode fazer a lei, de forma arbitrária, mas, uma vez criada, ele também fica subordinado a ela.

Para Berman[13] a característica que mais distingue a tradição jurídica ocidental das demais talvez seja a *coexistência em uma comunidade de diversas jurisdições e sistemas jurídicos*. Em primeiro lugar, ele cita o contraponto estabelecido a partir do século XII entre o direito secular

---

10. Ver item 1.3.2 *infra*.
11. Harold J. BERMAN, *op. cit.*, p. 19.
12. Harold J. BERMAN, *op. cit.*, p. 19.
13. Harold J. BERMAN, *op. cit.*, p. 20.

e o direito eclesiástico, que implicou uma repartição de competências jurisdicionais na Idade Média, conforme será discutido posteriormente.[14] Em segundo lugar, ele destaca que o próprio direito secular era formado por inúmeras jurisdições: direito real, feudal, mercantil e urbano. Os conflitos decorrentes dessa multiplicidade de jurisdições conduziram a um refinamento da técnica jurídica, que passou a servir de suporte para a solução dos problemas políticos entre os diferentes pólos de poder existentes na sociedade medieval.

Por fim, o direito ocidental é marcado por um verdadeiro embate entre *ideal* e *real*; entre *dinâmica* e *estabilidade*. Este teria sido para Berman[15] o fundamento para as rupturas jurídicas ocorridas a partir de revoluções. Apesar disso, a mudança eventual dos sistemas jurídicos trouxe como conseqüência apenas uma renovação da cultura jurídica ocidental e não o seu rompimento com o passado.

1.1 História e metodologia do direito

Dentro de um enfoque voltado para um exame transnacional do direito no Ocidente, é necessário superar a tendência do positivismo jurídico de encarar o direito como um conjunto de regras derivadas de estatutos, a fim de reconhecer que o direito representa um processo em que as regras somente fazem sentido em um determinado contexto, no qual prevalecem certos valores, instituições e procedimentos. Tal enquadramento redunda na necessidade de uma valorização do papel dos usos e costumes como

---

14. Ver item 1.5.5 *infra*.
15. Harold J. BERMAN, *op. cit.*, p. 20.

elementos formadores da normatividade.[16] O modo de pensar do jurista moderno não se pauta por essa orientação, mas prioriza exatamente a importância da legislação e do direito criado por cada Estado. Basta, contudo, um breve exame da origem da tradição jurídica do Ocidente para se constatar que a legislação era reduzida, sendo grande parte da normatividade resultado do direito costumeiro, construído a partir de princípios de eqüidade. Não era possível cogitar-se no direito romano, por exemplo, de um exame da vontade da lei ou mesmo do legislador, uma vez que não havia uma preocupação tão intensa com a elaboração legislativa, como a que irá se verificar na Idade Moderna.

Portanto, para que se possa efetivamente realizar um estudo centrado na tradição jurídica ocidental, deve-se superar algumas barreiras trazidas pela aplicação ao direito das doutrinas sobre soberania que se desenvolveram a partir do século XVII.[17] A referência a ordenamentos jurídicos em particular finda por dificultar o exame de um modo de agir no campo jurídico, que é comum aos diferentes modelos jurídicos do Ocidente. Segundo Berman,[18] o sistema do direito canônico, concebido entre os séculos XI e XII, representa o primeiro sistema jurídico ocidental. Poder-se-ia então dizer que esta sistemática de estudo e organização da matéria jurídica desenvolvida na Idade Média serviu de influência marcante para todo um modo de abordar o direito no Ocidente, independentemente das peculiaridades de cada ordenamento jurídico.

---

16. Harold J. BERMAN, *op. cit.*, p. 21.
17. Ver item 3.2 *infra*.
18. Harold J. BERMAN, *op. cit.*, p. 22.

Constatada a insuficiência da concepção positivista de análise da tradição jurídica ocidental, é importante refletir a respeito das alternativas existentes.

Na formação da tradição jurídica ocidental, o paradigma de análise adotado era o do direito natural, de acordo com Harold Berman.[19] Razão e consciência são tidas como matrizes de todo o direito e o que se observa no próprio direito positivo da Baixa Idade Média é uma imposição de compatibilidade entre as leis, os costumes e o direito natural.[20] Trata-se de uma teoria fortemente assentada na teologia cristã e em Aristóteles e que servia de elemento diretivo, em um momento de pluralismo jurídico e de coexistência de jurisdições canônicas e seculares.

Outro enfoque adotado mais recentemente é o histórico. Para Harold Berman,[21] tal teoria tem as suas raízes no direito inglês, tendo ganhado corpo a partir das revoluções burguesas do século XVII. Ela procede exatamente de uma construção histórica do direito, a partir de costumes e de precedentes. Esta concepção teve também grande prestígio na Alemanha, durante boa parte do século XIX, no contexto da chamada Escola Histórica.

A sucessão das escolas do pensamento jurídico, adotando enfoques distintos e até antagônicos em determinados momentos, cria uma certa indefinição de referenciais para o estudioso do direito. Berman[22] sugere que as diferentes

---

19. Harold J. BERMAN, op. cit., p. 22.
20. Sobre a forma como se deu este processo no direito português ver Nuno Espinosa Gomes da SILVA, *História do Direito Português*, 2. ed., Lisboa, Fundação Calouste Gulbenkian, 1991, pp. 215-220.
21. Harold J. BERMAN, op. cit., p. 23.
22. Harold J. BERMAN, op. cit., p. 23.

teorias sobre o direito sejam examinadas de forma harmonizadora, tendo por base a experiência histórica do Ocidente. Tal atitude é justificável, na opinião de Berman,[23] pois qualquer concepção jurídica está fundada em parâmetros históricos, ainda que possa eventualmente até negar este fato. Mesmo o positivista ou o jusnaturalista lidam com instituições, procedimentos, valores e normas que são historicamente gerados. Assim, seu significado somente poderá ser definido se analisados os aspectos contextuais que contribuíram para a sua formação. Uma norma jurídica não pode ser interpretada levando-se em consideração apenas a lógica, a vontade social ou a justiça; mas também as circunstâncias que fizeram surgir a norma e as mudanças ocorridas na sociedade com o passar do tempo. Na prática, o método histórico mostra-se complementar ao dogmático, ao político e também ao de eqüidade.

1.2 A crise dos fundamentos do direito ocidental

O século XX caracterizou-se por um conjunto de graves e rápidas mudanças sociais, que tiveram reflexo imediato no campo do direito por colocarem em dúvida diversas premissas consolidadas sobre a questão normativa. A própria premissa do legalismo e da sistematização das normas experimenta um quadro de crise neste início do século XXI, quando se constata que as relações sociais e econômicas adquiriram um dinamismo considerável, que não é acompanhado pelo processo legislativo tradicional.

---

23. Harold J. BERMAN, *op. cit.*, pp. 26-27.

Em face das profundas mudanças estruturais ocorridas nas sociedades do Ocidente, Berman[24] conclui que atualmente permanecem íntegras apenas quatro das características básicas da tradição jurídica ocidental, mencionadas no item anterior.

Ainda é possível falar-se em *autonomia do direito*, uma vez que ele preserva uma esfera própria, diferenciada daquela da política ou da religião ou mesmo de outros campos do conhecimento. Tal observação não corresponde a falar-se de um isolamento do direito, mas apenas de uma nítida determinação das fronteiras do jurídico, de forma a estabelecer um diferencial entre ele e a filosofia ou a sociologia, por exemplo.

O direito ocidental também preserva a *profissionalização da atividade jurídica* — que remonta ao século XII — com o surgimento das universidades na Europa, mantendo como traço também bastante característico do Ocidente a existência de profissionais voltados exclusivamente ao exercício do direito.

A *preocupação sistematizante e conceitual* do direito é outro aspecto peculiar da tradição jurídica ocidental, apesar de todas as modificações ocorridas durante o século XX. A idéia da existência de um sistema de normas, que se consolida com a modernidade,[25] cria na realidade um caminho sem retorno, no contexto da metodologia do direito. A noção de sistema sobrevive, muito embora se possa hoje indagar da possibilidade de adoção de um sistema jurídico aberto, que leve em consideração aspectos valorativos e fáticos.

---

24. Harold J. BERMAN, *op. cit.*, p. 48.
25. Ver Capítulo 3.

A *existência de centros de preparação jurídica*, onde se cria uma espécie de "metadireito",[26] que se forma a partir da emissão de juízos a respeito das instituições e regras jurídicas, constitui outro aspecto da cultura jurídica ocidental do século XII, que ainda hoje mantém-se vivo.

Por outro lado, Berman[27] adverte que outras características da tradição jurídica ocidental entraram em declínio no fim de século XX.

Na teoria e na prática, o direito tem sido cada vez menos tratado como *corpo coerente de normas*, sendo formado muito mais por decisões e regras antagônicas, que são harmonizadas através de procedimentos de natureza técnica. Estes últimos experimentam, contudo, uma crise interna, pois o rigor da hierarquia das fontes e dos critérios de aplicação intertemporal do direito cedem cada vez mais a novos tipos de questões jurídicas, que criam um impasse para o intérprete e para o aplicador do direito. Na falta de novas teorias, que permitam resgatar a congruência da ordem jurídica, busca-se adaptar o arcabouço doutrinário disponível à solução de questões, para as quais ele não fornece instrumental adequado.

A própria crença no *desenvolvimento orgânico* do direito está hoje bastante enfraquecida. Aquela convicção de que as instituições jurídicas guardam entre si uma relação de sucessividade é hoje vista como uma postura meramente ideológica, sem uma correspondência imediata na realidade. De fato, o que hoje se observa é uma espécie de rompimento com os vínculos históricos do direito, o que ocasiona uma falta de referência na cultura jurídica atual, em relação aos valores fundantes do direito ocidental.[28] As

---

26. Harold J. BERMAN, *op. cit.*, p. 48.
27. Harold J. BERMAN, *op. cit.*, p. 49.

mudanças ocorridas no campo jurídico são vistas muito mais como efeito de uma pressão das forças exteriores ao direito do que como resultado de uma adequação entre a ciência jurídica e a prática do direito ou mesmo de um desenvolvimento da dogmática jurídica.

Também a crença tradicional do *direito acima da política* cede lugar a uma convicção de que o direito serve de instrumento para a imposição da vontade daqueles que detêm o poder político e para a realização de um projeto político determinado.[29]

O *pluralismo jurídico*, que foi a base do direito medieval e que se caracterizava por uma complexa repartição de competências entre jurisdições seculares e eclesiásticas e entre os juízos em cada uma delas, foi superado no século XX, devido a uma sistemática que consolida na autoridade estatal a competência para criar normas jurídicas e dar-lhes aplicação. Com a laicização dos Estados, verificou-se o fim das jurisdições eclesiásticas. Quanto aos juízes mercantis e costumeiros, foram eles também superados por controles legais e administrativos. Esse caráter unificador do direito estatal faz com que tenha especial destaque a atuação dos tribunais superiores, que mais do que apenas decidirem certos casos, criam orientações decisórias para todos os demais juízos, algo impensável em um regime plural de jurisdições, no qual cada uma seguia critérios decisórios bastante particulares.

Da mesma forma, *a visão de que a tradição jurídica ocidental preserva o seu perfil*, independentemente de processos revolucionários, dá lugar hoje a uma associação cau-

---

28. Harold J. BERMAN, *op. cit.*, p. 49.
29. Harold J. BERMAN, *op. cit.*, p. 50.

sal entre revolução e direito. Os processos revolucionários são vistos como fator inaugural de um direito totalmente novo, e as antigas formas, mesmo se preservadas, passam a compreender um objeto completamente distinto, desvinculado de quaisquer raízes históricas.

De acordo com Harold Berman,[30] a crise da tradição jurídica ocidental não é apenas uma crise da filosofia do direito, mas do direito como um todo. Nos últimos tempos, o direito tem abandonado as suas bases históricas, passando de uma preocupação moral e racional para uma visão de resultados e eficiência e abrindo mão de premissas históricas, como a da continuidade e a da congruência. Berman[31] identifica esta como uma das principais causas do empobrecimento do direito ocidental no passado recente.

Uma das provas desse declínio do papel social do direito é, segundo Berman,[32] a dificuldade de efetivação de certas normas jurídicas e o descrédito do próprio direito, especificamente no campo fiscal, da regulamentação profissional e na disciplina das próprias ações governamentais. O excesso de regulamentação legislativa finda por ter um efeito exatamente contrário ao originalmente pretendido: a banalização da lei. A proposta de condicionar o mundo real, lançando mão de normas positivadas, esbarra em limitações de natureza fática, que freqüentemente inviabilizam o cumprimento de certas disposições legais. A conseqüência desse processo é exatamente uma resistência ao cumprimento das leis, que é fortalecida pela ineficiência dos poderes constituídos na aplicação das sanções cabíveis.

---

30. Harold J. BERMAN, *op. cit.*, p. 50.
31. Harold J. BERMAN, *op. cit.*, p. 51.
32. Harold J. BERMAN, *op. cit.*, p. 51.

O caminho oposto também é objeto de críticas por Harold Berman.[33] Não se pode simplesmente conceber a questão jurídica como uma matéria de "políticas públicas", uma vez que estas têm caráter conjuntural, enquanto o direito tem pretensões de permanência. A título de negar o formalismo, não é possível ter-se uma visão imediatista do fenômeno jurídico, que negligencie toda a matriz histórica das instituições de direito. Tal postura não realiza o intento de dar um maior dinamismo ao direito, mas em verdade o transforma na expressão da vontade do governante ou na da corrente ideológica dominante no momento, o que finda por comprometer a própria efetividade das normas nela inspiradas.

Berman[34] destaca que a crise da tradição jurídica do Ocidente não será solucionada simplesmente pela negação de sua própria existência e sim pela construção do futuro. Ele também defende a construção de uma teoria social do direito[35] que harmonize as abordagens do positivismo jurídico, do direito natural e da jurisprudência histórica, no que ele denomina uma *jurisprudência integrativa*. Para tanto, faz-se necessário o desenvolvimento de uma historiografia específica do direito, que não seja uma mera transposição da história econômica ou da filosofia. Esta historiografia deve partir da transição do século XI para o século XII, a fim de identificar as raízes dos sistemas jurídicos do Ocidente, sobretudo a partir da sistematização do direito empreendida pelo direito canônico.

Esta seria uma forma de superar aquilo que Berman considera o verdadeiro equívoco histórico de atribuir a

---

33. Harold J. BERMAN, *op. cit.*, p. 52.
34. Harold J. BERMAN, *op. cit.*, p. 52.
35. Harold J. BERMAN, *op. cit.*, p. 55.

construção sistemática da ordem jurídica aos autores dos séculos XVI e XVII, responsáveis pela estruturação do conceito jurídico de soberania. A tentativa de elaboração de um sistema harmônico de normas é de fato bastante anterior ao que se convencionou chamar de Idade Moderna, sendo datada da transição entre a Alta e Baixa Idade Média, momento da retomada do estudo do direito romano e da harmonização dos textos do direito canônico.

A premissa fixada por essa teoria social do direito é a de que a tradição jurídica do Ocidente foi formada a partir de uma subordinação do titular do poder político a um direito superior: a princípio divino, posteriormente natural, e mais recentemente ligado à noção de direitos humanos. As fronteiras do Estado, que serviram de base para toda a organização dos parâmetros positivistas de análise do direito, conspiram contra uma idéia de cultura jurídica comum aos Estados ocidentais, que hoje volta a ganhar corpo em virtude do processo de globalização. Nesse contexto, novos parâmetros devem ser buscados para o surgimento de uma nova teoria do direito. Ocorre, porém, que tais referenciais estão mais próximos do que se imagina, podendo ser encontrados exatamente nas origens das instituições jurídicas do Ocidente.

1.3 As universidades européias e a formação da ciência do direito ocidental

O surgimento dos modernos sistemas jurídicos ocidentais está intimamente ligado à criação das primeiras universidades européias, no fim do século XI e início do século XII, quando o direito passa a ser encarado como um corpo distinto e sistematizado de conhecimento, no qual as regras e decisões jurídicas eram estudadas tendo como referência certos princípios gerais e verdades previamente estabelecidas.[36]

Acrescente-se a isso o fato de que tais universidades adquiriram o papel de entidades formadoras dos quadros administrativos dos Estados, que então começavam a se formar na Europa. Dessa forma, os conhecimentos adquiridos academicamente passaram a ser utilizados na estruturação dos sistemas jurídicos desses Estados, de forma a dar um caráter orgânico a todo um conjunto de costumes, instituições políticas e preceitos religiosos então existentes.

Berman[37] destaca que uma ciência do direito não pode ser construída apenas a partir do exame de regras e procedimentos jurídicos. Todavia, ressalta ele que o modelo de estudo do direito adotado no século XII pressupunha exatamente uma investigação dessa natureza; o que em princípio poderia descaracterizar esta análise como científica. Ocorre, porém, que a forma de abordagem dos fenômenos jurídicos adotada pelos juristas medievais implicava não apenas uma descrição das instituições jurídicas, mas uma verdadeira sistematização e formação de um acervo intelectual sobre o direito do Ocidente, o que aproximaria tais procedimentos daquilo que comumente se denomina ciência.

É bem verdade que esta ciência do direito medieval difere daquilo que se convencionou chamar de ciência do direito, pois fundia a compreensão do direito com a sua interpretação e esta última com o processo de aplicação.

---

36. Harold J. BERMAN, *op. cit.*, p. 130.
37. Harold J. BERMAN, *op. cit.*, pp. 130-131.

Trata-se de um tipo de estudo do direito de difícil compreensão para a cultura jurídica atual, tão influenciada pelos esquemas hermenêuticos desenvolvidos a partir das codificações do século XIX.

Uma vez estabelecida a forma como atuavam os juristas das primeiras universidades européias, cumpre agora investigar o seu objeto de estudo. Em um período de pluralidade de regimes jurídicos, no qual conviviam costumes, regras religiosas e seculares, qual critério deveria ser adotado para eleger a base de uma abordagem acadêmica do direito? Paradoxalmente, nenhum dos modelos jurídicos existentes nas sociedades européias, em fins do século XI e início do século XII, serviu de objeto de estudo para as universidades. Em realidade, a fonte de normas e decisões, de que se valeram os juristas de então, foi inicialmente um manuscrito que reproduzia o *Digesto*, coletânea de material jurídico compilada no século VI, no Império Romano do Oriente, a mando do Justiniano, que praticamente não teve aplicação na Europa, após a invasão germânica das regiões que até o século V integravam o Império Romano ocidental.

Apesar do transcurso de vários séculos, aquelas instituições jurídicas romanas ainda preservaram o caráter de acervo jurídico mais desenvolvido da história do Ocidente, até então, o que fazia delas a fonte natural de estudo para os interessados na criação de algum tipo de doutrina jurídica e não apenas em operar um direito voltado unicamente a soluções de conflitos cotidianos.

Além disso, o direito romano passou a ser tido como *ius commune* europeu, tendo por base a crença de que o Sacro Império Romano era o sucessor do Império Romano, mantendo viva a herança romana no Ocidente, apesar da invasão dos povos germânicos, o que justificaria a necessidade de obediência ao direito romano nos diferentes reinos da Europa.[38]

Franz Wieacker[39] destaca o prestígio adquirido por esta obra, a partir do século XII, quando o conceito justinianeu de soberania passa a representar a base para todo um processo de consolidação da competência imperial para a criação do direito. A difusão da crença no *Imperium* fez com que o direito romano fosse encarado como o direito dacomunidade jurídica humana, constituindo verdadeiro repositório dos parâmetros morais e jurídicos da sociedade medieval.

O direito romano foi uma preciosa fonte de estudos não apenas para os juristas, mas também para os canonistas e teólogos, justamente por esse caráter moral a ele atribuído. Por outro lado, os próprios estudiosos do direito não faziam um exame meramente técnico-jurídico dos textos justinianeus, mas se preocupavam em buscar neles um fundamento seguro para formar uma ética político-social na Baixa Idade Média.[40]

A exegese de tais textos estava baseada em premissas próprias, muito embora tivesse em comum com a teologia e a hermenêutica cristã a pretensão de criar uma *dogmática*, ou, no dizer de Wieacker "um processo cognitivo, cujas condições e princípios fundamentais estão predeterminados através de uma 'autoridade'".[41]

A ciência do direito medieval experimentou um interessante processo de evolução, passando da exegese de

---

38. Ver item 1.3.1 *infra*.
39. Franz WIEACKER, *História do Direito Privado Moderno*, tradução de António Manuel Hespanha, 2. ed., Lisboa, Fundação Calouste Gulbenkian, 1993 (orig. 1967), p. 44.
40. Franz WIEACKER, *op. cit.*, p. 45.
41. Franz WIEACKER, *op. cit.*, p. 48.

textos isolados e da investigação problemática para uma exposição mais sintética, decorrente das *summae*.[42] Wieacker[43] considera a *summa* como uma interpretação de um dos livros justinianeus ou de partes do Digesto, não constituindo ainda uma genuína obra de caráter sistemático. Entretanto, esse método já sinaliza para a adoção de regras gerais e para a fixação de princípios jurídicos. Trata-se de um método comum a juristas, teólogos, gramáticos e filósofos medievais.

Quanto aos demais aspectos, a ciência do direito da modernidade guarda um considerável distanciamento em relação àquela ciência medieval: os juristas medievais não pretendiam demonstrar os padrões de racionalidade dos textos analisados, fundá-los historicamente ou torná-los utilizáveis na prática.[44]

A visão de racionalidade, que impulsionou a atividade intelectual dos juristas medievais estava ligada à noção de *autoridade dos textos*. A verdade contida nos textos do direito romano ou mesmo nas Sagradas Escrituras — em se tratando de direito canônico — não demandava uma comprovação lógica, uma vez que resultante da razão convertida em palavra (*ratio scripta*).[45] Esta foi, de certa forma, a base da autoridade do direito romano no Ocidente.

---

42. Jean GAUDEMET, *Les Naissances du Droit: le temps, le pouvoir et la science au service du droit*, Paris, Montchrestien, 1997, p. 301.
43. Franz WIEACKER, *op. cit.*, p. 63.
44. WIEACKER ressalta que, muito embora este não fosse o seu intento original, os juristas medievais acabaram alcançando as três finalidades mencionadas, *op. cit.*, p. 48, nota 34.
45. Jacques LE GOFF, *Les Intellectuels au Moyen Age*, Paris, Éditions du Seuil, 1985 (orig. 1957), p. 100. Justamente aqui é possível enxergar os fundamentos para a construção de uma teoria

A efetiva ruptura com a crença no papel do direito romano como *ratio scripta* somente irá se dar com as concepções racionalistas modernas, que deslocam o conceito de razão de um direito romano atemporal para uma racionalidade individualista, vinculada a finalidades práticas: soberania, ordem, segurança jurídica, monopólio da criação e aplicação do direito pelo Estado etc.[46]

O problema que se punha para os juristas medievais era exatamente o de considerar como conjunto de normas jurídicas aplicáveis no século XII uma compilação jurídica do século VI, em que boa parte das regras remontava aos primeiros séculos da era cristã. Este talvez tenha sido o grande estímulo intelectual para os juristas da Idade Média, que tiveram que construir uma estrutura normativa própria para o seu tempo, partindo dos textos do direito romano. Para tanto, foi desenvolvido um método de análise e síntese aplicável a tais textos, que poderia ser denominado "método escolástico".[47]

Em resumo, pode-se dizer que o descobrimento dos textos justinianeus, o desenvolvimento do método escolástico para sua análise e o ensino específico do direito nas universidades constituem pilares importantíssimos da tradição jurídica ocidental. Os institutos jurídicos básicos, sobretudo no campo do direito civil, têm a sua matriz no direito romano, recepcionado pela via das compilações de Justiniano. O método adotado na Idade Média é responsá-

---

dogmática do direito, que serve de suporte para diferentes princípios jurídicos, como o da supremacia da constituição e da norma fundamental kelseniana, como sendo pressuposto de validade do ordenamento jurídico, por exemplo.

46. Franz WIEACKER, *op. cit.*, pp. 49-50.
47. Harold J. BERMAN, *op. cit.*, p. 133. Ver item 1.5.1 *infra*.

vel por diversos princípios adotados até hoje pela hermenêutica jurídica. Por fim, a profissionalização da atividade jurídica é uma decorrência imediata da criação de universidades especificamente voltadas à criação de quadros versados no trato com a matéria jurídica.

1.3.1 O *Imperium* e o *ius commune* europeu

Para que se possa compreender a causa da difusão do direito romano na Europa, a partir do século XII, deve-se primeiramente tecer algumas considerações a respeito do papel desempenhado pela crença na existência de um *Imperium* na Europa, que teria sucedido o Império Romano e que serviu de base ideológica para a afirmação do direito romano como *ius commune*, a ser recepcionado pelos diferentes reinos europeus.

Com a queda do Império Romano do Ocidente, em 476, permaneceu viva apenas a sua porção bizantina. Todavia, a Igreja tomou para si a herança romana no Ocidente, e desenvolveu toda uma doutrina a respeito de seu papel na construção de um novo Império.[48]

---

48. Em torno do ano 760, um clérigo concebeu a lenda da *Doação de Constantino*, segundo a qual o imperador teria transferido ao papa, no século IV, os direitos e a autoridade sobre o Ocidente, em troca do batismo e da cura da lepra. Muito embora tenha sido eventualmente citada em documentos papais, a Doação não chegou efetivamente a ser utilizada como prova do direito da Igreja à sucessão do Império Romano, mas de todo modo representa um retrato das concepções ideológicas que justificaram o papel político exercido pela Igreja medieval. Janet NELSON, La Royauté et L'Empire, *in*: James Henderson BURNS (org.), *Histoire de la Pensée Politique Médiévale*, trad. Jacques Ménard, Paris, P.U.F., 1993, p. 221.

Tornou-se então importante buscar um fundamento sólido e incontroverso para o poder da Igreja no Ocidente. Assim, no natal de 800, Carlos Magno, rei dos francos, foi coroado imperador pelo papa Leão III, daquele que seria posteriormente denominado *Sacro Império*, selando-se, assim, uma aliança entre a Igreja e os reinos germânicos. O Império passou, então, a fazer parte da cultura européia como extensão do poder da Igreja, e os imperadores passaram a ser vistos como defensores do papado. Na prática, porém, o que se observou foi um enfraquecimento do Império, durante a Alta Idade Média. De acordo com Nuno Espinosa Gomes da Silva,[49] apenas a Itália, a Alemanha e a Borgonha estavam efetivamente submetidas ao poder do imperador. No restante da Europa — ressalvada a Espanha — os monarcas reconheciam a *potestas* do imperador, mas não havia qualquer interferência deste no poder local.

Todavia, Janet Nelson[50] destaca que as divisões territoriais da Europa a partir do século X não afetaram a ideologia do Império por duas razões bastante fortes. A primeira, de que os porta-vozes da cristandade ocidental não reconheciam a autoridade do imperador romano do Oriente, uma vez que ele não estava subordinado à Igreja romana, e em contrapartida, Carlos Magno tivera a sua autoridade imperial sobre o Ocidente reconhecida formalmente por Bizâncio em 812. A segunda razão estava relacionada à crença de que o Sacro Império seria o último grande império da humanidade antes do juízo final e que, portanto, ele deveria ser preservado de todo tipo de ameaça externa. Essas duas crenças fizeram com que o ideal do Império

---

49. Nuno Espinosa Gomes da SILVA, *op. cit.*, p. 172.
50. Janet NELSON, *op. cit.*, p. 223.

sobrevivesse à Alta Idade Média e viesse a servir de inspiração para os juristas do baixo medievo.

De acordo com António Manuel Hespanha,[51] o *ius commune* era formado por um conjunto de normas oriundas da razão natural. Todavia, a regra era que este direito comum deveria ser aplicado subsidiariamente, em relação ao direito local (*ius proprium*), quando este não fosse capaz de oferecer uma solução para o caso. Pode-se observar que a noção de *ius commune* foi de grande importância para a formação de uma teoria do direito, uma vez que, mais do que uma fonte normativa, ele representou a construção de uma dogmática jurídica.[52]

Não por coincidência foram exatamente os mestres da Escola de Bolonha que investiram na superioridade do Imperador em relação aos demais reis, em função de ser ele o herdeiro do Império Romano.[53] E foi precisamente esta crença na permanência do Império que fez com que o

---

51. António Manuel HESPANHA, *Panorama Histórico da Cultura Jurídica Européia*, Lisboa, Europa-América, 1997, p. 93.
52. Diversos processos de interpretação do direito foram resultado da doutrina do *ius commune*, notadamente aqueles ligados à hierarquização e à especialidade das normas jurídicas, diretamente vinculados a uma racionalidade intrínseca do direito comum, que seria genérico em relação ao direito local, mas portador de princípios jurídicos subsidiariamente aplicáveis, em caso de insuficiência do *ius proprium*. Tais critérios foram transpostos para os direitos dos reinos europeus, que adotaram a tese da racionalidade do direito real, em face dos direitos locais e da especialidade destes em relação àqueles. Daí derivou a repartição de competências legislativas entre os reis e as autoridades locais, ao longo da Baixa Idade Média. Sobre essa questão ver António Manuel HESPANHA, *op. cit.*, pp. 94-96.
53. Nuno Espinosa Gomes da SILVA, *op. cit.*, p. 172.

direito romano viesse a ser novamente estudado e difundido em boa parte da Europa, já que era considerado a grande herança cultural do Império.[54]

1.3.2 A Universidade de Bolonha

Após a sua redescoberta, os textos do direito romano passaram a ser copiados e discutidos nas cidades italianas e em outros locais da Europa, no final do século XI. A prática adotada inicialmente era a da reunião de estudantes, que contratavam um professor, a fim de que este ministrasse lições durante um ano. Por volta de 1087, um professor conhecido como Irnério começou a ter destaque, ensinando na cidade de Bolonha, situada ao norte da Itália. Esta cidade passou a ser o centro dos estudos do direito romano, atraindo estudantes de toda a Europa e dando origem a uma escola de direito, que chegou a ter entre 1.000 e 10.000 estudantes, em algum momento entre os séculos XII e XIII, de acordo com Harold Berman.[55]

Com o tempo, estudantes de diferentes origens, residentes em Bolonha, criaram corporações (grêmios) dotadas de personalidade jurídica própria — *universitas* — expressão que no presente está associada à própria instituição de ensino. Como se observa, a Universidade de Bolonha surgiu segundo um modelo corporativo que era comum durante a transição entre a Alta e a Baixa Idade Média.[56]

---

54. Nuno Espinosa Gomes da SILVA, *op. cit.*, p. 181.
55. Harold J. BERMAN, *op. cit.*, p. 134.
56. Sobre a origem corporativa das cidades européias, no século XI, ver Michael E. TIGAR, Madeleine R. LEVY, *O Direito e a Ascensão do Capitalismo*, tradução de Ruy Jungmann, Rio de

A *universitas* estudantil de Bolonha adquiriu um poder de tal amplitude, que passou a ter competência para celebrar contratos com os professores, regular o alojamento dos estudantes, definir cursos e respectivos recursos materiais, assim como a extensão das conferências e o número de datas festivas. O grêmio contava com vasta jurisdição penal e civil sobre seus membros, dotada até mesmo de autonomia em relação à da cidade de Bolonha.[57]

Posteriormente, também os professores formaram sua própria associação, que passou a regular o recrutamento dos docentes, apesar de os estudantes ainda preservarem o poder de zelar pelo bom desempenho de seus professores. Para tanto, podiam boicotar as aulas dos maus professores e recusar-se a pagá-los, além de impor multas aos mestres pelos atrasos e pelo não cumprimento do ciclo de conferências proposto no início do período.[58] O domínio dos estudantes sobre a Universidade de Bolonha manteve-se sólido até o momento em que os professores deixaram de ser pagos diretamente por eles, passando a sê-lo pela cidade.

A Igreja também teve papel preponderante no processo de criação das universidades européias, uma vez que, res-

---

Janeiro, Zahar, 1978, pp. 93-94.
57. Harold J. BERMAN, *op. cit.*, p. 134. Franz WIEACKER, *op. cit.*, p. 46. Jean GAUDEMET, *op. cit.*, pp. 318-319. Jacques LE GOFF, *Les Intellectuels au Moyen Age*, *op. cit.*, p. 83. Sobre as noções de autonomia e permanência da *universitas* de Bolonha, ver Ernst H. KANTOROWICZ, O*s Dois Corpos do Rei: um estudo sobre teologia política medieval*, tradução de Cid Knipel Moreira, São Paulo, Companhia das Letras, 1998 (orig. 1957), p. 186.
58. Harold J. BERMAN, *op. cit.*, p. 135.

salvadas as cidades italianas, a educação em toda a Europa era gerida por autoridades eclesiásticas.

Berman[59] adverte, porém, que as universidades surgidas no século XII representaram centros de discussão, onde os professores podiam adotar posições opostas, diferentemente do que antes ocorria nas escolas clericais, que eram dominadas pela opinião de apenas um mestre ou por uma só teoria.

Bolonha foi desde o início uma escola para graduados. A maioria de seus estudantes possuía uma formação prévia nas chamadas artes liberais,[60] que compreendiam a *gramática*, a *retórica* e a *lógica* (ou *dialética*), que constituíam o *trivium* e também em *aritmética, geometria, astronomia* e *música*. Esta Universidade foi a princípio formada apenas por uma faculdade de direito. Posteriormente, foram criadas outras faculdades, mas sem um vínculo institucional entre si.

1.3.2.1 *O programa escolar e o ensino*

O objeto central de estudo da Escola de Bolonha era o direito romano compilado no século VI, que compreendia quatro partes: o *Código*, que englobava doze livros de leis e decisões dos imperadores romanos que antecederam Justiniano; as *Novelas*, que continham as leis de Justiniano; as *Institutas*, que representavam manuais introdutórios ao direito; e o *Digesto*, que compreendia uma multiplicidade de extratos de opiniões de juristas romanos sobre diferentes

---

59. Harold J. BERMAN, *op. cit.*, pp. 136-137.
60. Harold J. BERMAN, *op. cit.*, p. 137. Franz WIEACKER, *op. cit.*, p. 46.

matérias jurídicas. Desses livros, o maior relevo foi dado ao último, que passou efetivamente a ser estudado pelos juristas de Bolonha.[61]

O Digesto, também denominado *Pandectas*, era formado por opiniões de juristas romanos sobre o direito civil, mas também acerca de matéria penal e constitucional. Não possuía o caráter sistemático dos códigos surgidos a partir do século XIX, uma vez que não havia nele a preocupação de montar uma estrutura de princípios, conceitos e regras de direito. Tal pretensão teve início com os juristas das primeiras universidades européias, no século XII, que inclusive são responsáveis pela expressão *Corpus Iuris Civilis*, que passou a denominar o conjunto *Digesto, Código, Novelas* e *Institutas*.

Merece destaque a observação de Berman,[62] no sentido de que os textos originais do direito romano eram profundamente casuísticos, pois resultavam de soluções adotadas em casos concretos. A idéia de estrutura jurídico-conceitual é na verdade uma obra iniciada pelos juristas do século XII e desenvolvida nos séculos seguintes. Originariamente, os romanos não tinham a pretensão de criar uma rígida sistemática conceitual em seu direito, preocupação esta que se fará bastante presente na tradição jurídica da Europa medieval. Todavia, Hespanha[63] destaca que, no princípio, o método bolonhês de estudo do direito era caracterizado por uma profunda fidelidade aos textos do direito romano e por um caráter assistemático.

---

61. Jacques LE GOFF, *Les Intellectuels au Moyen Age, op. cit.*, p. 86
62. Harold J. BERMAN, *op. cit.*, p. 139.
63. António Manuel HESPANHA, *op. cit.*, p. 99.

O apego aos textos era justificado por uma crença na origem quase sagrada dos textos justinianeus.[64] Tal fato explica por que o ensino do direito no século XII estava fundado essencialmente na exegese do Digesto, que era lido e corrigido pelos mestres, prática que era seguida por seus alunos, de vez que os textos eram de difícil compreensão. A explicação se dava palavra por palavra e os estudantes faziam as anotações em suas cópias, em procedimento que passou a ser denominado de *glosa*. Em função disso, a Escola de Bolonha passou a ser conhecida também como *Escola dos Glosadores*, havendo as glosas adquirido grande prestígio na Europa, passando a *Glosa Ordinária* de Acúrsio a ser considerada, por volta de 1250, como interpretação autorizada do Digesto, encerrando a primeira grande fase da ciência jurídica européia, de acordo com Wieacker.[65]

Segundo Hespanha,[66] esse método das glosas favorecia o desenvolvimento de uma atividade intelectual analítica, uma vez que tinham como alvo cada regra, considerada individualmente, sem que se estabelecesse uma conexão entre os diferentes textos do direito romano.

---

64. Sobre a "sacralização" do direito romano pelos glosadores, é interessante observar o comentário de Ernst Kantorowicz, de que os juristas medievais alternavam citações bíblicas e do *Corpus Iuris Civilis* nas suas glosas e que a própria atividade jurídica era vista como uma espécie de sacerdócio, crença esta fundada em passagens do Digesto. Assim, os juristas contaram com grande prestígio social na Baixa Idade Média, justamente porque atuavam sobre um objeto sagrado: a lei. Ernst H. KANTOROWICZ, *op. cit.*, pp. 87-89.
65. Franz WIEACKER, *op. cit.*, p. 58. Sobre os diferentes tipos de glosa, ver Harold J. BERMAN, *op. cit.*, p. 140.
66. António Manuel HESPANHA, *op. cit.*, p. 99.

Entretanto, a Universidade de Bolonha foi agregando à glosa outros métodos, que aos poucos tornaram o estudo do direito mais sistemático. Foram elaborados tratados sobre certos institutos jurídicos (*summae*), regras doutrinárias (*brocarda, regulae*), listas de argumentos utilizáveis em discussões jurídicas (*argumenta*) e análises de casos (*casus*).[67]

O programa de Bolonha incluía também a chamada *disputatio*,[68] que consistia em um debate entre estudantes ou entre professores e estudantes, a respeito de uma questão jurídica. Tal atividade não pode ser precisamente identificada com a de um júri simulado ou algo similar porque as questões jurídicas eram debatidas em tese, sem uma referência imediata a casos concretos.

A postura inicial, de apego extremado aos textos do direito romano, vai paulatinamente dando lugar a uma ampliação do objeto de estudo, que passa a incorporar as normas de direito canônico e de direito secular, que surgiam na Europa na segunda metade do século XII. Assim, a sistemática de estudo adotada nas universidades européias, na abordagem do direito romano, passava a servir também de fundamento para todo um conjunto de novas idéias jurídicas, voltadas para a adequação do direito às novas situações surgidas naquele momento.

1.3.2.2. A influência do método dos glosadores

Apesar das inúmeras modificações sofridas, o método de abordagem do direito, desenvolvido pelos glosadores,

---

67. António Manuel HESPANHA, *op. cit.*, pp. 99-100.
68. Jacques LE GOFF, *La Civilisation de L'Occident Médiéval*, [France], Flamarion, 1982 (orig. 1964), p. 319.

serviu de base para diferentes procedimentos até hoje adotados pelos juristas ocidentais.

Ainda que a preocupação central do estudioso do direito tenha sido na Era Moderna deslocada do direito romano para outros tipos de fonte de normatividade, a forma de discussão dos problemas jurídicos a partir de hipóteses, argumentos e interpretações é ainda hoje bastante próxima daquela inaugurada pelos juristas bolonheses dos séculos XII e XIII.

Segundo Wieacker,[69] os glosadores foram os primeiros a absorver dos juristas romanos a arte de solucionar os conflitos sociais não por meio da força ou de costumes desprovidos de qualquer racionalidade, mas pelo debate das questões jurídicas e pela formulação de princípios de direito. Hespanha[70] atribui aos glosadores a responsabilidade pela recriação, no Ocidente, de uma linguagem técnica sobre o direito. Por não serem práticos do direito, os juristas bolonheses não pretenderam criar regras jurídicas, mas apenas montar uma estrutura de categorias e conceitos jurídicos, a partir da crença na racionalidade dos textos do direito romano. Este foi um passo decisivo para a construção racional da sociedade européia da Idade Moderna, apesar de a modernidade haver negado a importância dos parâmetros metodológicos formulados pelos estudiosos da Idade Média.[71]

Deve-se acrescentar que a formação acadêmica das universidades medievais teve um papel importantíssimo na vida pública dos Estados europeus, pois seus quadros diri-

---

69. Franz WIEACKER, *op. cit.*, p. 65.
70. António Manuel HESPANHA, *op. cit.*, p. 100.
71. Sobre os humanistas, ver item 2.1.3 *infra*. Sobre o racionalismo, ver item 3.1 *infra*.

gentes, em boa parte, passaram pelas lições dos juristas de Bolonha ou receberam ensinamentos de mestres por eles formados.

Além da importância política, pode-se atribuir à própria solidez teórica do *Corpus Iuris Civilis* a difusão experimentada pelo método dos glosadores. A diversidade e a fragilidade dos direitos locais fez com que se afirmasse a importância daquele direito romano, impregnado de construções dos juristas medievais, que findou por representar um direito geral, apreensível segundo critérios precisamente definidos.

1.3.3 Os comentadores ou pós-glosadores

O processo de urbanização e o desenvolvimento do comércio, ocorridos na Europa dos séculos XIII e XIV, tiveram importantes conseqüências em termos jurídicos. Do confronto entre o *ius commune* universitário e os estatutos locais surgiu aquilo que seria a base do direito dos Estados Modernos ocidentais.

A integração econômica e social das diferentes regiões da Europa fez com que se tornasse necessária a sistematização e a compatibilização das inúmeras normas, que compunham as diferentes jurisdições existentes durante a Baixa Idade Média. Para tanto, era necessário aproximar o *ius commune* da realidade então existente, a fim de harmonizá-lo com as leis e os costumes locais.

Essa foi exatamente a tarefa desempenhada por uma nova geração de juristas, a partir do século XIII, denominados *pós-glosadores, práticos, consiliadores* ou *comentadores*. A Escola dos Pós-Glosadores teve início com Cino de Pistóia, e seu principal representante foi Bártolo de Sassoferrato, jurista que teve seu nome associado a uma outra denominação dessa Escola: *bartolista*.

Foram estes juristas inequivocamente influenciados pelo ambiente intelectual da Baixa Idade Média, fortemente marcado pela retomada da filosofia grega e pela escolástica,[72] lançando mão da dialética para atualizar e harmonizar as diferentes fontes de direito então existentes.

António Manuel Hespanha[73] elenca um conjunto de "inovações dogmáticas" trazidas pelos pós-glosadores, sendo cabível um comentário a respeito de cada uma delas.

A *teoria da pluralidade de situações reais* admitia a possibilidade da repartição do domínio, com a coexistência do direito do proprietário da coisa com outros, exercidos por terceiros. Rompia-se, assim, com o caráter absoluto da propriedade, por meio da separação do domínio em *útil* e *direto*, dando-se um tratamento jurídico a institutos típicos do feudalismo, como a enfiteuse, o feudo e o arrendamento, entre outros.

Os comentadores também foram responsáveis por uma *teoria da aplicação espacial dos ordenamentos jurídicos*, que buscava a superação do rigor dos princípios da *personalidade das leis*, que vigorara no direito germânico e que previa a aplicação a cada indivíduo da lei de seu povo de origem, independentemente de onde se encontrasse, e da *territorialidade das leis*, que partia da premissa oposta, de que a todos seria aplicável a lei do local onde estivessem, tendo tal regra sido adotada a partir do século IX. Os comentadores partiram de uma base de territorialidade para a fixação do âmbito de aplicação das normas, mas

---

72. Ver item 1.5.1 *infra*.
73. António Manuel HESPANHA, *op. cit.*, p. 105.

criaram algumas exceções, como destaca António Manuel Hespanha:

> (...) os contratos e testamentos reger-se-iam pela lei do local de sua celebração (*lex actus*); o processo, pela lei do foro (*lex fori*); o estatuto pessoal, pela lei do interessado; a situação jurídica de imóveis, pela lei da sua localização (*lex rei sitae*); os atos exprimindo o poder político (v.g., punição, fiscalidade, administração, etc.) estavam sujeitos à legislação territorial.[74]

Outro exemplo mencionado por Hespanha,[75] da preocupação dos comentadores com as conexões fáticas do direito, está presente na *teoria da naturalidade do poder político (iurisdictio)*. Tal concepção rompia com uma crença comum na Alta Idade Média, de que o poder do príncipe derivava do Império e de uma delegação divina e que toda autoridade estava fundada nele. Ora, a realidade medieval era bastante diferente do que imaginavam os teólogos e mesmo os glosadores, pois efetivamente existiam poderes locais, dotados de considerável autonomia política e jurídica, em relação ao Império.[76]

Para os comentadores, o poder político fazia parte da natureza das coisas. Em razão disso, os corpos sociais organizavam-se naturalmente e criavam normas próprias. Este fato fez com que eles desenvolvessem toda uma técnica de repartição da *iurisdictio*, que partia da distinção entre *iurisdictio ordinaria*, derivada da lei e do costume, e *iurisdictio delegata*, decorrente de atos voltados à concessão de

---

74. António Manuel HESPANHA, *op. cit.*, p. 107.
75. António Manuel HESPANHA, *op. cit.*, p. 107.
76. Sobre a sucessão do Império Romano, ver item 1.3.1 *supra*.

privilégios, o que implicava a criação de uma espécie de hierarquia normativa.[77]

Como se pôde constatar, os pós-glosadores foram capazes de partir do método de abordagem do direito construído nas universidades, ao longo do século XII, a fim de buscar uma adequação do direito às necessidades que se punham, no contexto da formação dos Estados nacionais na Europa, viabilizando uma aproximação entre a teoria e a prática jurídica.[78]

1.4 Diferença entre o pensamento jurídico medieval e o romano

Apesar de partirem dos textos do direito romano em sua abordagem do direito, os juristas europeus dos séculos XI e XII adotavam um método bastante diferente daquele seguido pelos juristas romanos, segundo Berman.[79]

Os romanos não tratavam os casos dos quais surgiam normas jurídicas como bases fáticas para princípios de direito. Em realidade, os casos eram "simples razões necessárias para o juízo",[80] não havendo uma preocupação mais expressiva com eventuais ambigüidades e lacunas que poderiam surgir em determinada decisão. Berman[81] inclusive defende a tese de que os juristas romanos não apenas deixaram de criar um modelo sistematizado de leis, como

---

77. António Manuel HESPANHA, *op. cit.*, p. 108.
78. Jacques LE GOFF, *La Civilisation de LOccident Médiéval*, *op. cit.*, p. 320
79. Harold J. BERMAN, *op. cit.*, p. 149.
80. Harold J. BERMAN, *op. cit.*, p. 149.
81. Harold J. BERMAN, *op. cit.*, p. 150.

também não tinham o menor interesse em fazê-lo, pois não desejavam ver o seu procedimento casuístico de solução de litígios substituído por um sistema filosófico semelhante ao dos gregos.

Tal opinião é compartilhada por Wieacker,[82] para quem os glosadores formaram a "primeira dogmática jurídica autônoma da história universal", quando criaram um complexo mecanismo de harmonização de normas, inexistente no direito romano, o qual priorizou muito mais uma análise concreta da problemática jurídica do que uma sistematização jurídica. Wieacker[83] acrescenta que nem mesmo a codificação justinianéia foi capaz de construir um edifício teórico global e coerente, pois trabalhou com fragmentos originais dos textos romanos clássicos.

O programa de estudo da universidade de Bolonha e das demais instituições de ensino européias dos séculos XII e XIII compreendia um método de síntese e análise, que mais tarde seria denominado *método escolástico*. Tal método unia teologia e direito, a partir do momento em que elegia certos livros e textos como fundamentais, ao considerá-los como corpo de doutrina completo e integrado. Apesar disso, também se reconhecia a possibilidade de lacunas e contradições, o que tornava necessária a adoção pelo intérprete de um procedimento corretivo de caráter dialético, de forma a superar tais obstáculos.

Os juristas do século XII partiram exatamente da dialética grega no exame do direito romano, pretendendo criar um sistema integrado de normas e princípios, dando origem a um *Corpus iuris*. Não se trata de um mero agrupamento de casos semelhantes, de forma a criar critérios

---

82. Franz WIEACKER, *op. cit.*, p. 53.
83. Franz WIEACKER, *op. cit.*, pp. 53-54, nota 61.

decisórios para situações análogas, mas de verdadeira construção de uma estrutura de princípios jurídicos.

Dessa forma, ao criarem regras gerais por indução, tendo por base casos particulares, os juristas escolásticos elevaram as regras de direito romano ao estágio de "máximas legais",[84] de validade universal. Trata-se de uma prática oposta àquela adotada pelos juristas romanos, que não seguiam uma perspectiva macroscópica na solução dos casos. O modo de pensar dos juristas medievais representou uma importante base metodológica para os estudos jurídicos posteriormente desenvolvidos no Ocidente.

Há outro aspecto distintivo entre os juristas medievais e os romanos e até mesmo em relação à própria filosofia grega. Aristóteles estabeleceu uma distinção entre apodítica e dialética, afirmando que o raciocínio dialético nunca poderia harmonizar-se com o apodítico, uma vez que este estava fundado em proposições cujo caráter de verdade não se podia questionar, enquanto aquele derivava de opiniões hegemonicamente aceitas.[85] Os juristas do século XII aplicaram a dialética com a finalidade de alcançar verdades, o que contrariava a própria concepção de Aristóteles, pois supunham que pela via da razão seriam capazes de chegar à justiça universal. O direito romano foi alçado então ao patamar de *ratio scripta*, juntamente com a Bíblia, os escritos patrísticos e os cânones da Igreja.[86]

O fato curioso é que o método escolástico partia de um raciocínio apodítico, uma vez que o direito romano era tido

---

84. Harold J. BERMAN, *op. cit.*, p. 150.
85. Ver item 2.1.1.1 *infra*.
86. Harold J. BERMAN, *op. cit.*, p. 151. Franz WIEACKER, *op. cit.*, pp. 42-43.

como verdadeiro e justo, e ao mesmo tempo partia da dialética, para superar as contradições e lacunas nele existentes. Dessa maneira, tornou-se possível a montagem de esquemas conceituais, tendo por matriz os textos do direito romano, que na realidade sofreram profundas alterações de significado e ampliação de conteúdo, a partir da atividade dos estudiosos do direito da Baixa Idade Média.

Segundo Berman,[87] o método dialético passou a ser o método científico no direito, assim como em outros ramos do conhecimento.

Os juristas escolásticos ainda diferiam dos filósofos gregos porque partiam da idéia de uma verdade revelada e não apenas fundada na matéria. Desse modo, era possível compatibilizar a apodítica e a dialética, o universalismo com o particularismo. Dialeticamente, seria possível chegar ao Sagrado, que teria o caráter de verdade conformada pelo dogma da fé. Nesse contexto, o direito também poderia ser associado à verdade, sendo esta uma fundamentação preciosa para aquilo que hoje se chama dogmática jurídica.

Por meio de raciocínios dialéticos tornou-se possível harmonizar textos jurídicos contraditórios, de acordo com a sua natureza: *causa próxima* contra *causa remota, causa própria* contra *causa imprópria, preceito* contra *conselho, regra absoluta* contra *regra relativa, justiça* contra *piedade, direito divino* contra *direito humano* etc. Outro recurso utilizado pelos glosadores era a determinação de *gêneros* e *espécies*, no curso dos processos de *distinção, divisão* e *subdivisão*.[88]

---

87. Harold J. BERMAN, *op. cit.*, p. 151.
88. Harold J. BERMAN, *op. cit.*, p. 152. Franz WIEACKER, *op. cit.*, p. 52.

Muitos desses critérios, adotados por volta do século XII, servem ainda hoje de fundamento para os processos de interpretação do direito.

1.5 Direito canônico e sistematização do direito

1.5.1 *Dialética escolástica e ciência do direito*

De acordo com Berman,[89] o primeiro grande tratado jurídico completo e sistemático do Ocidente é representado pela obra do monge bolonhês Graciano, denominada *Concordância de Cânones Discordantes* (*Concordantia Discordantium Canonum*) ou simplesmente *Decreto de Graciano*, datada de 1140. Este foi o primeiro documento jurídico a buscar uma reunião de todas as normas de direito canônico vigentes no século XII, de forma integrada e harmônica. Até então, as recolhas de direito canônico eram elaboradas segundo um critério cronológico, sem uma maior preocupação com a relação entre as normas ou com a aglutinação das normas existentes em um ou mais livros.

Trata-se de um trabalho que sofreu influência da Escola dos Glosadores, muito embora tenha Graciano desenvolvido um método bastante peculiar de sistematização normativa. Ele não partia de um texto-base, como faziam os glosadores, que utilizavam o direito romano como fonte para as suas notas, mas de uma variedade de fontes escritas,

---

89. Harold J. BERMAN, *op. cit.*, p. 154. No mesmo sentido, K. PENNINGTON, Autorité Legislative et Théories du Gouvernement, 1150-1300, *in*: James Henderson BURNS (org.), *Histoire de la Pensée Politique Médiévale*, trad. Jacques Ménard, Paris, P.U.F., 1993, p. 400, e Jean GAUDEMET, *op. cit.*, pp. 292-293.

contidas nos cânones que pretendia sistematizar. Segundo Harold Berman,[90] Graciano analisou 3.800 textos canônicos, tendo-os harmonizado e organizado em três partes: a primeira envolvia a natureza do direito, suas fontes e as relações entre as diferentes classes de direitos; na segunda, um estudo específico de trinta e seis casos de difícil solução, resolvendo alguns e outros não, mas buscando sempre uma generalização e harmonização das controvérsias; na terceira seguia um procedimento semelhante ao da anterior, estabelecendo distinções.

O raciocínio adotado por Graciano era essencialmente dialético. Ele partia de certos conceitos juridicamente assentados desde os romanos e dava a eles um tratamento dissociativo ou associativo, conforme o caso, e sobretudo atribuía-lhes um caráter sistemático, possibilitando que as fontes do direito fossem organizadas hierarquicamente. Segundo Wieacker,[91] o método de Graciano compreendia uma "derivação autônoma de princípios jurídicos (*distinctiones*), de hipóteses (*causae*) e de problemas jurídicos (*quaestiones*)".

Em um momento de profundo pluralismo de jurisdições era compreensível que eventualmente fosse verificado um conflito entre normas oriundas de diferentes pólos de poder. Graciano pretendeu, na realidade, fixar uma hierarquia entre as fontes, a fim de reduzir uma provável insegurança jurídica, decorrente da existência de normas contraditórias. Assim, estabeleceu que as leis dos príncipes deveriam estar subordinadas ao direito eclesiástico, da mesma forma que o direito costumeiro não poderia prevalecer

---

90. Harold J. BERMAN, *op. cit.*, p. 155.
91. Franz WIEACKER, *op. cit.*, p. 71.

sobre o direito natural ou sobre as leis seculares e eclesiásticas.[92]

A exemplo do que ocorreu com Irnério, que inspirou os glosadores, o método de Graciano serviu de base para a formação da *Escola dos Decretistas*, que aperfeiçoou a sua sistemática de estudo do direito canônico.[93]

Os canonistas tiveram um papel fundamental na mudança de consciência dos juristas ocidentais, pois desenvolveram critérios para a validação dos costumes, relacionados à sua duração, universalidade, uniformidade de aplicação e razoabilidade.[94] A grande conseqüência desta mudança foi o declínio do caráter outrora quase sagrado do costume na Idade Média. Este passou, a partir do século XII, a ser uma fonte relevante de direito, desde que aferida a sua historicidade e, ainda assim, de forma subsidiária em relação à lei, quando existente.

O método de estudo do direito elaborado pelos canonistas ainda estabelecia um estreito vínculo entre a idéia de direito natural e um padrão de normatividade. O direito natural representava a referência básica à qual deveriam adequar-se todas as normas vigentes nas diferentes jurisdições medievais. O *ius* seria o fator de harmonização sistêmica, ao qual deveria moldar-se a *lex*, fosse ela secular ou eclesiástica. Este *ius* era associado ao *Corpus Iuris Civilis* e ao *Corpus Iuris Canonici*, que eram tidos como *ratio scripta*, enquanto todos os demais tipos de normatividade eram considerados *lex* e deviam ser compatíveis com aqueles documentos basilares.

---

92. Harold J. BERMAN, *op. cit.*, p. 156.
93. Franz WIEACKER, *op. cit.*, p. 72.
94. K. PENNINGTON, *op. cit.*, p. 401.

O contraponto entre o direito positivo e o direito natural norteou o método dialético de Graciano e de outros canonistas medievais, que investigaram a coerência entre as leis da Igreja e o direito natural. Apesar disso, Berman[95] ressalta que era bastante difícil que um decreto eclesiástico viesse a ser considerado nulo por ser incompatível com o direito natural, até mesmo porque as autoridades competentes para declarar um fato dessa natureza eram figuras ligadas aos próprios papas.

O método dialético da escolástica[96] partia de uma *questão*, surgida a partir de textos legislativos contraditórios; estabelecia uma *proposição*, que continha argumentos favoráveis a uma determinada posição, e uma *oposição*, que era constituída pelos argumentos contrários à proposição. A *solução*, por sua vez, era dada tendo como referencial a maior solidez da proposição ou da oposição e pressupunha a opção por uma das duas.

Ainda que adotando basicamente essa sistemática, os juristas do século XII desenvolveram um procedimento complexo de debate, denominado *disputatio*,[97] que partia não de uma proposição, mas de diversos problemas interligados de forma sucessiva, debatidos por grupos que buscavam respaldar as suas teses em regras de direito. Para Berman,[98] a grande contribuição desses juristas estava consubstanciada na estrutura complexa organizada com estes argumentos, que inclusive serviu de suporte para a adapta-

---

95. Harold J. BERMAN, *op. cit.*, p. 157.
96. Jacques LE GOFF, *La Civilisation de L'Occident Médiéval*, *op. cit.*, pp. 317-318. Jacques LE GOFF, *Les Intellectuels au Moyen Age, op. cit.*, p. 98.
97. Ver item 1.3.2.1 *supra*.
98. Harold J. BERMAN, *op. cit.*, p. 159.

ção do direito justinianeu à realidade da Europa do século XII.

A *disputatio* representou um procedimento amplamente adotado nos meios acadêmicos europeus,[99] havendo sido fonte de elaboração de inúmeros princípios jurídicos de caráter genérico, formulados a partir da solução de problemas e que passaram a servir de matriz para a formulação de conceitos jurídicos, como o de representação, corporação e jurisdição. Berman[100] menciona que os romanos criaram várias regras tutelando juridicamente a prática de atos jurídicos pelo escravo, em nome de seu dono, mas em momento algum trabalharam com os conceitos jurídicos de agenciamento ou representação, que foram criação dos juristas da Baixa Idade Média. Fenômeno semelhante ocorreu com a questão das pessoas coletivas. O direito romano possuía diversas normas que impunham o tratamento de grupos de pessoas como unidade coletiva em determinadas circunstâncias. Todavia, apenas na Baixa Idade Média as corporações passaram a ter um tratamento de pessoa jurídica, inclusive com reflexos quanto à limitação da responsabilidade individual dos integrantes do grupo.

Ainda que se deva admitir que os conceitos jurídicos surgiram com o próprio direito romano, parece bastante claro que o espírito prático dos juristas romanos não os conduzia a uma elaboração conceitual específica, o que somente veio a acontecer na Europa, a partir do século XII. Como já dito,[101] o direito romano não era um todo siste-

---

99. Jacques LE GOFF, *Les Intellectuels au Moyen Age, op. cit.*, pp. 100-104.
100. Harold J. BERMAN, *op. cit.*, p. 160.
101. Ver item 1.4 *supra*.

matizado, mas um complexo conjunto de normas, voltado para a solução de problemas jurídicos.

Por outro lado, a atividade do jurista europeu da Baixa Idade Média era essencialmente voltada à construção de um sistema de conceitos, partindo das instituições do direito romano, e nesse contexto o método dialético da escolástica foi de vital importância, uma vez que, através da indução, foram sendo gerados os conceitos jurídicos e depreendidos os princípios que lhes serviam de fundamento. Uma vez firmados tais princípios e conceitos, novos casos poderiam ser resolvidos, ainda que inexistisse um precendente ou regra a eles aplicável.

As diferentes jurisdições da Baixa Idade Média passaram a ser orientadas por certos princípios objetivos e subjetivos, que serviram de auxílio na delimitação das respectivas competências, na determinação das normas que poderiam ser adotadas pelos respectivos juízes e na própria fixação de seus limites decisórios. Tanto as jurisdições seculares, quanto as eclesiásticas, passaram a estar baseadas em uma autoridade institucionalmente dotada de competência para julgar os conflitos; o processo passou a ter em vista a valoração da prova, de acordo com os princípios orientadores de cada jurisdição, e as decisões passaram a levar em consideração as diferentes posições, relativamente a uma determinada questão jurídica, e a ser objeto de recurso a autoridades superiores.[102]

1.5.2 Direito romano e direito canônico

De forma inegável, existe uma estreita ligação entre o desenvolvimento do direito canônico, a partir do século

---

102. Harold J. BERMAN, *op. cit.*, pp. 161-162.

XII, e o processo de retomada dos estudos do direito romano, ocorrido no mesmo período. Contudo, Harold Berman[103] adverte que esta relação historicamente tem sido avaliada de forma equivocada. Propõe ele, então, algumas mudanças na forma de abordagem desse tema.

Efetivamente, o direito canônico não foi um mero resultado do direito justinianeu do século VI, estando a sua paternidade de fato associada ao direito romano, acrescido das construções doutrinárias dos juristas medievais. Mesmo após empreendida esta ressalva, não se pode esquecer que, além do direito romano, o direito canônico reconhecia como fontes as Sagradas Escrituras, as leis eclesiásticas e até mesmo normas de direito germânico, o que faz com que o seu vínculo com a herança jurídica romana deva ser reconhecido, mas não superestimado.

Deve-se destacar a questão metodológica como um grande ponto de convergência entre o direito canônico e o direito romano. Canonistas e romanistas medievais partilhavam o método de análise e síntese, oriundo da escolástica, no estudo e harmonização das respectivas normas.[104]

Situação semelhante era verificada em relação a diversos conceitos e institutos jurídicos, que integravam tanto a doutrina do direito canônico quanto a romanista. Tal fato decorria, em boa parte, da crença dos juristas ocidentais de que o direito romano seria uma verdadeira *ratio scripta*, e dessa forma deveria fornecer as bases do direito secular e do direito da Igreja.

Todavia, mesmo adotando um método de estudo comum, os estudiosos do direito secular e do direito canônico

---

103. Harold J. BERMAN, *op. cit.*, p. 216, notas 12 e 13.
104. Jean GAUDEMET, *op. cit.*, p. 302. Ver item 1.5.1 *supra*.

seguiram caminhos próprios. Os primeiros mantiveram-se fiéis ao projeto de construção de uma ciência romanística do direito, enquanto os últimos centraram a sua atividade cada vez mais na montagem de um ordenamento jurídico da Igreja, orientado por Decretais dos papas.[105]

Para Berman,[106] esta cisão entre os juristas medievais justifica-se, pois o direito romano era visto como obra completa, terminada, não cabendo modificá-lo, mas apenas reinterpretá-lo; enquanto o direito canônico era um sistema novo, ainda em elaboração. Tal fato tornava o direito canônico um conjunto relativamente desordenado, menos atrativo intelectualmente, mas de grande interesse em termos morais e políticos. Berman[107] acrescenta que esta certa "desordem" observada no direito canônico findava por ser a raiz do seu próprio caráter dinâmico e do chamado desenvolvimento orgânico, que caracteriza a ciência jurídica ocidental, a partir do momento em que ele era capaz de estabelecer uma ponte entre o passado e o futuro, ao contar com mecanismos que viabilizavam a sua própria reprodução e atualização normativa.

1.5.3 *Corpus Ecclesiae mysticum* e *corpus Republicae mysticum*

A partir do século XII, a Igreja investiu em doutrinas consolidadoras de seu caráter institucional e corporativo, que foram de grande importância na delimitação das fronteiras entre a sua atuação temporal e espiritual e entre as

---

105. Franz WIEACKER, *op. cit.*, pp. 72-73.
106. Harold J. BERMAN, *op. cit.*, p. 217.
107. Harold J. BERMAN, *op. cit.*, p. 217.

jurisdições eclesiásticas e seculares. Todo esse discurso corporativo girou em torno da noção de *corpo místico (corpus mysticum)*, que recebeu tratamentos diferenciados durante o período medieval, havendo-se aqui optado por priorizar o tratamento dado a esse conceito a partir da Baixa Idade Média.

Diferentemente do que ocorria até então,[108] a partir do século XII, a expressão *corpus mysticum* passou a não mais estar diretamente vinculada ao "corpo de Cristo" litúrgico, havendo este último recebido definitivamente a denominação de *corpus Christi*.[109] Em verdade, o *corpus mysticum* estava agora associado à Igreja, como entidade corporativa da sociedade cristã.

Para Ernst Kantorowicz,[110] o conceito litúrgico de *corpus mysticum* assumiu um sentido sociológico, a partir de então. Ele acrescenta que teve início, neste momento, o processo de secularização da Igreja medieval, que passou a apresentar um caráter dual, pois conciliou a esfera ritualística, previamente dominante, com um papel de ente polí-

---

108. Para Otto Gierke, a concepção originária do *corpus mysticum* era a de que ele seria representado pela humanidade e que Cristo seria a cabeça espiritual deste corpo. Entretanto, admitia-se a necessidade de uma cabeça temporal para o corpo místico, papel a ser desempenhado pela Igreja. Da união entre a cabeça espiritual e a temporal, a fim de dar unidade ao corpo místico, é que surge a doutrina da submissão do poder político dos reis ao poder da Igreja, que dominou o pensamento cristão da Alta Idade Média. Otto von GIERKE, *Teorías Políticas de la Edad Media (edición de F. W. Maitland)*, traducción de Piedad García-Escudero, Madrid, Centro de Estudios Constitucionales, 1995 (orig. 1881), pp. 118-119.
109. Ernst H. KANTOROWICZ, *op. cit.*, pp. 126-127.
110. Ernst H. KANTOROWICZ, *op. cit.*, p. 127.

tico atuante, em meio às diferentes instâncias de poder da Baixa Idade Média.

Kantorowicz[111] traça um paralelo entre o conceito eclesiástico de *corpus mysticum* e a própria afirmação política dos poderes seculares: por um lado, os poderes eclesiásticos intitulavam-se "corpo místico de Cristo"; por outro, os poderes seculares investiam na crença no *Sacro Império*, idéia que remontava ao período franco e que consagrava uma aliança entre os poderes seculares e o papado, conforme discutido anteriormente.[112]

No que se refere à referida separação entre as esferas espiritual e temporal de atuação da Igreja, a partir do século XII, Ernst Kantorowicz[113] menciona a distinção entre "os dois corpos do Senhor": o já mencionado *corpus mysticum*, correspondente à instituição Igreja, e o *corpus verum* — também denominado *corpus naturale* —, que era o do altar, da hóstia e que na Alta Idade Média era considerado o próprio *corpus mysticum*.

Com Tomás de Aquino foi cunhada a expressão *corpus Ecclesiae mysticum*, que trazia em si uma conotação de independência institucional da Igreja, a qual passou a formar um corpo místico por seus próprios meios, sendo uma entidade juridicamente reconhecida.[114]

O passo seguinte foi exatamente a cisão entre as dimensões litúrgica e jurídica da Igreja, que se converteu de *corpus mysticum* em *persona mystica* e posteriormente em *persona representata* ou *ficta*, que é um conceito direta-

---

111. Ernst H. KANTOROWICZ, *op. cit.*, p. 128.
112. Ver item 1.3.1 *supra*.
113. Ernst H. KANTOROWICZ, *op. cit.*, p. 128.
114. Ernst H. KANTOROWICZ, *op. cit.*, p. 130. K. PENNINGTON, *op. cit.*, pp. 405-406.

mente relacionado à noção de *pessoa jurídica*, que seria posteriormente desenvolvida pelos juristas seculares.[115]

Com o tempo, a dimensão política da atividade da Igreja expandiu-se consideravelmente, praticamente dominando a sua dimensão litúrgica, tendo ela passado a ser vista como um governo, similar ao de qualquer corporação política secular. O "papa-imperador" figurava no topo da hierarquia da Igreja, comandando o *corpus* eclesiástico e detendo inclusive poder normativo.[116]

Por outro lado, a secularização do corpo místico da Igreja foi acompanhada de uma espécie de sacralização das instituições políticas do Estado. Paradoxalmente, ao mesmo tempo em que a Igreja vinha laicizando e juridicizando a noção de *corpus mysticum*, as autoridades seculares investiam na divinização do Estado. A expressão *corpus Republicae mysticum* foi adotada pela primeira vez na metade do século XIII, a fim de designar o próprio Estado.[117] Trata-se de evidente apropriação de conceitos eclesiáticos pela intelectualidade da Baixa Idade Média, fenômeno que irá se repetir em diversas outras esferas, sobretudo no direito.[118]

Outro aspecto influenciou esta absorção de conceitos eclesiáticos pelos eruditos medievais e está relacionado

---

115. Ernst H. KANTOROWICZ, *op. cit.*, p. 131.
116. Ver item 1.5.4 *infra*.
117. Ernst H. KANTOROWICZ, *op. cit.*, p. 134. Gierke destaca que a intelectualidade medieval desenvolveu então uma doutrina sobre a coordenação entre os corpos místicos, na qual não mais se admite uma subordinação do corpo místico do Estado ao corpo místico eclesiástico, passando a existir em realidade uma cooperação entre eles. Tal concepção é importante, pois abre campo para a afirmação do poder dos reis em face do papa. Otto von GIERKE, *op. cit.*, pp. 120-121.
118. Ver item 1.5.1 *supra*.

com a própria absorção de figuras presentes na filosofia grega, combinadas com conceitos da teologia cristã. Assim ocorreu quando o conceito de corpo místico foi aplicado ao Estado, de vez que a ele foi atribuído um significado semelhante ao da noção aristotélica de *corpo político*. O homem passava a ser integrante do corpo místico não apenas em decorrência de fundamentos sobrenaturais, mas também em função da sua própria natureza de animal político, segundo Aristóteles.[119]

O *corpus mysticum* passou a ser a base da estrutura política tanto da Igreja, quanto dos nascentes Estados europeus, podendo-se a ele relacionar diferentes noções, que orientaram toda a teoria política moderna, como a de *soberania, corpo político, hierarquia de poder* etc. Também não se pode omitir o importante papel da consolidação corporativa da Igreja na fixação da hierarquia das fontes normativas e na delimitação das competências das jurisdições medievais.

1.5.4 A Constituição da Igreja e a harmonização das normas

No final do século XI e durante o século XII, o direito canônico contou com uma série de elementos estruturantes, derivados da constituição da Igreja. O termo "consti-

---

119. Ernst H. KANTOROWICZ, *op. cit.*, p. 135. Da visão antropomórfica das instituições, desenvolvida na Idade Média, surgirá o próprio conceito de *membro*, que identifica o indivíduo integrante de um Estado, da Igreja ou de outro tipo de corporação. Da conjugação das vontades e esforços dos membros é que o corpo se fortalece. Otto von GIERKE, *op. cit.*, pp. 127-128.

tuição" é utilizado por Berman[120] para designar os limites da soberania, o processo de seleção dos governantes, a fixação dos limites legislativos, administrativos e judiciais, o alcance da autoridade governamental e os direitos e deveres dos súditos. Mesmo reconhecendo inexistir, durante o período em questão, uma constituição formal da Igreja, Berman[121] identifica certos princípios constitucionais básicos, que estiveram presentes no novo sistema do direito canônico.

Os canonistas do fim do século XII e do século XIII desenvolveram toda uma doutrina sobre o poder no âmbito da Igreja, consolidando a estrutura hierárquica do clero. O papa era tido como o titular do supremo governo da Igreja (*imperium*), possuindo plena autoridade e poder. Esta doutrina de afirmação do poder papal redundou na fixação de um leque bastante vasto de competências: podia ele promulgar leis, criar impostos, aplicar penas a criminosos e administrar os bens da Igreja. Era também possível recorrer ao papa contra decisões de outras instâncias da jurisdição eclesiástica, sendo a sua competência extensiva a qualquer tema do direito canônico. Ainda integrava o conjunto das atribuições papais a convocação de concílios gerais, cujas decisões demandavam a sua ratificação para que se tornassem obrigatórias. Como magistrado supremo da Igreja, o papa contava também com voto decisivo na definição dos dogmas da Igreja, assim como detinha o poder de canonizar santos.[122]

Em realidade, os poderes do papa decorriam da jurisdição por ele exercida e não de suas qualidades espirituais.[123]

---

120. Harold J. BERMAN, *op. cit.*, p. 217.
121. Harold J. BERMAN, *op. cit.*, p. 218.
122. K. PENNINGTON, *op. cit.*, pp. 402-403.
123. K. PENNINGTON, *op. cit.*, p. 403.

Como se pode observar, o fundamento dos poderes do papa era essencialmente baseado em um critério de autoridade, orientado pela distinção entre *ordenação* e *jurisdição*. Com a ordenação, o sacerdote recebia de Deus uma autoridade para ministrar os sacramentos e praticar os atos religiosos de forma geral. Já a jurisdição era aplicável à Igreja como instituição, constituindo verdadeiro poder de governar, com base no direito. Os bispos detinham amplo poder de legislar, julgar e administrar em suas dioceses, e o papa, por sua vez, podia sobrepor a sua autoridade à de todos os membros do clero.

Apesar de detentores de amplos poderes, os papas estavam subordinados à lei e às imposições de natureza corporativa. Tal fato era derivado exatamente do mecanismo de escolha dos papas, desenvolvido a partir do século XII, no qual os cardeais possuíam o poder exclusivo para a sua eleição.

Berman[124] defende a tese de que os limites impostos à atuação do papa e a separação entre os papéis espiritual e institucional da Igreja serviram de balizamento importante, para a futura construção das doutrinas sobre a soberania, uma vez que a partir do século XII a estrutura da Igreja representou o ensaio de um estado de direito.

1.5.5 Limitações à jurisdição eclesiástica

A fim de compreender-se a importância do direito canônico para a cultura jurídica ocidental, deve-se estabelecer, primeiramente, uma distinção entre o que seria uma

---

124. Harold J. BERMAN, *op. cit.*, p. 227.

ordem jurídica da Igreja e a ciência jurídica canônica, que tem o seu surgimento no século XII.

A influência cultural e política da Igreja é bastante anterior ao surgimento de uma atividade acadêmica, voltada para a organização das normas eclesiásticas. Em verdade, a importância da Igreja no Ocidente remonta à própria época da cristianização do Império Romano.[125]

Em termos jurídicos, tal fenômeno decorreu de um certo fracionamento político da Europa durante a Alta Idade Média, que proporcionou à Igreja uma grande possibilidade de expansão. Alie-se a isso o fato de que os integrantes da Igreja monopolizaram por muito tempo os textos filosóficos e jurídicos clássicos, tendo criado procedimentos específicos para a sua tradução e estudo.

Até o fim do século XI, não havia limites definidos entre a autoridade eclesiástica e a secular. Situação semelhante era verificada no âmbito da própria Igreja, uma vez que as tarefas do clérigo como sacerdote, ministrador dos sacramentos e administrador ou juiz não apresentavam fronteiras bastante nítidas. Tal fato decorria da crença de que a sua autoridade derivava da ordenação e não da jurisdição eclesiástica.

Mesmo a autonomia da Igreja era bastante fragilizada até o século XII. Autoridades seculares eram responsáveis pela nomeação de bispos e papas.[126] Apenas com a renova-

---

125. Segundo António Manuel Hespanha, *op. cit.*, p. 84, com a liberdade de culto, admitida em 313 pelo imperador romano Constantino, o papa e os bispos passaram a exercer abertamente uma jurisdição sobre os fiéis, além de contarem com competências próprias de julgamento, relacionadas com matérias religiosas e com aquelas em que fossem parte os clérigos.

126. Harold J. BERMAN, *op. cit.*, p. 234.

ção da Igreja e o incremento da autoridade papal, com o papa Gregório VII, é que a separação das jurisdições tornou-se clara. Neste momento, exatamente, tem início a busca de critérios para a determinação dos limites entre as diferentes jurisdições, verificando-se o ápice da chamada ciência jurídica da Igreja, a *canonística*.[127]

Berman[128] menciona que a competência das diferentes jurisdições passou a ser determinada por critérios vinculados às pessoas (*ratione personarum*) e em razão das condutas ou relações envolvidas (*ratione materiae*), cabendo à Igreja a jurisdição sobre as seguintes pessoas: clérigos e seus familiares, estudantes, cruzados, pobres, viúvas e órfãos, judeus em litígio com cristãos e viajantes (comerciantes e navegadores).

Aos integrantes do clero era vedado renunciar à jurisdição privilegiada, imposição esta não extensiva aos estudantes e cruzados. No caso das *personae miserabiles* (pobres, viúvas e órfãos) e no dos judeus e viajantes, a Igreja não eliminou a jurisdição secular, mas em verdade a complementou. Essa jurisdição pessoal da Igreja em princípio alcançava a todos os inseridos nas situações retromencionadas, ficando alguns casos eventualmente submetidos a jurisdições seculares.

Quanto à determinação da jurisdição em razão da matéria, esta era extensível em regra a todas as pessoas, desde que verificados certos tipos de caso. No que se refere à jurisdição eclesiástica, vinham em primeiro lugar as ques-

---

127. Franz WIEACKER, *op. cit.*, p. 70. António Manuel HESPANHA, *op. cit.*, p. 88. K. PENNINGTON, *op. cit.*, pp. 411-415. Sobre o conflito entre o Papa e os reis, ver Jacques LE GOFF, *La Civilisation de L'Occident Médiéval*, *op. cit.*, pp. 244-253.
128. Harold J. BERMAN, *op. cit.*, p. 234.

tões de natureza espiritual: administração dos sacramentos, testamentos, dízimos e patrocínios em geral do clero, juramentos e censura dos pecados. Com base nessas competências, Berman[129] identifica o crescimento de diversos ramos do direito, a partir do século XII, sobretudo os ligados à família, às sucessões, aos contratos e à responsabilidade civil e penal.

Além disso, Berman[130] menciona que a jurisdição eclesiástica podia sofrer uma ampliação, por meio do procedimento denominado *prorrogação*. Neste, as partes envolvidas em determinado litígio elegiam um tribunal eclesiástico como competente para a arbitragem daquela questão. Expediente similar era verificado com freqüência, mediante o uso de *cláusulas compromissórias* em certos contratos, que previam que qualquer litígio decorrente daquele pacto seria submetido à arbitragem eclesiástica.

Em certas situações excepcionais, de "bancarrota da justiça secular",[131] era admissível que uma matéria de competência da justiça secular fosse submetida a um tribunal eclesiástico.[132]

Cabe ainda mencionar a chamada *denunciatio evangelica*, que permitia a avocação pelos tribunais eclesiásticos, daquelas matérias relacionadas com princípios de teologia moral.[133]

---

129. Harold J. BERMAN, *op. cit.*, p. 235.
130. Harold J. BERMAN, *op. cit.*, p. 235.
131. Harold J. BERMAN, *op. cit.*, p. 236.
132. O direito canônico também deveria prevalecer naquelas situações em que a aplicação de fontes jurídicas terrenas implicasse pecado. Ver António Manuel HESPANHA, *op. cit.*, p. 89.
133. Franz WIEACKER, *op. cit.*, pp. 74-75. Aqui, enuncia ele diversas situações em que os princípios de teologia moral termi-

Apesar da cisão existente entre as jurisdições eclesiástica e secular, o que se constatou, na prática, foi um constante intercâmbio de princípios entre elas, advindo da própria elasticidade da competência da jurisdição eclesiástica, que alcançava matérias do direito secular, e da própria formação acadêmica comum dos juristas que nelas atuavam. Wieacker[134] destaca inclusive a marcante participação de clérigos de todas as partes da Europa nos cursos da Universidade de Bolonha, o que findava por criar uma certa identidade cultural entre os profissionais do direito da Baixa Idade Média.

Muito embora existisse uma ampla jurisdição eclesiástica, prevalecia uma precisa definição dos limites entre as jurisdições, a fim de que no futuro não viesse a ser questionada uma decisão proferida em determinada jurisdição, pela via do recurso a outra. A autolimitação das jurisdições da Baixa Idade Média teve um papel fundamental na formação de sistemas normativos no Ocidente.

Uma vez respeitadas as fronteiras entre as diversas jurisdições existentes durante o século XII, foi possível construir um conjunto de princípios orientadores de sua atuação e harmonizadores de suas normas. Ao mesmo tempo, essas jurisdições findavam por estabelecer um intercâmbio de princípios e normas, que redundou em uma certa homo-

---

naram por influenciar na conformação presente de diversos institutos jurídicos, dentre os quais menciona a eqüidade canônica, a boa-fé, a consciência, a honestidade e a misericórdia como princípios fundamentais para o desenvolvimento das teses sobre o justo preço, os vícios de vontade nos atos negociais, da apuração da verdade nos processos judiciais, a valorização da comunidade conjugal, entre outras matérias.

134. Franz WIEACKER, *op. cit.*, p. 77.

geneidade da cultura jurídica ocidental, sobretudo no que se relaciona com uma delimitação precisa das fronteiras entre o jurídico e o moral.

1.5.6 Aspectos procedimentais do direito canônico

Apesar das múltiplas influências sofridas, sobretudo do direito romano e do direito germânico, o direito canônico desenvolveu uma sistemática processual própria.

Os tribunais eclesiásticos instituíram a prática dos procedimentos judiciais escritos, que teve grande influência sobre a processualística do Ocidente. Os processos eram iniciados mediante o oferecimento de uma exposição escrita dos fatos pelo autor, a fim de que fosse proferida uma decisão pela jurisdição eclesiástica. Ao réu também era facultado o oferecimento de uma defesa por escrito. No início do século XIII, os procedimentos em geral passaram a ser documentados, inclusive as decisões, que não demandavam a expressão por escrito de seus fundamentos.[135]

Os processos da jurisdição eclesiástica fixavam, ainda, o juramento como premissa de qualquer testemunho. A prova testemunhal no processo canônico era voltada à persecução da verdade, diferentemente do que ocorria com os juramentos do direito germânico, voltados muito mais a uma avaliação de prestígio social do acusado, do que propriamente à aferição de sua culpa ou responsabilidade.[136]

O procedimento canônico admitia que as partes em litígio estivessem representadas por advogados, que eram

---

135. Harold J. BERMAN, *op. cit.*, p. 263.
136. Sobre a irracionalidade das provas no direito da Alta Idade Média, ver John GILISSEN, *op. cit.*, pp. 715-716.

encarregados de oferecer as suas razões ao juiz. Neste ponto, também é possível observar uma sensível diferença, em relação ao direito romano e ao direito germânico, uma vez que nestes inexistia o conceito de representação jurídica, mas apenas o de substituição plena, que naturalmente implicava a assunção das responsabilidades do substituído pelo substituto.

Outro traço peculiar da jurisdição eclesiástica estava presente na duplicidade de procedimentos. De acordo com a complexidade do caso, seguia-se um rito abreviado, no qual não era necessária a representação por advogado e o procedimento era basicamente oral.

Por fim, deve-se destacar a racionalidade que passou a orientar os procedimentos judiciais, sobretudo no campo penal. O direito canônico construiu uma verdadeira "ciência da investigação judicial dos fatos do caso".[137] Nela, exigia-se que o juiz interrogasse as partes e as testemunhas, de acordo com princípios de razão e consciência. Um desses princípios era o de que o juiz deveria estar plenamente convencido do julgamento adotado. O segundo deles exigia que o juiz se projetasse na situação da pessoa trazida ao tribunal e tentasse obter a verdade, utilizando-se de um sutil interrogatório.

A investigação judicial do direito canônico forneceu importante instrumental para a técnica processual dos dias atuais, no que se relaciona com o juízo de admissibilidade das provas. Foram desenvolvidas regras de seletividade de provas, sendo vedados os seguintes tipos de prova: as *supérfluas*, que são aquelas ligadas a fatos notórios ou já comprovados anteriormente; as *não pertinentes ao caso*; as *obscuras ou incertas*, cujas conclusões sejam duvidosas; e

---

[137]. Harold J. BERMAN, op. cit., p. 264.

as *decorrentes de testemunhos excessivamente genéricos*, que somente criam mais dúvidas a respeito dos fatos.[138]

John Gilissen[139] destaca, ainda, que tal modelo procedia a uma classificação sistemática das provas, que eram dispostas em graus, partindo da *probatio plena*, da *probatio semiplena* e do *indicium*.

A *probatio plena* tinha como base a existência de pelo menos dois testemunhos concordantes ou de ato publicamente registrado. Já a *probatio semiplena* era fundada em um testemunho isolado, em documentos particulares, na reputação das partes ou na culpa presumida decorrente da fuga do acusado. Por fim, o *indicium* carecia de maior concretude, pois podia decorrer de uma inimizade entre o acusado e a vítima, uma ameaça etc. A tortura foi utilizada para fortalecer provas fundadas em meros indícios, por meio da confissão, que era o meio de prova mais valorizado na Idade Média.[140]

No século XIII, surge um tipo de prova mais sólida do que a *probatio plena*, representada pelo *notorium* ou prova notória. Esta era exatamente a prova que não demandava qualquer tipo de comprovação, podendo ser *de fato, de direito* ou *presumida*.[141]

---
138. Harold J. BERMAN, *op. cit.*, p. 264.
139. John GILISSEN, *op. cit.*, pp. 716-718.
140. John GILISSEN, *op. cit.*, p. 718.
141. O fato notório (*notorium facti*) é o de conhecimento de todos, que não demanda comprovação específica, como no caso do flagrante delito e dos delitos praticados no curso do processo. O direito notório (*notorium iuris*) decorre do ato jurídico, cujos efeitos também não precisam de qualquer comprovação, como a coisa julgada e a confissão feita em juízo. Já o notório presumido (*notorium praesumptionis*) é a base das presunções jurídicas ado-

Os princípios da razão e da consciência passaram a orientar os procedimentos judiciais canônicos a partir do século XII e tiveram grandes conseqüências de ordem prática. Talvez o efeito mais importante tenha sido a vedação, a partir do quarto Concílio de Latrão (1215), da participação de clérigos em ordálios.[142] Com isso, os procedimentos judiciais passaram a ser orientados pela busca da verdade dos fatos. Foi uma mudança que ultrapassou os limites da jurisdição eclesiástica, alcançando as jurisdições seculares, ocasionando a substituição dos ordálios pelo júri na Inglaterra.[143]

Ocorre, contudo, que o procedimento eclesiástico passou a ser pautado por um profundo formalismo, que em certas situações até comprometia a realização dos princípios da razão e da consciência. Berman[144] menciona certos critérios de valoração da prova, que absolutamente criavam a possibilidade de um distanciamento entre a prova admitida juridicamente e a realidade: o testemunho de um mulher valia a metade e devia ser complementado pelo de um homem; o testemunho de um nobre era mais valioso do que o de um plebeu; assim como o de um cristão valia mais

---

tadas até hoje. Os glosadores foram os primeiros a distinguir as presunções *iuris et de iure* das presunções *iuris tantum*, sendo as primeiras aquelas que não admitem prova em contrário, formando um *notorium* e as últimas, as que ensejam a inversão do ônus da prova, constituindo caso de *probatio plena*. John GILISSEN, *op. cit.*, p. 717.
142. D. E. LUSCOMBE; G. R. EVANS, La Renaissance du XIIe Siècle, *in*: James Henderson BURNS (org.), *Histoire de la Pensée Politique Médiévale*, *op. cit.*, p. 306.
143. Ver nota n° 5 *supra*.
144. Harold J. BERMAN, *op. cit.*, p. 265.

do que o de um judeu e o de um sacerdote era mais confiável que o de um leigo. A partir do momento em que tais testemunhos eram aquilatados de forma proporcional (prova completa, meia prova, um quarto de prova etc.), de acordo com o prestígio da testemunha, o exame judicial da verdade acabava sendo suplantado pelo prestígio social de quem testemunhava. Este tratamento equivocado da questão probatória acabou servindo de estímulo para que fossem buscadas provas cada vez mais seguras, sobretudo nos processos criminais. A tortura passou a ser um expediente utilizado com freqüência, a fim de obter confissões, que eram consideradas as formas de prova mais confiáveis, conforme já dito.

Outra limitação apresentada pelos procedimentos judiciais eclesiásticos era o afastamento entre o juiz e o procedimento de formação da prova. Por serem os processos essencialmente de natureza escrita, a colheita de testemunhos era feita por subordinados do julgador, e este só tinha acesso à sua transcrição. Tal fato prejudicava sobremaneira o curso dos processos e dificultava a própria formação da convicção do julgador, de vez que carecia ele de um contato direto com o depoente, ficando preso às notas previamente tomadas por seus auxiliares.

Apesar de todas as limitações apresentadas por esta sistemática processual, não há como descaracterizá-la como um grande avanço, sobretudo se comparada ao procedimento probatório absolutamente irracional que existia anteriormente ao século XII. Alguns princípios basilares da processualística atual foram forjados no bojo dos processos do direito canônico, que foram os primeiros na Idade Média a manifestar uma preocupação com a efetiva apuração da verdade.

1.6 O direito medieval e a ciência no ocidente

Na opinião de Berman,[145] os juristas escolásticos criaram o embrião daquilo que viria a ser a concepção moderna de ciência, baseada em hipóteses, probabilidades e previsões, e não necessariamente em certezas e verdades. A ciência dos juristas medievais empregava um método dialético, no qual era estabelecida a correlação entre princípios jurídicos gerais e especiais, mas ao mesmo tempo era realizada uma investigação de casos. Esta era, portanto, uma metodologia bastante original, pois congregava os métodos das ciências do espírito com os das ciências da natureza. A ciência ocidental será então resultado da conjugação de três vertentes de normas: as *metodológicas*, as *valorativas* e as *sociológicas*, que serão agora especificamente analisadas, em relação à ciência do direito.

1.6.1 Características metodológicas da ciência do direito

Berman[146] define a ciência ocidental como corpo integrado de conhecimento, no qual os fenômenos particulares são explicados de forma sistemática, sendo fundados em princípios ou verdades gerais (leis), formados a partir de observações, hipóteses, verificação e experimentação, podendo, contudo, variar o método de investigação e sistematização, de acordo com a natureza dos fenômenos investigados por cada ciência em particular.

---

145. Harold J. BERMAN, *op. cit.*, p. 162.
146. Harold J. BERMAN, *op. cit.*, p. 163.

Levando em consideração as características supramencionadas, pode-se concluir que os juristas dos séculos XII e XIII construíram uma ciência do direito. As fontes de normatividade então disponíveis foram explicadas de forma sistemática, com base em princípios e conceitos gerais. Também a experimentação fazia parte do método então adotado. Os juristas buscavam uma comprovação da validade de seus princípios, justamente na pesquisa de sua efetiva aplicação, mediante o estudo de casos.

Os juristas do século XII deram uma grande contribuição ao pensamento ocidental, pois foram capazes de estabelecer um nexo entre princípios e provas. Eles desenvolveram não apenas provas empíricas da validade de princípios gerais, mas também buscaram uma aplicação prática desses princípios.[147] Este tipo de procedimento permitiu que normas integrantes do direito romano viessem a ser aplicadas, por analogia, a situações diferentes daquelas para as quais eram originariamente destinadas. O vínculo entre os princípios de direito e os fatos fez com que as regras jurídicas passassem a ser dotadas de uma certa maleabilidade, de acordo com as necessidades criadas por fatores históricos. Berman[148] visualiza tal processo como uma "constante retroalimentação no que se refere a validade das regras e dos princípios gerais, assim como dos conceitos que, acreditava-se, estavam implícitos". Esta mecânica findou por representar a base para a construção das instituições de direito ocidentais, que mesmo fundadas na civilística romana foram profundamente influenciadas pelo direito canônico e pelos juristas medievais.

---

147. Harold J. BERMAN, *op. cit.*, p. 163.
148. Harold J. BERMAN, *op. cit.*, p. 165.

A preocupação em estabelecer conexões entre os princípios gerais de direito e a experiência foi uma das características fundamentais da ciência do direito do século XII. Todavia, os juristas da Baixa Idade Média também deram especial atenção ao que hoje poderia ser chamado de uma dogmática jurídica, voltada para o estudo da sistematização das regras jurídicas, de suas interconexões e de sua aplicação a diferentes tipos de situação.

Aliada à metodologia criada para investigar a relação entre princípios, leis e fatos foi desenvolvida uma metodologia direcionada à apuração dos fatos nos procedimentos judiciais. Este modelo de prova estava visceralmente ligado aos avanços no estudo da retórica, que passava a ser vista não mais como uma arte da persuasão, calcada na ornamentação do discurso e no manejo das emoções, e sim como forma racional de persuadir.[149]

Observou-se, então, a construção do conceito de *hipótese* pelos retóricos, a fim de complementar o conceito dialético de *tese* (*questio*). A hipótese passava a demandar uma complementação material, a fim de que pudesse ser confirmada. O regime das hipóteses deu origem à noção de "verdade provável",[150] intimamente relacionada com a idéia de presunção. Também foram criadas regras para disciplinar o processo de formação e de valoração da prova.

As normas adotadas na Retórica Eclesiástica findaram por ser estendidas ao direito, o que teve como conseqüência uma equiparação entre o conceito jurídico de *caso* e o conceito retórico de *hipótese*.[151] A estrutura básica do processo atual resulta exatamente desse conjunto de regras

---

149. Harold J. BERMAN, *op. cit.*, p. 166.
150. Harold J. BERMAN, *op. cit.*, p. 166.
151. Harold J. BERMAN, *op. cit.*, p. 166.

voltadas à busca da verdade, que somente poderia ser alcançada pela conjugação da atividade de quatro pessoas: um juiz, uma testemunha, um acusador e um defensor. A incumbência do juiz era a de zelar para que não fosse violada qualquer das regras de argumentação, principalmente no que tange à pertinência e à materialidade das provas. A processualística da Baixa Idade Média é responsável por toda uma técnica de admissibilidade de provas, até hoje utilizada nos diferentes sistemas jurídicos do Ocidente: dispensa de testemunhos supérfluos, ligados a fatos já comprovados; assim como de provas impertinentes ao caso, imprecisas ou incompatíveis com a realidade.[152]

Berman[153] enfatiza que o raciocínio jurídico medieval foi um protótipo do moderno raciocínio científico no Ocidente, fato este em geral não reconhecido, uma vez que o marco da ciência moderna é normalmente estabelecido por volta do século XVII, período em que floresceram as produções intelectuais de Descartes, Newton e Leibniz, entre outros. Talvez esta visão equivocada tenha sido uma decorrência da própria rejeição da escolástica pelos estudiosos da modernidade, que viram a matemática como base para qualquer tipo de conhecimento cientificamente válido. A negação da escolástica talvez tenha derivado exatamente de uma nítida diferença entre os referenciais adotados após o século XII e aqueles concebidos posteriormente ao século XVII. Entretanto, com fundamento na análise empreendida por Harold Berman,[154] é possível concluir que toda a ciência dita "moderna" não se teria desenvolvido sem os

---

152. Ver item 1.5.6 *supra*.
153. Harold J. BERMAN, *op. cit.*, p. 166.
154. Harold J. BERMAN, *op. cit.*, p. 167.

alicerces teóricos da metodologia escolástica, criada pelos juristas do século XII.

1.6.2 Premissas de valor da ciência do direito

Harold Berman[155] identifica um conjunto de propósitos fundamentais, daqueles que se dedicam à atividade científica e que formam um código científico de valores baseado em determinadas premissas fundamentais. Primeiramente, a investigação científica deve ser realizada com integridade e objetividade, devendo o trabalho científico ser avaliado exclusivamente a partir de regras universais de mérito científico. Em segundo lugar, o cientista deve estar sempre aberto ao questionamento das suas próprias premissas e conclusões, sendo capaz inclusive de reconhecer publicamente os seus equívocos. Por fim, a ciência deve ser encarada como um "sistema aberto", que busca uma proximidade cada vez maior com a verdade, não estando, contudo, vinculada a conclusões definitivas, formando em realidade, um corpo de idéias em constante mutação.

Em uma primeira análise, tal código de valores poderia parecer incompatível com o direito, campo no qual incidem diferentes interesses de natureza política. Mais ainda, se considerado o contexto do século XII, quando a Igreja buscava uma consolidação de seu poder espiritual e temporal, ao vincular padrões de conduta social aos seus dogmas, criminalizando inclusive práticas heréticas.[156] Todavia, justamente nesse período consolida-se a noção de que o progresso científico pressupõe a oposição de idéias e de que o

---

155. Harold J. BERMAN, op. cit., p. 167.
156. Harold J. BERMAN, op. cit., p. 168.

raciocínio dialético conduziria a uma síntese, correspondente a verdades divinas.

Inúmeras são as dificuldades de aplicação do código científico de valores supramencionado ao operador do direito. Entretanto, Berman[157] destaca que o seu alcance não se estende exatamente ao operador do direito nem ao tribunal, mas àqueles que tratam academicamente do direito. Apesar disso, estes também enfrentam algumas dificuldades no cumprimento das regras científicas, pois estão todo o tempo lidando com um objeto fortemente influenciado pelas oscilações da vida política, econômica e social.

Os juristas escolásticos seguiram um código científico de valores, por meio do método dialético, uma vez que a busca da conciliação entre os textos legais, a partir da formulação de princípios e conceitos gerais, permitiu que o direito fosse abordado com certa objetividade e universalidade. Também a idéia de que toda lei tem uma finalidade serviu de base para que fosse buscada a harmonização entre as diferentes fontes de direito.[158]

Berman[159] acrescenta que o desenvolvimento da ciência ocidental está intimamente vinculado à relação entre o sagrado e o profano. Até o século XII, tais campos apresentavam-se de forma simbiótica, situação que sofreu sensível alteração, a partir do momento em que entidades políticas e clericais sofrem uma nítida separação. Nesse contexto, verifica-se um grande paradoxo, pois, ao contrário do que se poderia imaginar, a ciência surge no campo eclesiático e não no secular. Os teólogos ocidentais buscavam provar

---

157. Harold J. BERMAN, *op. cit.*, pp. 168-169.
158. Harold J. BERMAN, *op. cit.*, p. 169.
159. Harold J. BERMAN, *op. cit.*, p. 170.

racionalmente a existência de Deus lançando mão do método dialético, assim como examinar as contradições existentes nas Sagradas Escrituras e nos canônes da Igreja, a fim de harmonizá-los, revelando a verdadeira vontade divina.[160]

A Igreja do século XII era entidade socialmente visível, com papel fundamental na formação da cultura ocidental e na reforma política, econômica e social da Europa de então. Essas tarefas somente foram possíveis porque as questões teológicas passaram a ser tratadas segundo um rigor científico, que lhes forneceu um embasamento sólido, capaz de torná-las uma referência cultural hegemônica no Ocidente, até praticamente o século XVI.

Apesar disso, manteve-se o paradoxo original entre a liberdade de investigação, própria do conhecimento científico, e os limites impostos pela dogmática teológica. Esta última serviu inclusive de base para que fossem aplicadas penas rigorosas aos hereges, sendo assim considerados todos aqueles que ousavam questionar os seus fundamentos. Nesse ponto reside exatamente o grande limite para a abordagem científica desenvolvida a partir do século XII, o que leva alguns a considerar, equivocadamente, que a idéia de ciência no Ocidente somente surgiu a partir da Idade Moderna. Deve-se, contudo, dissociar as limitações intelectuais impostas pela Igreja medieval do fato inequívoco de que a escolástica desenvolveu um método dialético em suas abordagens. Este é inclusive o sustentáculo da tese de Berman de que a ciência jurídica ocidental teve o seu surgimento na transição do século XI para o século XII e não na Era Moderna.

---

160. Ver item 1.5.1 *supra*.

1.6.3 Normas sociológicas da ciência do direito

Além de metodologia própria e premissas de valor, as ciências no Ocidente respondem a imperativos de natureza sociológica, como a *formação de comunidades científicas*, responsáveis pela preparação de estudiosos e pelo reconhecimento e divulgação das respectivas descobertas; a *criação de universidades*, que representam grandes comunidades de estudo, onde são formados jovens, segundo princípios comuns e a *liberdade de ensino e pesquisa*, vinculada a uma responsabilidade intelectual e social.[161]

O papel social da ciência no Ocidente é bastante claro, quando se tem em vista o caráter corporativo das primeiras universidades européias.[162] A ciência desenvolvida nessas instituições respondia às necessidades de um contexto de profundas mudanças sociais, econômicas e políticas. Dessa forma, não foram as traduções das obras de Aristóteles que motivaram as importantes modificações ocorridas no pensamento jurídico ocidental a partir do século XII, mas essas próprias traduções foram estimuladas por um contexto social e intelectual bastante peculiar, tendo servido de importante instrumento para a dialética escolástica.

Berman[163] afirma que a dialética medieval foi produzida no bojo das contradições que marcaram a transição da Alta para a Baixa Idade Média. Ele acrescenta que esta nova ciência foi concebida em meio ao processo revolucionário, que implicou a separação entre a jurisdição secular e a eclesiástica. Toda uma ciência jurídica foi organizada, voltada especificamente para a composição das contradições

---

161. Harold J. BERMAN, *op. cit.*, pp. 170-171.
162. Ver item 1.3.2 *supra*.
163. Harold J. BERMAN, *op. cit.*, p. 171.

entre as diferentes jurisdições e entre os textos jurídicos delas emanados.[164]

A ciência jurídica forma-se, portanto, como uma comunidade incumbida de solucionar, utilizando processos dialéticos, conflitos de natureza política. Pode-se estabelecer, sistematicamente, as principais características sociais da nascente ciência jurídica ocidental:

a) **Caráter transnacional** — A partir das universidades, foi possível conceber a idéia de uma ciência jurídica ocidental, que superava fronteiras nacionais e que tinha seus pilares no direito romano e no direito canônico.

b) **Padrão decisório e elaboração normativa** — O direito romano e o canônico eram ensinados a estudantes oriundos de todos os pontos da Europa e findavam por representar um padrão normativo e doutrinário para os diferentes sistemas políticos então existentes, uma vez que esses graduados nas escolas de direito passavam a integrar os quadros administrativos e judiciais em seus respectivos Estados, lançando mão do instrumental teórico absorvido academicamente em suas decisões e na própria elaboração de normas jurídicas.

c) **Formação de sistemas jurídicos a partir de normas e costumes preexistentes** — O método das universidades européias permitiu a criação de conjuntos homogêneos de normas, a partir de uma pluralidade assistemática de regras jurídicas. O grande trunfo deste método era exatamente a harmonização entre as normas contraditórias, por meio de princípios jurídicos de caráter genérico.

---

164. Ver item 1.5.5 *supra*.

d) Autoridade da opinião dos catedráticos — Outro importante fator de unificação da ciência jurídica ocidental foi o privilégio atribuído pelas universidades às opiniões dos doutores. Essa foi uma forma importante de superação das contradições e lacunas eventualmente existentes nos textos jurídicos antigos. A consagração de determinadas opiniões autorizadas teve um papel fundamental para a consolidação de princípios de direito no Ocidente.

e) Visão interdisciplinar — O método escolástico, que utilizava recursos da teologia e das *artes liberais*, foi capaz de preservar um estreito laço entre o direito e os demais estudos em curso nas universidades européias do século XII e seguintes, o que possibilitou a integração entre os juristas e o ambiente intelectual e social daquele período.

f) Autonomia científica — Ainda que estreitamente vinculado a outros estudos, o direito preservava-se como estudo autônomo, não se confundindo com a retórica, a ética ou a política. A base dessa delimitação de fronteiras foi justamente a existência de uma intelectualidade especificamente voltada para o estudo das questões ligadas à normatividade.

g) Formação de princípios básicos de direito — Este é um traço de identidade da própria ciência do direito. Como disciplina universitária, o direito era mais do que uma mera técnica, uma vez que estava constantemente sendo posto à prova e julgado, com base em princípios básicos, formulados a partir dos textos do direito romano e do direito canônico.

h) Formulação de um sistema jurídico-constitucional — A análise jurídica foi elevada ao nível de ciência pelas universidades mediante a formação de núcleos conceituais a respeito das matérias jurídicas, aos quais foi conferido um caráter sistemático. Esta visão universalizada das regras de direito possibilitou o aprimoramento da concepção a respeito da compatibilidade sistêmica de cada norma como requisito indispensável para a sua validade.

i) **Produção de uma classe profissional de advogados** — O ensino universitário do direito ensejou o surgimento de uma corporação de advogados, encarregada de orientar as atividades jurídicas da Igreja e das jurisdições seculares.

Todos esses traços demonstram uma preocupação bastante clara dos juristas medievais de dar um enfoque criterioso aos fenômenos jurídicos, sobretudo em razão da necessidade surgida entre os séculos XI e XII de modernização das instituições jurídicas, como resultado do desenvolvimento comercial, da formação das cidades na Europa e do conseqüente incremento da complexidade das relações sociais. Um certo rigor no estudo do direito fez-se então necessário, uma vez que a fonte primária trabalhada nas universidades era o direito romano justinianeu, que além de antigo (contabilizava praticamente seis séculos), não era totalmente harmônico internamente. Não se pode também esquecer que o conjunto de regras canônicas e seculares surgidas durante a Idade Média demandava, da mesma forma, uma harmonização.

A metodologia da ciência do direito surgiu, então, desse esforço de glosadores e canonistas de montar uma estrutura de princípios e conceitos jurídicos que permitisse uma adequação entre os fatos surgidos no século XII e os textos jurídicos disponíveis, além da própria seleção das normas cabíveis em cada situação, em meio às inúmeras jurisdições então existentes.

Todavia, Berman[165] afirma que a nova ciência do direito ocidental foi muito mais do que uma realização intelectual, um método de raciocinar ou de organizar o pensamento. No contexto do século XII, a forma era também expressão de valores e políticas, visto que o esforço de conciliar normas e valores contraditórios, utilizando critérios padronizados, respondia a um projeto mais geral de aproximação entre lei e eqüidade, entre justiça e piedade e entre igualdade e liberdade.

1.7 O retorno ao pensamento jurídico medieval e a compreensão do direito

O estudo empreendido neste capítulo tem um papel relevantíssimo na estrutura desta obra, pois a partir dele foi possível observar que a tradição jurídica ocidental tem os seus fundamentos não em sistemas lógico-formais, e sim em uma estrutura principiológica e conceitual construída a partir da atividade criadora de juristas e canonistas medievais, que, partindo de textos do direito romano antigo, desenvolveram uma dogmática jurídica.

Um enfoque dessa natureza é indispensável em um trabalho como o presente, pois o que aqui se pretende demonstrar é que a ciência do direito no Ocidente tem uma origem tópica, não podendo esse caráter problemático da matéria jurídica ser suplantado por concepções doutrinárias que enfatizam apenas o sentido sistêmico da ordem jurídica.

---

165. Harold J. BERMAN, *op. cit.*, p. 176.

Em função disso, o capítulo seguinte tem como objeto exatamente a contraposição entre as concepções tópicas e sistemáticas a respeito do direito e a possibilidade de sua harmonização.

Capítulo 2

O raciocínio tópico e sistemático no direito

O presente capítulo tem como preocupação central o estabelecimento de um contraponto entre um tipo de visão sobre o direito que privilegia a sua função como mecanismo de resolução de problemas e uma concepção que o enxerga a partir de um prisma de autoridade, ao valorizar o seu caráter de conjunto normativo sistematizado.

O enfoque do fenômeno jurídico que destaca o caráter problemático do direito tem como referência básica a chamada *tópica jurídica* do alemão Theodor Viehweg, que serve de marco teórico para a presente obra. Ele se insere no contexto dos diferentes autores que, no período posterior à Segunda Grande Guerra, se dedicaram à busca de novos tipos de abordagem do direito, fora dos estreitos limites das concepções do positivismo jurídico do século XIX e do normativismo kelseniano.

2.1. A tópica e o direito

2.1.1 Fundamentos da tópica

Inicialmente é importante esclarecer que o termo *tópica* tem a sua matriz na expressão grega *topos*, correspondente à palavra latina *locus* (plural *loci*), estando associada na língua portuguesa à noção de *lugar-comum*. Theodor Viehweg propôs-se, em sua obra mais célebre *Tópica e Jurisprudência*,[1] a empreender uma retomada, no campo do direito, do pensamento tópico, próprio da Antigüidade greco-romana, a fim de elaborara um tipo de análise da matéria jurídica, que incorpore o processo de aplicação do direito ao objeto de estudo da ciência jurídica, durante muito tempo restrito à análise estrutural do ordenamento jurídico e da relação existente entre suas normas.

Para tanto, Viehweg retorna ao pensamento de Aristóteles, a fim de resgatar as bases da tópica. A tópica constitui um dos seis livros do *Organon*[2] e nela *Aristóteles aborda a arte da disputa, que fazia parte do domínio dos retóricos e sofistas.*[3]

---

1. Para referência completa, ver nota nº 3 da Introdução.
2. Os demais livros são *As Categorias, A Interpretação, As Primeiras Analíticas, As Segundas Analíticas* e *As Refutações Sofísticas*. Nesta obra, são objeto de discussão apenas os temas presentes nos *Tópicos*, a partir da tradução para o português de Leonel Vallandro e Gerd Bornheim, da versão inglesa de W. A. Pickard, *in Os Pensadores*, v. IV, São Paulo, Abril Cultural, 1973.
3. Theodor VIEHWEG, *Tópica e Jurisprudência, op. cit.*, p. 23.

2.1.1.1 A tópica de Aristóteles

Aristóteles[4] propunha um método de investigação, no qual fosse possível construir um raciocínio dialético a partir de opiniões majoritariamente aceitas a respeito de qualquer problema. Além disso, buscava ele o desenvolvimento da capacidade de replicar um argumento, de forma convincente.

A fim de realizar tal intento, Aristóteles[5] estabeleceu quatro diferentes tipos de raciocínio: o *demonstrativo* ou *apodítico*, em que há uma relação dedutiva entre premissas, sendo verdadeira a premissa de que se parte; o *dialético*, exatamente aquele que parte de opiniões "geralmente aceitas" por todos ou pela maioria; o *erístico* ou *contencioso*, formado pelas opiniões tidas como geralmente aceitas, mas que efetivamente não o são, ou pelas opiniões sabidamente não aceitas de forma majoritária e, por fim, o *paralogístico* ou *falso raciocínio*, que parte de proposições que não são nem primeiras, nem verdadeiras e muito menos geralmente aceitas.

A finalidade dos tópicos aristotélicos é exatamente o adestramento na arte de argumentar intelectualmente, casualmente e filosoficamente. No campo intelectual, os tópicos auxiliam na criação de um plano de investigação, que facilita a aceitação dos argumentos apresentados sobre determinado tema. No que se refere ao aspecto cotidiano, o projeto tópico permite que os próprios argumentos do adversário sejam contra ele utilizados. Por último, no campo filosófico é possível levantar problemas e dificuldades em

---

4. ARISTÓTELES, *Tópicos, op. cit.*, Livro I, 1, p. 11.
5. ARISTÓTELES, *Tópicos, op. cit.*, Livro I, 1, pp. 11-12.

diferentes abordagens de um mesmo assunto. Aristóteles[6] destaca que os tópicos são úteis também no estabelecimento dos fundamentos dos princípios utilizados nas diferentes ciências, uma vez que eles não são auto-explicáveis, sendo necessário fundá-los nas opiniões geralmente aceitas sobre as questões particulares. Este é exatamente o papel da dialética, por ele considerada como "o caminho que conduz aos princípios de todas as investigações".

O raciocínio dialético parte de premissas dotadas de credibilidade e verossímeis, que são objeto de uma expressiva aceitação (*endoxa*). A plausibilidade de tais premissas é aferida não em função de uma verdade comprovável, mas da efetiva adesão com que contam.

Em realidade, a tópica lida com opiniões dominantes, que estabelecem soluções para problemas. Segundo Viehweg,[7] a expressão *topoi* (plural de *topos*) surge pela primeira vez no final do primeiro livro dos *Tópicos* de Aristóteles, estando associada a um instrumental presente no processo argumentativo, hábil a oferecer soluções para problemas, a partir da oposição entre teses.

Nos *Tópicos*, Aristóteles tipifica os problemas da seguinte forma: *problemas do acidente* (Livros II e III), que são baseados em situações momentâneas, que podem sofrer alteração, sem alterar a essência de alguma coisa; *problemas do gênero* (Livro IV), que enfocam os elementos que fazem parte da essência da coisa, muito embora não sejam exclusivos dela, e que servem inclusive de referência para o agrupamento de coisas semelhantes; *problemas da propriedade* (Livro V), que retratam um predicado da coisa, que não indica a sua essência, mas a diferencia das

---
6. ARISTÓTELES, *Tópicos, op. cit.*, Livro I, 2, p. 12.
7. Theodor VIEHWEG, *Tópica e Jurisprudência, op. cit.*, p. 26.

demais; e *problemas da definição* (Livros VI e VII), que implicam a apresentação analítica dos traços fundamentais de alguma coisa por meio de uma frase. O conjunto de soluções criadas para os problemas dá origem ao que se denomina de *catálogo de topoi*, que constitui um acervo de soluções consolidadas, que passa a servir de base para a resolução de problemas semelhantes no futuro.

A investigação aristotélica parte de *problemas* e *proposições*, sendo os primeiros o ponto de partida dos raciocínios e as segundas formadas a partir dos argumentos utilizados na solução dos problemas, além de serem ambos derivados dos já mencionados tópicos do *gênero*, da *definição*, da *propriedade* e do *acidente*.

Importante definir o que são *proposição dialética* e *problema dialético*,[8] uma vez que nem toda proposição ou problema pode ser considerado dialético. De acordo com Aristóteles,[9] ninguém faria uma proposição a partir de algo que nenhuma pessoa admitisse ou criaria um problema em torno de uma situação que não suscitasse dúvidas, simplesmente porque ambos os recursos seriam absolutamente inúteis. Uma proposição dialética representa uma argumentação em torno de algo que é admitido por todos, pela maioria ou pelos mais eminentes e reconhecidos socialmente. Este modelo de proposição engloba tanto as opiniões semelhantes às majoritárias, quanto as contrárias àquelas que se opõem aos pontos de vista geralmente aceitos. Em sendo assim, a proposição dialética apresenta-se direta ou indiretamente ligada à opinião dominante em determinado grupo ou sociedade.

---

8. ARISTÓTELES, *Tópicos*, *op. cit.*, Livro I, 10, p. 18.
9. ARISTÓTELES, *Tópicos*, *op. cit.*, Livro I, 10, p. 18.

Já o problema de dialética "contribui para a escolha ou a rejeição de alguma coisa, ou ainda para a verdade e o conhecimento (...)".[10] O problema tem como pressuposto a não existência de posição dominante sobre o tema, resultante de uma séria controvérsia ou mesmo da ausência de uma reflexão prévia a seu respeito. Quanto ao perfil dos problemas, este pode ser bastante variado, compreendendo desde questões de difícil resolução, como a origem do homem ou os limites do universo; até os raciocínios conflitantes, nos quais duas ou mais teses são objeto de divergência, estando todas elas fundadas em argumentos bastante convincentes.[11]

Conforme já dito, as proposições são geradoras de argumentos, e convém verificar os dois tipos de argumentos dialéticos: o *raciocínio* e a *indução*. O primeiro é aquele em que, estabelecidas certas premissas, outras delas podem ser deduzidas,[12] enquanto o segundo "é a passagem dos individuais aos universais".[13]

Após fixar o sentido de proposições, problemas e argumentos, Aristóteles[14] cria um esquema de raciocínio, que será a base da atividade dos intelectuais da Baixa Idade Média: *criação de proposições, delimitação de sentido das*

---

10. ARISTÓTELES, *Tópicos, op. cit.*, Livro I, 11, p. 19.
11. Nesta obra, o centro da discussão está associado ao conflito de opiniões, precisamente por ter-se como referência básica os problemas jurídicos que não contam com respostas verdadeiras, mas com soluções aceitas hegemonicamente em determinado local e por certo período de tempo, conforme será discutido no Capítulo 4.
12. ARISTÓTELES, *Tópicos, op. cit.*, Livro I, 1, p. 12.
13. ARISTÓTELES, *Tópicos, op. cit.*, Livro I, 12, p. 20.
14. ARISTÓTELES, *Tópicos, op. cit.*, Livro I, 13, p. 20.

expressões, diferenciação entre as coisas e investigação de semelhança.[15]

Merece destaque o Livro VIII dos *Tópicos*, que trata exatamente do método a ser adotado ao propor questões. Aristóteles[16] elenca três etapas a serem percorridas neste processo: a escolha do terreno em que serão propostas as questões, a organização mental das questões e, por fim, a sua apresentação ao adversário. A escolha das fontes dos argumentos e dos *topoi* diz respeito aos âmbitos já mencionados do *gênero*, da *definição*, da *propriedade* e do *acidente*, que são objeto dos Livros de II a VII dos *Tópicos*.

No Livro VIII, Aristóteles discute basicamente o arranjo e a formulação das questões, estabelecendo as "premissas necessárias" do raciocínio e outras, que servem de suporte para diferentes situações, assim como a forma de apresentação dos argumentos ao adversário. Trata-se de um verdadeiro manual de técnicas de construção e manejo de argumentos, utilizadas pelas concepções argumentativas do direito na atualidade[17] e pelo próprio pensamento jurídico medieval.[18]

Aristóteles[19] descreve os mecanismos de construção do raciocínio por meio de uma relação entre premissas, segundo a qual devem ser preservadas ao máximo aquelas que

---

15. Aristóteles detalha os passos destes procedimentos dialéticos, voltados a tornar mais claro o conhecimento, em *Tópicos, op. cit.*, Livro I, 14-18. Quanto à influência deste procedimento na Baixa Idade Média, ver item 1.5.1 *supra*.
16. ARISTÓTELES, *Tópicos, op. cit.*, Livro VIII, 1, p. 139.
17. Ver itens 4.1.2 e 4.2 *infra*.
18. Ver item 1.3 *supra*.
19. ARISTÓTELES, *Tópicos, op. cit.*, Livro VIII, 1-3, pp. 139-146.

estruturam o raciocínio ("premissas necessárias"), às quais devem ser acrescidas premissas auxiliares. No uso destas últimas serão adotados recursos como a indução, a sustentação e a evidenciação do argumento e a dissimulação.

A segunda parte do Livro VIII[20] volta-se ao estudo da forma de apresentar argumentos ao adversário e de responder às suas questões. Nesta parte dos *Tópicos* está um dos fundamentos da *disputatio*, que representou um procedimento dialético largamente utilizado pela intelectualidade das universidades européias da Baixa Idade Média.[21]

Assim como em sua parte inicial, a parcela do Livro VIII dos *Tópicos*, referente ao debate, constitui um manual de argumentação. Nele, são elencados importantes recursos argumentativos, que podem ser utilizados para tornar incoerente o discurso do adversário,[22] que implicam o manejo das opiniões "geralmente aceitas"[23] ou levam em consideração a relevância do argumento[24] e a clareza dos termos utilizados.[25] São ainda mencionadas outras máximas argumentativas: não se objeta uma premissa universal sem um exemplo concreto de sua inaplicabilidade;[26] antes de sustentar uma tese, deve-se antever os argumentos em contrário;[27] no caso de falsidade da conclusão, é suficiente a impugnação à parte falsa do argumento.[28]

---

20. ARISTÓTELES, *Tópicos*, *op. cit.*, Livro VIII, 4-14, pp. 146-158.
21. Ver itens 1.3.2.1 e 1.5.1 *supra*.
22. ARISTÓTELES, *Tópicos*, *op. cit.*, Livro VIII, 4, p. 146.
23. ARISTÓTELES, *Tópicos*, *op. cit.*, Livro VIII, 5, pp. 147-148.
24. ARISTÓTELES, *Tópicos*, *op. cit.*, Livro VIII, 6, pp. 148-149.
25. ARISTÓTELES, *Tópicos*, *op. cit.*, Livro VIII, 7, p. 149.
26. ARISTÓTELES, *Tópicos*, *op. cit.*, Livro VIII, 8, pp. 149-150.
27. ARISTÓTELES, *Tópicos*, *op. cit.*, Livro VIII, 9, p. 150.
28. ARISTÓTELES, *Tópicos*, *op. cit.*, Livro VIII, 10, p. 151.

A parte final dos *Tópicos* aristotélicos realiza uma crítica interna dos argumentos.[29] Uma argumentação é frágil quando a conclusão não guarda relação com as perguntas feitas e as premissas são falsas. O mesmo se dá no caso da irrelevância do raciocínio, para a consolidação da proposição originária. Também o excesso de premissas desnecessárias pode enfraquecer a argumentação, sobretudo quando não há uma relação direta entre elas e a conclusão. Se as premissas são menos aceitas e confiáveis do que as conclusões, muito embora possam até ser verdadeiras, são inegavelmente um fator de enfraquecimento da argumentação. Todavia, Aristóteles[30] reconhece a possibilidade de chegar-se a conclusões verdadeiras com base em premissas falsas, mas neste caso evidentemente não se verifica uma consistência estrutural do raciocínio, uma vez que a conclusão está correta, mas as premissas da argumentação não são as responsáveis por este fato.[31]

Outro fenômeno debatido nos *Tópicos*, e que merece uma reflexão, está relacionado com a chamada *petição de princípio*. Trata-se de um recurso argumentativo largamente utilizado e que tem como pressuposto uma deliberada utilização de premissas inservíveis para o alcance de uma determinada conclusão. Justamente por isso, o argumento baseado em uma petição de princípio apresenta uma fragilidade interna, cuja identificação pode ser feita por aquele que se propõe a contraditá-lo. Aristóteles[32] identifica cinco maneiras de incorrer em petição de princípio. A primeira

---

29. ARISTÓTELES, *Tópicos*, *op. cit.*, Livro VIII, 11, pp. 152-153.
30. ARISTÓTELES, *Tópicos*, *op. cit.*, Livro VIII, 11, p. 153.
31. ARISTÓTELES, *Tópicos*, *op. cit.*, Livro VIII, 12, pp. 154-155.
32. ARISTÓTELES, *Tópicos*, *op. cit.*, Livro VIII, 13, pp. 155-156.

se dá quando alguém postula o próprio ponto que quer demonstrar. Neste caso, confundem-se premissa e conclusão, não havendo uma efetiva demonstração da natureza do objeto do discurso. Seria como definir o direito feudal, por exemplo, como sendo a forma jurídica que vigorava nos feudos, informação que nada esclarece a respeito de seu conteúdo. A segunda manifestação de petição de princípio ocorre na situação em que alguém postula universalmente, o que deseja demonstrar particularmente. Aqui, cria-se uma premissa genérica ("as mulheres dirigem mal"), para demonstrar a ocorrência particular daquela situação ("minha prima dirige mal"). O terceiro caso resulta precisamente da inversão das premissas, partindo-se da má habilidade da prima na direção, para concluir que este é um defeito comum a todas as mulheres. A quarta hipótese de petição de princípio é verificada quando alguém postula por partes algo que deveria ser demonstrado por inteiro. Pretender provar que os caminhões são responsáveis por toda a poluição atmosférica, sem ter disponíveis os dados a respeito da emissão de poluentes de automóveis, ônibus, barcos e indústrias, seria um exemplo típico de petição de princípio. Por último, petições de princípio podem derivar de postulações fundadas em afirmações mutuamente relacionadas, como a de que se AxB é igual a C, BxA também o será.

O principal problema do argumento fundado em petição de princípio reside no fato de que esta é recorrente com a questão originária, não oferecendo uma solução satisfatória (por que AxB é igual a C e BxA também é igual a C, se A/B é igual a D, mas B/A é diferente de D, por exemplo?) e a sua conclusão pode ser refutada em diferentes casos (o fato de minha prima dirigir mal não implica que todas as demais mulheres também dirijam e, da mesma forma, o axioma de que "todas as mulheres dirigem mal" não sobrevive à constatação empírica de que minha prima dirige bem).

De forma geral, esses são os pontos de partida para os raciocínios tópicos e argumentativos presentes no pensamento aristotélico, que foram de fundamental importância para a cultura jurídica ocidental, uma vez que foram adotados por Cícero, como será visto no item a seguir, e aplicados pelos próprios juristas romanos à prática do direito. Do mesmo modo, a tópica aristotélica serviu de base para o pensamento jurídico medieval[33] e para as vertentes tópicas do direito, no século XX.[34]

2.1.1.2 A tópica de Cícero

A tópica jurídica de Theodor Viehweg recolhe ainda importantes contribuições da obra do romano Marco Túlio Cícero, que elaborou também uma tópica, no ano de 44 a.C., flagrantemente influenciada pelo pensamento de Aristóteles. Segundo Viehweg,[35] o nível da tópica ciceroniana é até inferior ao da aristotélica, apesar de ter sido de grande importância para o direito, pela influência que teve sobre a intelectualidade da Idade Média, que a estudou a partir do Comentário de Boécio.[36]

---

33. Ver item 1.3 *supra*.
34. Ver Capítulo 4 *infra*.
35. Theodor VIEHWEG, *Tópica e Jurisprudência, op. cit.*, p. 28.
36. Theodor VIEHWEG, *Tópica e Jurisprudência, op. cit.*, p. 59. Anicius Manlius Severinus Boethius nasceu de uma família patrícia romana, em 480. Teve uma carreira pública de prestígio no período do rei ostrogodo Teodorico, mas veio a ser posteriormente

A tópica de Cícero resultou de um esforço de sistematização da tópica de Aristóteles, a pedido do jurista romano *Trebatius Testa*, tendo sido um receituário e não um livro filosófico, no dizer de Viehweg.[37] Ainda que partindo da tópica aristotélica, Cícero foi fiel ao caráter prático dos romanos, buscando dar ao modelo aristotélico uma ordenação, por meio de um catálogo de tópicos.

O grande mérito da tópica de Cícero é exatamente o de organizar o conjunto das máximas surgidas com fundamento na resolução de problemas. Ele fixou um critério de organização dos *topoi* científicos da seguinte forma: *topoi* referentes ao todo e *topoi* relacionados com determinadas situações. No todo, são priorizadas as definições, partes do todo (divisão) e as suas designações (etimologia). Nos *topoi*

---

acusado de traição, por uma suspeita, nunca confirmada, de envolvimento em uma conspiração patrocinada pelo imperador bizantino Justiniano, para derrubar Teodorico. Aproximadamente em 524, Boécio foi condenado à morte. Boécio elaborou vários tratados, que serviram de base para boa parte dos estudos medievais sobre a cultura clássica, nas áreas de teologia, lógica, filosofia e até mesmo na música e na matemática. É inegável a influência aristotélica em seus enfoques, tanto que os primeiros escolásticos tiveram contato com o pensamento de Aristóteles por meio das traduções de Boécio. De forma bastante particular, Boécio dedicou suas reflexões à tópica, seja por meio de comentários aos *Tópicos* de Aristóteles, seja pelo comentário à tópica de Cícero. Nesta obra, trabalha-se com as versões em inglês da tópica de Cícero (Topica, *in*: *Cicero II, Loeb Classical Library*, LCL 386, translated by H. M. Hubbel, Cambridge, Massachusetts; London, 1993, pp. 382-459) e do Comentário de Boécio à tópica ciceroniana (*In Ciceronis Topica*, translated with Notes and Introduction by Eleonore Stump, Ithaca; London, Cornell University Press, 1988).

37. Theodor VIEHWEG, *Tópica e Jurisprudência, op. cit.*, p. 29.

aplicáveis apenas a determinadas relações são estabelecidas conexões entre gênero, espécie, semelhança, diferença, contraposição, circunstâncias concorrentes, causa, efeito e comparação.[38]

A pretensão da tópica de Cícero era alcançar todos os tipos de problema, e a organização de um acervo de *topoi* constituiu um precioso trunfo para a realização deste intento. Como já dito, a preocupação de Cícero era essencialmente prática, enquanto a de Aristóteles era teórica, daí a afirmação de Viehweg[39] de que "àquele [Aristóteles] interessam essencialmente as causas; a este [Cícero], em troca, os resultados".

Merece atenção o fato de que os *topoi* são expostos por Cícero de forma ilustrativa, sendo utilizados exemplos de situações do direito privado romano, como casamento, herança, direitos dos filhos etc., o que faz da tópica ciceroniana um genuíno manual sobre o uso de argumentos, dirigido aos juristas romanos. É inegável a importância do pensamento de Cícero para a cultura jurídica romana e para a do Ocidente de forma geral, exatamente porque os seus tópicos serviram de importante conexão entre o pensamento aristotélico e a jurisprudência romana, que lançava mão de raciocínios voltados à resolução de problemas.[40] Tal fato evidencia uma clara vinculação entre o pensamento tópico e as raízes da tradição jurídica ocidental.

A tópica representou um modo de pensar presente na cultura da Antigüidade e também no pensamento medieval, no modelo das denominadas *artes liberais*: *gramática,*

---

38. Theodor VIEHWEG, *Tópica e Jurisprudência, op. cit.*, p. 30.
39. Theodor VIEHWEG, *Tópica e Jurisprudência, op. cit.*, p. 31.
40. Sobre este ponto, ver item 2.1.2.1 *infra*.

retórica, dialética (lógica), aritmética, geometria, música e *astronomia*; especificamente em relação às três primeiras.[41]

2.1.1.3 A tópica de Theodor Viehweg

A tópica é uma técnica voltada à resolução de problemas. Para Viehweg,[42] o problema envolve "toda questão que aparentemente permite mais de uma resposta e que requer necessariamente um entendimento preliminar, de acordo com o qual toma o aspecto de questão que há que levar a sério e para a qual há que buscar uma resposta como solução."

O raciocínio tópico situa-se, portanto, no contexto das situações para as quais não há uma solução ou orientação decisória previamente estabelecida, cabendo àquele a quem se submete o problema oferecer uma alternativa plausível, que possa inclusive vir a servir de base para a solução de problemas semelhantes no futuro.

Do acúmulo das soluções dadas aos problemas forma-se, segundo Viehweg,[43] um acervo de respostas para problemas, que finda por formar um *sistema*.[44] Resta, então, investigar o tipo de enfoque que será privilegiado: o do sistema ou o do problema?

Ao contrário do que possa a princípio parecer, trata-se de uma dúvida importantíssima, sobretudo em se tratando do processo de aplicação do direito. Por um lado, se o

---

41. Ver item 1.3.2 *supra*.
42. Theodor VIEHWEG, *Tópica e Jurisprudência, op. cit.*, p. 34.
43. Theodor VIEHWEG, *Tópica e Jurisprudência, op. cit.*, p. 34.
44. Ver item 2.2.1 *infra*.

enfoque é centrado no sistema, os problemas passam a ter a sua relevância aferida em função de terem ou não referência no catálogo de deduções que formam o sistema. Assim, os problemas terão a sua própria existência determinada pelos padrões sistêmicos: só é problema aquilo que o sistema reconhece como tal. Por outro lado, se o problema passa a ser o ponto de referência básico, caso um determinado sistema dedutivo não oferecesse uma solução, seria possível buscar em outros sistemas (ou fora do sistema-base) uma forma de resolvê-lo.

A tópica parte exatamente deste segundo tipo de abordagem. Viehweg[45] destaca que a tônica do que se denomina de tópica de primeiro grau resulta de um procedimento quase instintivo, verificado quando se está diante de um problema para o qual não existe um referencial decisório prévio, sendo entretanto necessário oferecer imediatamente uma solução.

Já aquele procedimento que parte de pontos de vista já consolidados, contidos nos denominados *catálogos de topoi*, representa a tópica de segundo grau. Este acervo tópico consolidado com o tempo tem servido de base para inúmeras atividades acadêmicas no Ocidente, desde a Antigüidade, passando pela própria Idade Média com as *artes liberais*, criando um sólido conjunto de máximas que orienta as diversas áreas do conhecimento na modernidade.

A amplitude e incidência dos *topoi* é variada, sendo certo que eles representam *lugares-comuns* próprios de cada esfera do conhecimento. Alguns podem ser genéricos, outros relacionados especificamente a determinadas matérias. Apesar das diferenças, o modo de pensar tópico é comum a diferentes áreas, sendo exatamente a preocupa-

---

45. Theodor VIEHWEG, *Tópica e Jurisprudência*, op. cit., p. 36.

ção com o problema o elemento metodologicamente unificador destas esferas.

O raciocínio tópico é, até certo ponto, incômodo para o homem moderno, condicionado que é pelos sistemas dedutivos, que têm a sua referência básica em axiomas indiscutíveis. Raciocinar com base no problema exige uma capacidade de buscar soluções que ao mesmo tempo sejam palatáveis em termos sistêmicos e que não impliquem a pura desconsideração das peculiaridades do caso sob análise. A impossibilidade de cumprimento destas duas exigências finda por conduzir ou a uma absoluta ignorância do problema ou a construções isoladas e incoerentes com outras anteriormente elaboradas.

Pode-se ainda acrescentar que inexiste uma incompatibilidade lógica entre o raciocínio tópico e a existência de premissas orientadoras do pensamento. Agir de acordo com *topoi* não corresponde a uma atuação absolutamente arbitrária, despida de quaisquer referenciais prévios. Em verdade, o que se verifica é uma relação de complementaridade entre a tópica e o estabelecimento de premissas (montagem do sistema). Seria algo como uma "via de mão dupla", na qual a tópica constrói as premissas a partir da análise dos problemas e tais premissas são tabuladas e organizadas logicamente. No dizer de Theodor Viehweg[46] "o modo de buscar as premissas influi na índole das deduções e, ao contrário, a índole das conclusões indica a forma de buscar as premissas."

Como se pode constatar, os sistemas encontram nos próprios problemas uma importante fonte de geração das suas premissas, que se alteram e se ampliam na mesma

---

46. Theodor VIEHWEG, *Tópica e Jurisprudência*, op. cit., p. 40.

proporção em que surgem novos problemas ou em que são formuladas soluções renovadas para problemas previamente existentes. O uso da analogia — expediente comum no campo do direito — nada mais representa, do que a prova da impossibilidade de um sistema logicamente perfeito, naqueles campos orientados por procedimentos dialéticos. Segundo Viehweg,[47] têm base tópica os diferentes tipos de argumento utilizados em direito (*a simile, a contrario, a maiore ad minus* etc).[48]

A noção de *catálogo de topoi*, já mencionada, está diretamente ligada à criação de um vínculo lógico entre as diferentes máximas comumente admitidas em um sistema. Todavia, a formação de um acervo de soluções não cria um sistema estanque e sim um conjunto que deve ser dotado de uma certa flexibilidade, a fim de que possa adequar-se a novos problemas.

Viehweg[49] defende que o raciocínio tópico não conduz a vinculações absolutas, mas ao mesmo tempo reconhece que alguns vínculos são indispensáveis, para que se possa contar com um mínimo de consenso e previsibilidade. A interpretação constitui um precioso instrumento deste estabelecimento de consenso. Ela possibilita a superação de premissas antigas sem rupturas traumáticas, ensejando uma verdadeira modificação das máximas vigentes no sistema, em função do surgimento de novos problemas. Neste sentido em particular, a hermenêutica jurídica fornece consideráveis contribuições para a afirmação da tópica no direito.[50]

---

47. Theodor VIEHWEG, *Tópica e Jurisprudência, op. cit.*, p. 40.
48. Theodor VIEHWEG, *Tópica e Jurisprudência, op. cit.*, p. 40.
49. Theodor VIEHWEG, *Tópica e Jurisprudência, op. cit.*, p. 41.
50. Ver item 4.5 *infra*.

Outro ponto capital para a procedência de um *locus* estabelecido a partir de um raciocínio tópico é o consenso. Como já dito,[51] a tópica atua no campo da dialética, não lidando com verdades e sim com opiniões majoritariamente aceitas, surgidas em razão de procedimentos argumentativos. Assim, as alterações no catálogo consolidado de *topoi* são derivadas de contraposições de teses, que contribuem para a formação de uma síntese a respeito de certas questões. Dessa forma, pode-se constatar que os esquemas meramente lógico-dedutivos são inadequados para lidar com questões que envolvam raciocínios dialéticos, uma vez que elas estão em constante mutação ou pelo menos não se submetem aos rígidos axiomas das investigações voltadas à busca da verdade.[52]

2.1.2 A tópica na tradição jurídica ocidental

2.1.2.1 O direito romano

Os romanos celebrizaram-se em razão das instituições jurídicas que criaram na Antiguidade. Deve-se notar que os padrões de estudo por eles adotados diferiam sobremaneira daqueles atualmente utilizados no direito de tradição européia continental. No presente, o processo de aplicação do direito parte de textos legislativos previamente existentes, enquanto no direito romano as decisões judiciais eram movidas pela necessidade de oferecer soluções para os pro-

---

51. Ver item 2.1.1.1 *supra*
52. Sobre a insuficiência dos sistemas jurídicos de perfil lógico-formal, ver item 2.2 *infra*.

blemas surgidos na sociedade. O espírito prático dos juristas romanos visualizava o papel do direito como um elemento garantidor da harmonia social, sem uma maior preocupação com a montagem de uma estrutura normativa fechada. O enfoque da jurisprudência romana estava muito mais voltado à solução do conflito do que propriamente ao depuramento e esquematização dos mecanismos disponíveis para o seu alcance.

Viehweg[53] traça um paralelo entre os chamados catálogos de *topoi*[54] e as compilações do direito romano, uma vez que tais textos não eram organizados de maneira dedutiva, constituindo apenas recolhas de leis e pareceres anteriormente existentes, sem uma pretensão de sistematicidade comparável à das codificações do século XIX.[55]

Além disso, o próprio conteúdo das máximas contidas nos textos do direito romano demandava uma complementação de significado, surgida a partir de um procedimento dialético, ficando a legitimação de um instituto jurídico condicionada pela autoridade intelectual do jurisconsulto que o definia.[56]

---

[53]. Theodor VIEHWEG, *Tópica e Jurisprudência*, op. cit., p. 52.
[54]. Ver item 2.1.1.1 supra.
[55]. Ver item 3.3 *infra*.
[56]. Viehweg menciona diversas proposições do direito romano contidas no Digesto ("a garantia real tem mais valor do que a pessoal", "o tempo não sana a nulidade originária", "não é possível transmitir a outrem mais direitos do que os que se tem"), cuja relevância derivou mais de sua aceitação por homens notáveis do que de uma racionalidade intrínseca. Tal entendimento reforça o fato de que os institutos do direito romano foram resultado de procedimentos dialéticos. Theodor VIEHWEG, *Tópica e Jurisprudência*, op. cit., p. 53.

Os juristas romanos não agiam especificamente com vistas a criar uma ciência jurídica,[57] e mais, nem mesmo se pode afirmar que eles possuíam uma nítida noção da diferença entre *episteme* e *techne*, tão cara ao pensamento grego.[58] Em verdade, a jurisprudência romana unia prática e teoria de uma forma tal, que é duvidoso dizer que ela desenvolveu algum tipo de ciência do direito, muito embora aquela que atualmente assim se denomina tenha absorvido diversos instrumentos daquela técnica romana.[59]

Viehweg[60] estabelece uma importante relação entre a jurisprudência romana e a retórica grega, ao lembrar que a formação cultural das elites romanas, às quais pertencia boa parte dos jurisconsultos, passava por estudos retóricos. Tal fato fez com que a atividade jurídica romana adotasse procedimentos tipicamente retóricos de interpretação da lei, como ele mesmo menciona:

> Enumeram-se geralmente quatro [procedimentos], que são bem conhecidos. Primeiro: a discussão sobre se o

---

57. Michel VILLEY, *Direito Romano*, tradução de Fernando Couto, Porto, Resjurídica, 1991, p. 73.
58. O pensamento aristotélico parte de uma distinção capital entre ciência e arte. O conhecimento científico seria "um juízo sobre coisas universais e necessárias". Aquilo que é conhecido de modo científico é objeto de demonstração. Já a arte está ligada à invenção, não sendo objeto de demonstração exatamente por fazer parte do campo das coisas variáveis. Sobre esta distinção, ver ARISTÓTELES, *Ética a Nicômaco*, tradução de Leonel Vallandro e Gerd Bornheim, in *Os Pensadores*, v. IV, São Paulo, Abril Cultural, 1973, Livro VI, 4 e 6, pp. 343-345.
59. Ver itens 1.4 *supra* e 4.1 *infra*. Sobre a distinção entre demonstração e argumentação, ver item 4.2.1.1 *infra*.
60. Theodor VIEHWEG, *Tópica e Jurisprudência*, *op. cit.*, p. 55.

texto ou a chamada vontade da lei deve decidir (*scriptum et voluntas* ou *sententia; reton* e *dianoia*); segundo: as contradições entre as leis (*antinomia, leges contratiae*); terceiro: a plurivocidade da lei (*amphibolia, ambiguitas*); quatro: as lacunas da lei (meios auxiliares: *syllogismus, raciocinatio, collectio*).[61]

Dessa forma, pode-se constatar que a origem das instituições do direito romano deriva de um procedimento essencialmente voltado ao problema, sendo inclusive as compilações do Baixo Império conjuntos normativos essencialmente abertos, cuja complementação normativa derivava da análise dos casos concretos.

Tal observação faz com que se deva refletir acerca de uma falsa impressão, trazida por certa doutrina jurídica,[62] de que a abordagem do direito estaria inexoravelmente condenada a um enfoque sistemático. Basta verificar que a noção de sistema jurídico deriva de uma construção intelectual que tem momento certo de surgimento, para constatar-se que nas origens da tradição jurídica ocidental havia uma abordagem diferente do fenômeno jurídico, que pode ser revisitada a fim de construir uma alternativa metodológica para o direito, como será mais aprofundadamente debatido no Capítulo 4.

2.1.2.2 O direito medieval

As raízes medievais do pensamento jurídico ocidental foram objeto de discussão no capítulo precedente e nele

---

61. Theodor VIEHWEG, *Tópica e Jurisprudência, op. cit.*, p. 55.
62. Ver item 4.4.2 *infra*.

foram debatidos os fundamentos de toda a formação de uma cultura jurídica profissionalizada no continente europeu, a partir do século XII, com base na herança dos pensamentos grego e romano.

Neste item, voltar-se-á ao pensamento jurídico da Baixa Idade Média, a fim de investigar como o raciocínio tópico se manifestava na atuação dos juristas de então e verificar como tais estudiosos foram capazes de lançar as bases daquilo que posteriormente veio a ser considerada uma visão sistêmica sobre o direito.

A formação da intelectualidade européia durante a Idade Média compreendia o estudo das chamadas *artes liberais*,[63] dentre as quais incluía-se a retórica e, em conseqüência, a tópica. A grande fonte de estudo da tópica foi exatamente a tópica de Cícero, a partir do comentário de Boécio.[64] Viehweg[65] destaca inclusive que a formação básica de juristas e canonistas era a mesma, sendo provável que o próprio Irnério, fundador da Universidade de Direito de Bolonha,[66] fosse anteriormente mestre das "artes".

Há um amplo debate acadêmico em torno da existência ou não de uma preocupação sistêmica por parte dos juristas medievais. Em realidade, grande parcela da crítica feroz empreendida pelos humanistas aos comentadores ou pósglosadores deveu-se exatamente ao suposto caráter não sistemático de seu estudo do direito, o que somente reforça a afirmação de que o estudo do direito na Idade Média foi fortemente orientado por um tipo de abordagem tópica.

---

63. Ver item 1.3.2 *supra*.
64. Ver item 2.1.1.2 *supra*.
65. Theodor VIEHWEG, *Tópica e Jurisprudência, op. cit.*, p. 60.
66. Ver item 1.3.2 *supra*.

Entretanto, Theodor Viehweg[67] dá notícia de que há autores que vislumbram já na doutrina jurídica da Baixa Idade Média um ensaio de enfoque sistêmico a respeito do direito. São evidências da natureza tópica do direito durante a Idade Média os mecanismos utilizados pelos juristas medievais, na aplicação a seu tempo, dos antigos textos do direito romano. Era considerável a dificuldade de aplicar, às sociedades de capitalismo nascente da Europa do século XII, instituições jurídicas criadas no início da era cristã, em uma sociedade romana regida por premissas totalmente diferentes. Tal fato fez com que os juristas medievais tivessem que desenvolver mecanismos para a atualização do direito antigo e para a superação das contradições nele existentes. Foram então criados recursos que até hoje são de extrema importância na interpretação do direito e que estavam compreendidos na chamada *elaboração de concordância*.[68] Este processo partia do estabelecimento de critérios para a solução de conflitos entre normas, com base na sua autoridade ("a lei superior prevalece sobre a inferior"), antiguidade ("a lei mais recente prevalece sobre a mais antiga") e especialidade ("a norma mais específica prevalece sobre a mais genérica").

Outra contribuição importante do pensamento jurídico medieval está contida na repartição de conceitos, que constitui um precioso instrumento para a interpretação das normas jurídicas, pois permite que um determinado conceito tenha a sua amplitude restringida, pondo fim a eventuais contradições entre normas. Tem-se aí também a ma-

---

67. Theodor VIEHWEG, *Tópica e Jurisprudência*, *op. cit.*, p. 61. Esta inclusive é a opinião de Harold Berman, citado no Capítulo 1. Ver itens 1.4 e 1.5 *supra*.
68. Ver item 1.4 *supra*.

triz do que se classifica comumente como interpretação restritiva das normas.[69]

De acordo com Theodor Viehweg,[70] a determinação precisa do sentido de conceitos jurídicos por divisão é um procedimento genuinamente tópico, uma vez que não pode um sistema dedutivo ser formado a partir de distinções.[71] Assim, um sistema somente poderá existir se tais distinções forem convertidas em um leque coerente de premissas e, nesta hipótese, a contradição original passa a ser considerada aparente e, portanto, inexistente em termos sistêmicos. Essa era exatamente a base da elaboração de concordância medieval.

O segundo aspecto mencionado por Viehweg,[72] no que se refere à conexão entre a tópica e o pensamento medieval, é algo que hoje faz parte do senso comum jurídico e que diz respeito ao caráter tópico da adequação da norma ao caso. Trata-se de um processo que passa pela eleição de uma regra jurídica como sendo aquela hábil a solucionar determinado problema. A par da natural congruência entre o caso e a norma que se pretende a ele aplicar, o próprio prestígio da fonte de normatividade influencia a eleição da norma a ser aplicada. Basta uma lembrança sobre a pluralidade de jurisdições da Idade Média,[73] para que se possa compreender como foi importante a autoridade dos textos do direito romano antigo para a construção do *ius commune* europeu.

---

69. Ver item 1.4 *supra*.
70. Theodor VIEHWEG, *Tópica e Jurisprudência, op. cit.*, p. 64.
71. Ver item 2.2.2.2.1 *infra*.
72. Theodor VIEHWEG, *Tópica e Jurisprudência, op. cit.*, p. 65.
73. Ver itens 1.3.1 e 1.5 *supra*.

2.1.3 O *humanismo e o rompimento com o raciocínio tópico no direito*

Apesar do prestígio por eles experimentado, por volta do século XV, os comentadores e os demais juristas, cujas concepções estavam enraizadas nos métodos de abordagem do direito surgidos a partir do século XII, vivenciaram uma crítica rigorosa por parte dos humanistas.

O humanismo representou um rompimento com a tradição escolástica medieval e um retorno às fontes originais da cultura da Antigüidade, com o objetivo de criar uma nova imagem do homem ocidental e também um novo modelo educacional. Aquela classe tradicional de juristas medievais, outrora considerada a nata da intelectualidade européia, tinha agora o seu método dialético-harmonizador questionado. Wieacker[74] destaca que o questionamento metodológico de então deu-se inicialmente não a partir de juristas, mas de estudiosos da filosofia idealista de Platão, havendo, porém, o próprio método escolástico de estudo do direito mais tarde entrado em declínio.[75]

A crítica humanista teve importantes repercussões no Ocidente, até mesmo no questionamento da autoridade da Igreja, como detentora do monopólio da interpretação da palavra de Deus. As Sagradas Escrituras deveriam ser entendidas em conformidade com as suas fontes originais e não segundo as interpretações e comentários da Igreja.[76]

A ânsia de investigar os textos da Antigüidade em suas versões originais repercutiu também no campo do direito,

---

74. Franz WIEACKER, *op. cit.*, p. 89.
75. Sobre esta questão, ver Capítulo 3.
76. Sobre Martinho Lutero e a Reforma Protestante, ver item 3.1 *infra*, nota n° 25.

pois os humanistas rejeitaram o estudo indireto dos textos do direito romano, pela via das glosas e comentários. Sua crítica não se limitou apenas à interferência da interpretação dos juristas medievais no sentido dos textos clássicos, mas alcançou a própria forma de ensino e compreensão do direito por eles adotada. O ensino da época dos glosadores, dotado de padrões rígidos e de profunda preocupação técnica, devia ser substituído por uma visão do direito que partisse dos diálogos de Platão, a fim de "despertar no aluno a idéia inata de direito e as suas implicações mais próximas e orientá-lo, assim, do acidental-especial para o ideal-geral".[77]

O embate entre o ensino tradicional e o humanismo foi bastante forte na Europa, havendo sido maior na Alemanha a resistência à adoção do programa humanista, que teve grande acolhida na França e na Holanda.[78]

O projeto do humanismo serviu de base para o rompimento ocorrido na Idade Moderna entre o direito e o método escolástico. As fontes puras deram lugar à tradição, as idéias tomaram o lugar da autoridade dos textos e o sistema suplantou a casuística; criando, assim, as bases para uma concepção absolutamente racional a respeito do direito.[79]

2.2 A concepção sistemática do direito

Muito embora se deva reconhecer que o tratamento sistemático dado ao direito na atualidade não corresponde ao rigor formal das concepções sistêmicas surgidas na Idade

---

77. Franz WIEACKER, *op. cit.*, p. 91.
78. Franz WIEACKER, *op. cit.*, p. 89.
79. Sobre essa questão, ver Capítulo 3 *infra*.

Moderna, não se pode negligenciar o fato de que o direito ocidental moderno teve a sua estruturação vinculada à noção de sistema.[80] Tanto é assim, que hoje é praticamente impossível pensar a questão jurídica fora de esquemas de perfil sistemático.

É difícil falar de uma noção única de sistema. Em realidade, existem inúmeros enfoques sistêmicos nas diferentes áreas do conhecimento, que partem de alguns traços comuns, para determinar o que é um sistema.

Michel van de Kerchove e François Ost[81] destacam que na linguagem jurídica é comum a associação entre as expressões *sistema jurídico* e *ordem* ou *ordenamento jurídico*. Assim, mostra-se fundamental uma compreensão da própria idéia de sistema, para que se possa melhor entender de que forma ela atua nas teorias sobre o ordenamento jurídico.

2.2.1 A Noção de Sistema

Inicialmente, pode-se afirmar que o sistema pressupõe uma pluralidade de elementos, que podem ser de natureza variada. Kerchove e Ost[82] acrescentam que não basta a

---

80. Sobre a influência das construções sistemáticas no direito a partir da Era Moderna, ver Tércio Sampaio FERRAZ JÚNIOR, *Conceito de Sistema no Direito: uma investigação histórica a partir da obra jusfilosófica de Emil Lask*, São Paulo, Revista dos Tribunais, 1976.
81. Michel van de KERCHOVE; François OST, *Le Système Juridique entre Ordre et Désordre*, Paris, Presses Universitaires de France, 1988, p. 22.
82. Michel van de KERCHOVE; François OST, *op. cit.*, p. 25.

existência de diversos elementos para que exista um sistema. É fundamental que eles estejam integrados entre si. Precisamente nesse ponto repousa a característica de ordem ou organização do sistema, segundo Norberto Bobbio, que considera o sistema como "*totalidade ordenada*, conjunto de entes entre os quais existe uma certa ordem".[83] A existência de tal ordem pressupõe um relacionamento coerente entre os entes que a formam. Aplicada ao ordenamento jurídico, tal noção implica uma coerência entre as normas que dele fazem parte.

Kerchove e Ost[84] elencam como requisito do sistema a existência de uma certa unidade. Não basta a integração entre os elementos, é necessário que eles possuam traços de identidade que permitam determinar claramente o que faz parte do sistema e o que não faz. Os princípios desempenham um papel de extremo relevo na construção da unidade sistêmica, contribuindo exatamente para a harmonização e identificação dos elementos formadores do sistema.

As teorias sistêmicas têm formulado algumas questões que podem servir de referência também para o estudo dos sistemas jurídicos, conforme mencionado por Kerchove e Ost.[85]

As primeiras questões estão vinculadas aos elementos constitutivos do sistema. Este pode ser formado por diferentes tipos de entidades: células de um organismo vivo,

---

83. Norberto BOBBIO, *Teoria do Ordenamento Jurídico*, tradução de Cláudio de Cicco e Maria Celeste C.J. Santos, São Paulo, Polis; Brasília, Universidade de Brasília, 1989 (orig. 1982), p. 71.
84. Michel van de KERCHOVE; François OST, *op. cit.*, p. 25.
85. Michel van de KERCHOVE; François OST, *op. cit.*, p. 30.

peças de um motor, entidades sociais, normas jurídicas etc.[86] Em razão disso, os sistemas podem ser normativos, valorativos, de tarefas e atitudes, práticos e institucionais;[87] o que faz com que o enfoque a partir do sistema seja aplicável a diferentes áreas do conhecimento.

A segunda linha de questionamento incide sobre o tipo de relação que pode existir entre os elementos que formam um sistema. Kerchove e Ost[88] consideram importante este ponto, de vez que todo sistema possui propriedades inafastáveis, que irão caracterizar os seus elementos e as relações entre eles. Essas relações poderão ser estáticas e dinâmicas; formais e materiais; lineares e circulares etc.

A terceira série de indagações sobre o sistema enfoca as relações entre o sistema e o meio no qual está inserido. Nesse contexto, deve-se verificar o grau de estruturação interna e de relação entre os elementos, a fim de individualizar o sistema, delimitar as suas fronteiras e até verificar se há efetivamente sistema. Concluída esta etapa, será possível indagar sobre a relação daquele sistema com fatores a ele externos e com outros sistemas eventualmente existentes. Kerchove e Ost[89] ainda mencionam a própria possibilidade de existirem subsistemas subordinados ao sistema sob estudo.

As respostas a tais questões somente poderão se dar se houver uma aferição da abertura do sistema estudado. Em se tratando de sistemas fechados, auto-referenciados e não submetidos a pressões externas, não poderão naturalmente

---

86. Michel van de KERCHOVE; François OST, *op. cit.*, p. 30.
87. Michel van de KERCHOVE; François OST, *op. cit.*, pp. 30-31.
88. Michel van de KERCHOVE; François OST, *op. cit.*, p. 31.
89. Michel van de KERCHOVE; François OST, *op. cit.*, p. 31.

ser utilizados os mesmos critérios adotados quando se está diante de um sistema aberto, receptivo às influências e demandas do meio em que está inserido e até mesmo de outros sistemas.

Kerchove e Ost[90] citam o estudo da evolução dos sistemas como sendo uma das perspectivas mais fecundas abertas pela análise sistêmica. Esta abordagem passa pela possibilidade de adaptação do sistema a novas situações, que poderá ser decorrência de mecanismos internos de flexibilização ou dos nexos estabelecidos com o ambiente em que ele se insere.

Como se pode constatar, a noção de sistema tem múltiplas aplicações nas diferentes áreas do conhecimento, tendo sido adotada de forma rigorosa no direito a partir da Idade Moderna,[91] e exatamente em função disso a aplicação no campo jurídico dos parâmetros sistêmicos aqui discutidos será especificamente debatida no item a seguir.

2.2.2 Direito e sistema

O prestígio adquirido pelos enfoques sistemáticos do direito a partir da Idade Moderna faz com que seja necessária uma análise específica do impacto causado no mundo jurídico pelas noções de unidade e organicidade das normas jurídicas, que findaram por contribuir para uma superação de um tipo de raciocínio orientado para os problemas jurídicos, que caracterizou o direito desde a Antigüidade até a Baixa Idade Média.

---

90. Michel van de KERCHOVE; François OST, *op. cit.*, p. 32.
91. Ver Capítulo 3.

Entretanto, para que se possa compreender perfeitamente o alcance da noção de sistema aplicada ao direito é necessário distinguir três formas diferentes de sistema, identificadas por Kerchove e Ost:[92] *sistemas estáticos e sistemas dinâmicos; sistemas formais e sistemas materiais; sistemas circulares e sistemas lineares.*

2.2.2.1 Sistemas estáticos e sistemas dinâmicos

Esta é uma distinção característica da Teoria Pura do Direito de Hans Kelsen,[93] sendo uma tipologia que busca a caracterização do sistema de direito, a partir da relação entre as normas jurídicas que o compõem.

O sistema dinâmico é aquele fundado por um critério de autoridade, no qual todas as normas jurídicas têm a sua validade determinada pela forma de sua criação e retiram o seu fundamento de validade de uma norma pressuposta, denominada norma fundamental. Já o sistema estático representa um modelo em que cada norma tem a sua validade aferida em função de seu conteúdo, que deve ser compatível com os axiomas que orientam aquela ordem normativa.[94]

Os sistemas de normas jurídicas são, em regra, considerados de tipo dinâmico, porque os comandos normativos em direito não são válidos por apresentarem um determinado conteúdo e sim porque obedeceram a um processo determinado de elaboração.[95]

---

92. Michel van de KERCHOVE; François OST, *op. cit.*, p. 52.
93. Ver item 3.5 *infra*.
94. Norberto BOBBIO, *Teoria do Ordenamento Jurídico*, *op. cit.*, p. 72.
95. Norberto BOBBIO, *Teoria do Ordenamento Jurídico*, *op. cit.*, p. 73.

Kerchove e Ost[96] destacam que, para Kelsen, seria inviável a existência de um sistema jurídico estático, uma vez que, para ser viável, ele deveria contar com uma norma fundamental imediatamente evidente e derivada da razão. Todavia, existe uma clara separação entre vontade e razão, sendo a primeira que orienta o surgimento das regras de direito e não a segunda. Dessa forma, cada norma integrante do sistema não é capaz de trazer em si mesma a normatividade necessária para a sua aplicação, devendo-se então buscar na matriz do sistema o referencial interpretativo básico para todas as suas normas. O caráter dinâmico do sistema jurídico nada mais é do que um resultado da construção do significado das normas, com base nos padrões de organização sistêmica instituídos pela norma fundamental.

Michel Troper[97] visualiza, contudo, uma certa imprecisão no critério kelseniano de distinção entre sistemas dinâmicos e estáticos. Kelsen não define de forma clara o conteúdo da norma superior, que serve de pressuposto de validade para as demais normas do ordenamento jurídico. Assim, uma vez que a norma superior institui os requisitos para que uma norma possa fazer parte do ordenamento jurídico, a validade desta está, na prática, vinculada ao conteúdo daquela. Dessa forma, mesmo em um sistema jurídico de perfil dinâmico, segundo a classificação kelseniana, uma norma inferior retira seu fundamento de validade não apenas da autoridade de uma norma superior, mas também de seu conteúdo, a exemplo do que ocorre nos sistemas estáticos.

---

96. Michel van de KERCHOVE; François OST, *op. cit.*, p. 55.
97. Michel TROPER, *Pour Une Théorie Juridique de L'État*, Paris, P.U.F., 1994, p. 169.

Para Troper[98] seria descabido argumentar que a norma superior anteriormente referida teria como objeto apenas a forma de produção das demais normas jurídicas e que isto não diria respeito ao conteúdo, exatamente porque todas as normas são resultado de uma manifestação de vontade política, e se a validade de uma norma jurídica é aferida segundo a sua compatibilidade com o comando contido na norma que lhe é imediatamente superior, pouca diferença faz, em termos formais, se aquela norma superior disciplina a forma de criação de normas inferiores ou a própria matéria nelas contida. Tal situação evidencia uma inaplicabilidade da distinção entre sistemas estáticos e dinâmicos, como diferencial entre o sistema jurídico e outros tipos de sistema normativo.[99]

O sentido da norma jurídica não pode derivar apenas do fato de estar ela inserida em uma determinada ordem jurídica, relacionando-se com outras normas. Para Troper,[100] as relações entre normas existem e são características do sistema jurídico, mas as normas que se interligam no ordenamento têm um conteúdo próprio, também relevante na visão sistêmica do direito, uma vez que "a existência da relação não pode preceder à dos elementos, porque não se pode conceber uma relação entre nada e nada".[101]

Kerchove e Ost[102] entendem que, seja qual for o enfoque sistêmico do direito que se privilegie na atualidade, ele

---

98. Michel TROPER, *op. cit.*, p. 170.
99. Michel TROPER, *op. cit.*, p. 170.
100. Michel TROPER, *op. cit.*, p. 173.
101. Michel TROPER, *op. cit.*, p. 173. No original: "lexistence de la relation ne peut précéder celle des éléments, parce quon ne peut pas concevoir une relation entre rien et rien".
102. Michel van de KERCHOVE; François OST, *op. cit.*, p. 62.

de fato tende a adotar uma linha intermediária entre um sistema "dinâmico" de padrão kelseniano, fundado na noção de autoridade, e um sistema "estático" de perfil jurisnaturalista, orientado por uma sistematicidade "estática", referenciada na idéia de razão. Tal ponto de vista é compartilhado por Michel Troper,[103] que considera o direito positivo das sociedades modernas em parte dinâmico e em parte estático, porque as decisões ora são fundadas no conteúdo das normas superiores, ora na sua autoridade. Tal situação fica clara nas decisões administrativas derivadas do exercício de poder discricionário, nas quais existe uma delegação legal de poder decisório, mas não há uma determinação normativa de conteúdo. Neste caso, o caráter dinâmico manifesta-se pela própria delegação, e o estático pela atribuição de competência à autoridade delegada, para uma genuína formulação de enunciados normativos, que normalmente são tratados como mera "interpretação" do conteúdo dos enunciados gerais, contidos nas normas superiores.[104]

Kerchove e Ost[105] consideram que, em se tratando de sistema jurídico, há um modelo misto, no qual convivem aspectos essencialmente dinâmicos (o fundamento de autoridade das decisões) e estáticos (a existência de regras previamente estabelecidas). Mesmo em relação à teoria do ordenamento jurídico de Hans Kelsen, haveria uma predominância do caráter dinâmico, sem que, contudo, pudesse ser desconsiderada a característica típica dos sistemas estáticos, que é a prévia existência de regras.

---

103. Michel TROPER, *op. cit.*, p. 175.
104. Michel TROPER, *op. cit.*, p. 176.
105. Michel van de KERCHOVE; François OST, *op. cit.*, p. 62.

O sistema jurídico seria em realidade uma combinação entre regras gerais, que servem de fundamento para as decisões e a atuação de juízes que empreendem uma correção nas imperfeições de tais regras, no momento em que decidem. Dessa forma, não há que se falar de um sistema normativo puramente dinâmico ou inteiramente estático.[106]

2.2.2.2 Sistemas formais e materiais

Enquanto a tipologia discutida no item precedente tem como referência a questão do fundamento de validade das normas integrantes do sistema, a discussão aqui estabelecida enfatiza o seu conteúdo e a sua forma de elaboração.

Quando se tem em vista o aspecto formal como elemento estruturante do sistema normativo, parte-se da idéia de que o próprio caráter sistêmico é derivado de um nexo existente entre as normas, independentemente de seu conteúdo. Já em se tratando de um sistema material ou substancial, a sua estruturação está referenciada em certos elementos extranormativos, como instituições, princípios e valores. Kerchove e Ost[107] destacam que não é absolutamente descabido um enfoque lógico destes elementos "não normativos", em conjunto com as próprias normas constantes do sistema, uma vez que as referências axiológicas ou teleológicas nele contidas servem de fator de aglutinação de tais normas.

Caso os sistemas fossem encarados apenas sob o prisma formal, dificilmente seria possível sustentar-se a existência

---

106. Michel van de KERCHOVE; François OST, *op. cit.*, p. 63.
107. Michel van de KERCHOVE; François OST, *op. cit.*, p. 65.

de um sistema jurídico, pois mesmo a relação formal entre as normas jurídicas deve estar fundada em certos valores previamente instituídos, diferentemente do que ocorre em um sistema matemático, por exemplo, em que os nexos entre os elementos derivam de relações puramente formais, vinculadas a um processo dedutivo. Kerchove e Ost[108] entendem que a noção de sistema não tem como pressuposto uma mera estrutura lógico-formal, pois, se assim fosse, de fato não faria sentido a distinção que ora se discute. Para que se possa trabalhar com o conceito de sistema material é necessário admitir a possibilidade de existirem modelos axiologizados, que adotem um perfil sistêmico.

A reforçar tal opinião, Kerchove e Ost[109] lembram que os sistemas jurídicos formais e materiais não são necessariamente excludentes entre si, havendo entre eles até mais do que uma mera compatibilidade, sendo eles verdadeiramente complementares. Esta é precisamente a linha adotada por Claus-Wilhelm Canaris,[110] que considera a concepção sistêmica sobre o direito baseada em duas características: *adequação valorativa* e *unidade da ordem jurídica*. Quanto a esta última, ela nada mais vem a ser do que uma projeção, no direito, do conceito de unidade, que caracteriza a idéia de sistema em geral, sendo comum aos sistemas formais e materiais, portanto. A adoção de uma visão sistemática no campo do direito serve de base para a

---

108. Michel van de KERCHOVE; François OST, *op. cit.*, p. 65.
109. Michel van de KERCHOVE; François OST, *op. cit.*, p. 66.
110. Claus-Wilhelm CANARIS, *Pensamento Sistemático e Conceito de Sistema na Ciência do Direito*, tradução de António Menezes Cordeiro, 2. ed., Lisboa, Fundação Calouste Gulbenkian, 1996, (original 1983), p. 14.

chamada *interpretação sistemática*, que parte do pressuposto de que o intérprete da norma deve encarar o ordenamento jurídico como uma universalidade, inserindo cada norma no contexto mais amplo do sistema normativo.[111]

Já a denominada *adequação valorativa* resulta de uma indispensável congruência entre ética e direito. Canaris[112] associa a exigência de *ordem* ao postulado de *justiça*, de tratar igualmente os iguais e de forma distinta os diferentes, na medida de suas desigualdades. A aplicação do princípio isonômico resume a idéia de adequação, que é indispensável em uma visão sistemática do direito, de acordo com Canaris.[113]

A fim de que se possa melhor compreender os traços fundamentais de cada um desses modelos de sistematicidade e debater a possibilidade de sua harmonização, far-se-á uma análise em separado deles.

2.2.2.2.1 Sistematicidade formal

Os sistemas formais apresentam certos traços característicos, que merecem destaque, por serem pilares fundamentais de grande parte das teorias sobre o ordenamento jurídico, como o seu *caráter dedutivo*, a *formalização*, a *axiomatização*, a *decidibilidade*, a *independência*, a *coerência* e a *completude*.

---

111. Claus-Wilhelm CANARIS, *op. cit.*, p. 15. No mesmo sentido, Norberto BOBBIO, *Teoria do Ordenamento Jurídico, op. cit.*, p. 76. Para uma reflexão específica sobre o tema, ver Juarez FREITAS, *A Interpretação Sistemática do Direito*, 2 ed. rev. ampl., São Paulo, Malheiros, 1998.
112. Claus-Wilhelm CANARIS, *op. cit.*, p. 18.
113. Claus-Wilhelm CANARIS, *op. cit.*, p. 19.

Sobre o *caráter dedutivo* dos sistemas formais, pode-se dizer que este parece ser o primeiro de seus traços constitutivos.[114] Ele está fundado em uma relação perfeita de derivação entre premissas superiores e inferiores. A partir da Idade Moderna, o direito ocidental experimentou um profundo processo de racionalização, tendo adotado um modelo flagrantemente dedutivo de estruturação do ordenamento jurídico. Esta concepção foi forjada sobretudo nos sistemas racionalistas de direito natural dos séculos XVII e XVIII.[115]

Muito embora o enfoque dedutivista do sistema jurídico ainda hoje sirva de referência para diferentes concepções teóricas sobre o direito, suas limitações são reconhecidas por boa parte delas. Nem mesmo as tendências de cunho neopositivista são capazes de negar o fato de que o ordenamento jurídico não se estrutura apenas segundo critérios dedutivos, havendo um fundamento analítico, factual para as normas fundantes do sistema e uma relação dedutiva apenas no que se refere às normas delas derivadas.

Kerchove e Ost[116] colocam em questão a própria premissa da existência de uma relação dedutiva necessária entre as normas *primárias* e as normas *secundárias* do sistema jurídico. Tal fenômeno não se verifica, por exemplo, quando se está diante da relação entre certos tipos de normas gerais, que apresentam uma intrínseca indeterminação em termos de sentido, e normas que tratam de determinadas situações de forma específica. Neste caso, não há como se falar de um nexo dedutivo entre tais normas, uma vez que o significado daquela que seria portadora da

---

114. Michel van de KERCHOVE; François OST, *op. cit.*, p. 67.
115. Ver itens 3.1 e 3.2 *infra*.
116. Michel van de KERCHOVE; François OST, *op. cit.*, p. 73.

premissa maior não é definível aprioristicamente. Seu sentido seria derivado de uma operação intuitiva, da indução ou mesmo da tradição, situações que estão a milhas de distância dos esquemas lógico-formais.

Uma concepção silogística da atividade judicante também esbarra no obstáculo supramencionado. Se as premissas para o julgamento são imprecisas (ou pelo menos não têm caráter absoluto), como se pode encarar o processo de aplicação do direito como mera relação entre uma premissa maior (a lei) e uma premissa menor (o fato)? A par disso, o próprio fato, como premissa menor do silogismo, sofre uma relativização, na medida em que o juiz tem as suas fronteiras de apreciação determinadas por regras processuais atinentes à validade das provas, prescrição, presunções e ficções jurídicas etc. Dessa forma, o raciocínio silogístico encontra algumas limitações em se tratando do direito, uma vez que carecem de precisão tanto as premissas superiores do sistema quanto as inferiores, ocorrendo verdadeiramente uma espécie de adequação entre elas, mas dificilmente uma pura dedução.

Todavia, Kerchove e Ost[117] também não compartilham das teses a respeito da ilogicidade do direito. Para eles, deve-se reconhecer que um modelo dedutivo não atende plenamente às demandas de um sistema jurídico concreto e nem está de acordo com o que ocorre na prática jurídica. Entretanto, é importante assumir que a referência lógico-dedutiva tem exercido no pensamento jurídico um papel de destaque, que não pode ser negligenciado e que hoje teria importância equivalente à das próprias considerações valorativas, que têm servido de base para a própria crítica à adoção de uma lógica puramente formal no direito. Po-

---

117. Michel van de KERCHOVE; François OST, *op. cit.*, p. 76.

der-se-ia então dizer que o sistema normativo não poderia ser enquadrado perfeitamente em uma moldura lógico-formal, mas que a ele aproveitam diversos aspectos deste tipo de concepção sistemática.

Quanto à *formalização*, como traço característico dos sistemas formais, esta não exige extensas considerações em se tratando do direito. Como o próprio raciocínio dedutivo não é plenamente aplicável ao direito, também a abordagem sistêmica puramente sintática a ele não é aplicável. Na montagem e compreensão dos sistemas normativos faz-se necessário um conjunto de investigações acerca do conteúdo das normas, que na prática constitui uma quebra do dogma da "pureza" do direito, afirmado por Hans Kelsen.[118]

Kerchove e Ost[119] admitem a possibilidade de uma formalização *no direito*, que pode ser encarada como a visão puramente formal de algumas dimensões do fenômeno jurídico (a estrutura do ordenamento jurídico, por exemplo), mas nunca uma formalização *do direito* como ciência, que pressupõe um exame de aspectos fáticos e valorativos, além dos puramente normativos.

Diretamente vinculada à questão da *estrutura dedutiva* e da *formalização* está a chamada *axiomatização* dos sistemas formais.

De acordo com Kerchove e Ost,[120] ao processo de axiomatização dos sistemas unem-se duas propriedades especificamente formais: a *decidibilidade do sistema* e a *independência dos axiomas*. A *decidibilidade* passa exatamente pela existência de rigorosos critérios *intra-sistêmicos* de

---
118. Ver item 3.5 *infra*.
119. Michel van de KERCHOVE; François OST, *op. cit.*, p. 77.
120. Michel van de KERCHOVE; François OST, *op. cit.*, p. 77.

formação e admissibilidade dos axiomas. Já a *independência dos axiomas* implica uma redução ao máximo da quantidade de proposições que estruturam o sistema, de forma que não possam umas servir de base para as outras e sim para o sistema como um todo. Kerchove e Ost[121] discutem as dificuldades de aplicação ao sistema jurídico das propriedades anteriormente mencionadas. Primeiramente, os sistemas jurídicos concretos contêm diversas proposições de caráter implícito, que necessitam de explicitação, como os "princípios morais",[122] por exemplo, que servem de direcionamento para o legislador, o juiz e o jurista, de forma geral. Diferentemente do padrão axiomático tradicional, tais princípios não estão expressos, mas servem de importante recurso decisório no seio do sistema. Dessa forma, é cabível a seguinte indagação: seria o sistema normativo axiomático, uma vez que não são aferíveis de forma inequívoca as proposições que o fundam?

O segundo obstáculo enfrentado por uma visão axiomática do sistema jurídico está relacionado com a controvérsia em torno da própria inserção dos princípios nos sistemas de direito. Seriam eles integrantes do sistema ou estariam em uma posição exterior a ele? Qual a relação entre os princípios de direito, a lei, os costumes e a jurisprudência?

Muito embora Kerchove e Ost[123] reconheçam a existência de inúmeras controvérsias neste tema, eles destacam que os princípios exercem um papel de destaque no processo de supressão das lacunas normativas do sistema. Nesta tarefa, fica evidenciado o caráter criativo da utilização jurídica de princípios, uma vez que nesta operação

---

121. Michel van de KERCHOVE; François OST, *op. cit.*, p. 78.
122. Michel van de KERCHOVE; François OST, *op. cit.*, p. 78.
123. Michel van de KERCHOVE; François OST, *op. cit.*, p. 79.

parte-se de uma aparente lacuna na ordem jurídica para a revelação de uma nova norma construída indutivamente.

Outra questão interessante pode ser identificada, no contexto da relação entre princípios e normas no sistema jurídico. Dentro de uma visão axiomática da função dos princípios no sistema, as normas retirariam deles os seus fundamentos, pois seriam resultado de uma dedução. Entretanto, a dogmática jurídica consagra o princípio de que a lei especial prevalece sobre a geral, o que acaba por romper com uma suposta verticalidade dedutiva, própria dos sistemas axiomáticos. Esse tipo de situação no direito finda por reforçar a tese de que os princípios gerais do sistema sofrem mudanças, a partir de situações particulares.[124]

Uma última dificuldade da visão axiomática do sistema jurídico está ligada ao fato de que, comparativamente a um sistema lógico-formal, o sistema normativo possui uma quantidade muito maior de princípios fundamentais. Assim, torna-se discutível a própria validade da utilização de um raciocínio axiomático puro, em se tratando de um sistema cujos elementos são normas jurídicas. O rigor da axiomática finda por representar um obstáculo à criação de soluções para casos inéditos, porque uma rigorosa explicitação das proposições estruturantes do sistema jurídico

---

124. Michel van de KERCHOVE; François OST, *op. cit.*, p. 80. De forma diversa, Canaris defende que a própria característica de unidade do ordenamento jurídico está referenciada no princípio da isonomia, não como um mero postulado lógico-formal e sim como afirmação do conceito de justiça. A unidade permite a incidência de princípios gerais sobre os casos particulares, possibilitando a aplicação igualitária das regras a todos. *op. cit.*, p. 20. Sobre este debate, ver item 4.4 *infra*.

acabaria por comprometer a sua flexibilidade e adaptabilidade a novas situações. Em verdade, a aplicação de um paradigma lógico-formal ao direito não tem fundamento nas origens da tradição jurídica ocidental, tendo sido uma criação do pensamento racionalista moderno.[125]

A dificuldade de aplicação da característica da *decidibilidade* aos sistemas de direito tem relação com a própria dificuldade de definir as regras de inferência admitidas e mesmo os critérios de admissão dos axiomas.[126] Contrariamente a um sistema lógico-dedutivo, o sistema jurídico forma-se em função de critérios de reconhecimento nem sempre explícitos, mas derivados de um consenso formado a partir de uma prática de tribunais, advogados, administradores etc. Não seria, portanto, admissível uma decidibilidade nos moldes dos sistemas axiomáticos, em se tratando do direito, uma vez que o mito da indiscutibilidade das premissas dos sistemas jurídicos cede cada vez mais a concepções que vêem nas práticas jurídicas um mecanismo de construção dos próprios fundamentos do sistema.[127]

Os sistemas formais têm na *independência* também uma de suas características fundamentais. Esta característica pressupõe a ausência de sobreposição normativa. Na prática, tal característica implicaria a inexistência de mais de uma disposição normativa sobre a mesma matéria, uma vez que a certeza é um dos traços essenciais dos sistemas axiomáticos: as premissas são certas quanto à sua existência e incontroversas quanto à sua aplicação. Nos sistemas jurídicos há com freqüência uma imprecisão de sentido de certas normas e são inúmeros os casos de normas diferentes

---

125. Ver Capítulo 3.
126. Michel van de KERCHOVE; François OST, *op. cit.*, p. 81.
127. Ver Capítulo 5.

que disciplinam a mesma matéria de maneira antagônica. Sobretudo a partir do momento em que a ordem jurídica sofre um incremento em termos de complexidade, verifica-se a incidência de múltiplas normas sobre os mesmos fatos da vida. Em função disso, a dogmática jurídica desenvolveu técnicas de seleção das normas aplicáveis a cada situação.

Kerchove e Ost[128] mencionam que várias disposições particulares podem em princípio fazer parte tanto de uma analogia, quanto de uma interpretação *a contrario*, dependendo do caso. Do mesmo modo, um princípio geral potencialmente aplicável a diferentes casos, poderá mostrar-se inservível em certas circunstâncias, ocorrendo, na prática, a sua derrogação por certas normas particulares. Daí, pode-se concluir que os sistemas jurídicos não apresentam apenas episodicamente redundâncias normativas, mas têm nessa sobreposição de regras um de seus elementos característicos.

Outro fator tradicionalmente considerado em relação aos sistemas normativos formais é a questão da *coerência*. Esta característica representa um dos pilares da dogmática jurídica moderna. Na medida em que o Estado Moderno afirma-se como poder, a questão da unificação do direito e da harmonização das normas impõe-se de forma considerável. A afirmação do poder estatal está associada à harmonização entre as normas jurídicas nele existentes.[129]

Muito embora deva-se reconhecer a importância da coerência nos sistemas jurídicos, não se pode negar que,

---

128. Michel van de KERCHOVE; François OST, *op. cit.*, p. 83.
129. Sobre este ponto, ver aprofundadamente os itens 3.2 e 3.3 *infra*.

neste contexto, o tratamento da questão difere consideravelmente daquele adotado nos chamados sistemas formais.

As contradições entre normas de um mesmo sistema jurídico, denominadas antinomias jurídicas, apresentam algumas características bastante específicas. Ao contrário do que ocorre em um sistema formal, as contradições entre as regras de um sistema jurídico nem sempre são claras. Como os símbolos em direito não têm o seu significado restrito à sua literalidade, irão ocorrer casos em que uma visão estritamente gramatical de duas normas jurídicas induziria a concluir pela existência de uma incompatibilidade absoluta entre elas. Todavia, a utilização de recursos da hermenêutica jurídica faz com que tais normas sejam passíveis de harmonização quando de sua aplicação, o que dificilmente ocorreria em sistemas formais, que têm como um de seus fundamentos a precisão dos símbolos utilizados.

Nos sistemas formais, a eventual existência de contradição entre os elementos implica a impossibilidade da utilização de qualquer um deles ou mesmo na inviabilidade do próprio sistema. De forma diversa, em se tratando de um sistema jurídico, são previstos critérios para que apenas uma das normas contraditórias seja aplicável, quando não houver possibilidade de harmonização entre elas.[130]

O equilíbrio do ordenamento jurídico é mantido mediante a utilização de três critérios básicos de solução de antinomias: hierarquia, cronologia e especialidade das normas. O critério hierárquico é aquele que prevê que a norma superior prevalece sobre a inferior; o cronológico é o que pressupõe a norma mais recente como sendo a aplicável; e o de especialidade, o que se funda na máxima de que a

---

130. Michel van de KERCHOVE; François OST, *op. cit.*, p. 84.

norma especial prevalece sobre a geral. Como já foi debatido aqui,[131] tais critérios tiveram boa parte de seu desenvolvimento durante a Baixa Idade Média, como uma tentativa de harmonizar as regras oriundas das diferentes jurisdições então existentes.

Tais critérios são, de acordo com Kerchove e Ost,[132] mecanismos de garantia de uma coerência "derivada" ou "restaurada" do sistema jurídico, que servem de resposta à impossibilidade de garantir uma coerência originária, devido à ocorrência praticamente inevitável de antinomias no ordenamento jurídico.

Todo este debate consolida a idéia de que a ordem jurídica não pode ser tratada como um sistema puramente formal, sobretudo quando se tem em vista que até mesmo no procedimento de solução de antinomias, de natureza eminentemente técnica, a análise das características de cada caso tem grande importância.

No que se refere à chamada *completude*, última característica clássica dos sistemas formais, a sua verificação no direito é ainda mais problemática.

A *completude* pressupõe que um determinado sistema ofereça respostas para todos os problemas nele surgidos. Em se tratando de um sistema jurídico, tem-se como pressuposto a existência de uma norma própria para a disciplina de cada caso. A noção de completude é bastante cara ao pensamento jurídico ocidental moderno e teve o seu período de maior projeção com as codificações do século XIX, momento em que se pretendeu criar um modelo de ordenamento jurídico pleno, fundado no direito positivo criado pelo Estado.[133]

---

131. Ver item 1.5.1 *supra*.
132. Michel van de KERCHOVE; François OST, *op. cit.*, p. 85.
133. Ver item 3.3 *infra*.

Kerchove e Ost[134] criticam as teorias sobre o direito que partem do pressuposto de que as matérias não disciplinadas expressamente pelo ordenamento jurídico a ele não interessam ou dão origem a regras permissivas implícitas. Segundo os referidos autores, tal posicionamento não se sustenta nem sob o prisma puramente lógico, nem sob o enfoque estritamente jurídico. Logicamente falando, mesmo que se admitisse a possibilidade de existir um sistema aplicável a uma variedade infinita de ações, nada impediria que se utilizasse nos casos de lacuna um raciocínio inverso ao tradicionalmente adotado: o que não é permitido, é proibido. Kerchove e Ost[135] argumentam que a regra geral de liberdade, que orienta a opção permissiva, não é lógico-formal, mas política ou moral, não podendo, portanto, ser elevada ao patamar de verdade absoluta. Uma vez considerado o referencial exclusivamente jurídico, essa espécie de completude presumida também não sobreviveria, de acordo com os citados autores.[136] Há casos em que a ocorrência de uma lacuna legislativa não implica necessariamente a irrelevância jurídica daquela questão ou uma permissão implícita. O uso da analogia é uma evidência disso, sendo os próprios procedimentos de integração normativa uma demonstração de que o sistema jurídico não pode ser analisado apenas pelo prisma formal, uma vez que tais procedimentos derivam exatamente de análises casuísticas aplicadas ao direito, com a finalidade de oferecer respostas para situações não alcançadas pelo direito positivado.

Em realidade, a completude do sistema jurídico resulta de uma imposição dogmática ao juiz neste sentido. Ele é

---

134. Michel van de KERCHOVE; François OST, *op. cit.*, p. 87.
135. Michel van de KERCHOVE; François OST, *op. cit.*, p. 88.
136. Michel van de KERCHOVE; François OST, *op. cit.*, p. 88.

obrigado a julgar, mesmo que inexista uma regra específica para o caso sob análise. Tal fato faz com que a noção de completude do ordenamento jurídico tenha um caráter mais político do que propriamente lógico-formal.

2.2.2.2.2 Sistematicidade material

Tendo em vista a crítica desenvolvida no item precedente, pode-se concluir que os sistemas jurídicos não se enquadram perfeitamente no modelo lógico-formal, exatamente por serem eles dotados de uma certa sistematicidade de cunho material, que será analisada no presente item.

Kerchove e Ost[137] abordam a questão da sistematicidade material segundo três perspectivas distintas: a da *interdependência parcial entre os sistemas formais e materiais*, a da *complementaridade entre eles* e a da *especificidade dos sistemas materiais*.

A *interdependência parcial entre sistematicidade formal e material* é algo bastante característico do direito, pois é inegável que a ordem jurídica realiza certos tipos de valores a partir de critérios dedutivos, muito embora não possa ela ser considerada como um sistema puramente formal. Não se pode negar que certos pressupostos dos sistemas formais têm servido de garantia para a segurança jurídica do ordenamento, como a coerência e a completude, por exemplo. Se por um lado deve-se reconhecer que o sistema jurídico contém fortes traços de sistematicidade formal, por outro não há como negar que tem ele também inúmeros aspectos de sistematicidade material, derivada

---

137. Michel van de KERCHOVE; François OST, *op. cit.*, p. 90.

de princípios adotados pela própria ordem jurídica, como *finalidade social, solidariedade, igualdade econômica* etc. Mais do que apenas interdependência, os sistemas jurídicos formais e materiais apresentam uma relação de *complementaridade*. Em realidade, todas as limitações à equiparação dos sistemas jurídicos a sistemas formais, debatidas no item anterior, não podem ser associadas equivocadamente a um caráter assistemático do direito. O que existe, na realidade, é uma verdadeira articulação nos sistemas jurídicos, entre aspectos formais e materiais.

Kerchove e Ost[138] mencionam o próprio processo de surgimento das normas jurídicas com sendo na verdade uma conjunção entre sistematicidade formal e material.Segundo um referencial formalista, as normas jurídicas têm a sua validade aferida pela obediência a critérios previamente estabelecidos de elaboração, contidos no processo legislativo. Todavia, essa abordagem estritamente formal cai por terra no momento em que se está diante de outros tipos de norma — reconhecidos pelo ordenamento — que têm a sua gênese fora do processo legislativo formalmente estabelecido, como é o caso do costume, dos princípios gerais de direito e da jurisprudência.[139] Em tais circunstân-

---

138. Michel van de KERCHOVE; François OST, *op. cit.*, p. 92.
139. Cabe ressaltar que no direito brasileiro a jurisprudência não tem formalmente o caráter de fonte do direito, entendimento inclusive consolidado pelo Supremo Tribunal Federal, ao decidir pela impossibilidade de controle de constitucionalidade de Súmulas de tribunais superiores por via de ação direta, exatamente por não serem elas leis no sentido formal (BRASIL. Supremo Tribunal Federal. Medida Cautelar na Ação Direta de Inconstitucionalidade nº 594-DF. Tribunal Pleno. 19 de fevereiro de 1992. Relator: Ministro Carlos Velloso. *Revista Trimestral de Jurisprudência*, Brasília, v. 151, pp. 20-50). Tal entendimento já era consagrado

cias, o raciocínio axiológico tem um papel decisivo, rompendo com alguns dos pilares da lógica formal aplicada ao direito, como a abstração e a generalidade das normas jurídicas.

O costume no direito não se afirma apenas por um critério meramente temporal, mas conta com elementos psicológicos, relacionados a uma crença comum no seu acerto e na necessidade de preservá-lo. O direito costumeiro tem os seus fundamentos básicos não em exigências de ordem formal, mas na própria aceitação social das normas nele contidas. Assim, em sendo admissíveis em um sistema normativo regras derivadas de costumes, por certo não será este um sistema puramente formal.

Situação similar ocorre com as normas jurídicas derivadas de princípios gerais de direito. Kerchove e Ost[140] admitem que a aceitação de um princípio de direito poderá, em certas situações, resultar da adoção de critérios formais, como no caso da utilização da analogia e da extensão de sentido das normas jurídicas em vigor. Todavia, mesmo nestes casos, existe uma apreciação valorativa, no momento em que é estabelecida uma equivalência entre situações concretas, de forma a viabilizar a aplicação analógica do direito, ou quando é empreendida uma investigação finalística da norma, a fim de torná-la aplicável a outras situações, além daquelas expressamente previstas.

---

desde a declaração de inconstitucionalidade de antiga regra que atribuía caráter vinculante aos antigos prejulgados da Justiça do Trabalho, justamente por não terem eles a natureza de lei. Entretanto, é inegável o papel diretivo exercido pela jurisprudência no sistema jurídico brasileiro, servindo inclusive de referência decisória para os órgãos julgadores de graus inferiores. Especificamente sobre essa questão, ver Capítulo 5.

140. Michel van de KERCHOVE; François OST, *op. cit.*, p. 93.

Há outras hipóteses, contudo, em que a utilização de princípios de direito irá decorrer de uma explícita aplicação de critérios de ordem material. Ao falar-se de liberdade, igualdade, inviolabilidade do patrimônio, se está tratando de conceitos que fazem parte de um senso comum na sociedade e que servirão inclusive para a formação de certos axiomas no sistema jurídico-formal.[141]

Kerchove e Ost[142] ainda mencionam o caso da jurisprudência como sendo mais uma evidência de que haveria um caráter complementar entre a sistematicidade formal e a material no direito. Neste caso, talvez fique mais clara essa certa permeabilidade de conteúdo dos sistemas jurídicos, exatamente o que se pretende demonstrar na presente obra.[143] O poder normativo da jurisprudência deriva exatamente do caráter orientador dos tribunais e não de uma obrigatoriedade dos precedentes jurisprudenciais. Forma-se, em verdade, uma espécie de senso comum decisório, que passa a ter grande força no seio da instituição judiciária.

Conforme já mencionado no item precedente, a leitura axiológica do sistema normativo formal revela a existência de lacunas. Forte será a relação de complementaridade entre a sistematicidade formal e a material, quando se discute a preservação da completude do sistema jurídico. Os chamados procedimentos de integração são instrumentos de garantia desta completude e estão impregnados de valorações, que seguem a visão da realidade dominante no momento e no local em que são aplicados.

---

141. Michel van de KERCHOVE; François OST, *op. cit.*, p. 94.
142. Michel van de KERCHOVE; François OST, *op. cit.*, p. 94.
143. Ver Capítulo 5.

De forma semelhante, a preservação da coerência do sistema jurídico passa por uma integração entre sistematicidade formal e material. Além daqueles critérios tradicionalmente consagrados pela técnica jurídica na solução de antinomias (hierarquia, cronologia e especialidade das normas), será necessária a adoção de recursos alternativos nos casos em que mais de um dos critérios seja aplicável ou quando nenhum deles o for.[144] Em tais circunstâncias, impõe-se o uso de referências axiológicas na eleição da norma apropriada para o caso que se tem em mãos.[145]

Todavia, tanto no caso das lacunas no direito positivo quanto no das antinomias, os critérios decisórios não poderão ser absolutamente arbitrários, cabendo ao juiz valer-se de princípios já invocados em decisões anteriores, de exposições legislativas de motivos etc. Dessa forma, o caráter complementar da sistematicidade formal e material do direito está ligado precisamente à busca desses critérios balizadores do processo decisório, nos casos em que o instrumental formal mostrar-se insuficiente para a resolução dos problemas.

---

144. Para um aprofundamento acerca das situações de ausência de critérios de solução de antinomias ou de conflito de critérios ver Norberto BOBBIO, *Teoria do Ordenamento Jurídico, op. cit.*, pp. 97-110.

145. Juarez Freitas refuta a distinção consagrada por Bobbio entre antinomias solúveis e insolúveis, pois considera que a adoção de um critério "hierárquico axiológico" de interpretação, que tenha em vista a preponderância hierárquica dos princípios presentes nas normas constitucionais sobre o grau de especialidade e a cronologia das demais normas, permitiria oferecer soluções para todos os conflitos entre normas de um mesmo ordenamento jurídico. *Op. cit.*, p. 77.

Kerchove e Ost[146] investigam, ainda, as especificidades do modelo sistemático material, em comparação à sistematicidade formal, em função de uma dupla oposição conceitual. Enquanto o caráter sistêmico enfocado pelo ângulo formal tem um conteúdo *mecânico*, o sistema material apresenta um perfil *orgânico*. Exatamente por isso, o primeiro é tido como *lógico* e o segundo como *teleológico*.

A faceta *mecânica* dos sistemas formais advém exatamente do fato de que neles se verifica um nexo rígido entre os diversos elementos, que serviu de base inclusive para as construções dogmáticas acerca do chamado *silogismo normativo*.[147] Segundo Kerchove e Ost,[148] a sistematicidade formal é *mecânica*, por desconsiderar completamente a finalidade e as razões de existência do sistema. Por outro lado, a sistematicidade material possui um caráter orgânico, decorrente de uma integração não apenas de cunho dedutivo entre os elementos integrantes do sistema, mas de uma certa *fluidez* nas relações que podem ser estabelecidas entre eles. A sistematização material pode ser vista mais em termos de *equilíbrio, harmonia* e *coesão* do que propriamente segundo critérios de pura coerência lógica.[149]

A visão teleológica do sistema jurídico é também uma mostra do conteúdo orgânico da sistematicidade material. Ainda que tendo sido incorporada ao conjunto de processos de interpretação do direito, a visão finalística do direito discrepa do que seria uma concepção estritamente lógico-

---

146. Michel van de KERCHOVE; François OST, *op. cit.*, p. 96.
147. Sobre o formalismo da Escola da Exegese francesa, ver item 3.3.2 *infra*.
148. Michel van de KERCHOVE; François OST, *op. cit.*, p. 97.
149. Michel van de KERCHOVE; François OST, *op. cit.*, pp. 98-99.

formal da ordem jurídica. Em realidade, o processo teleológico de interpretação nada mais é do que um reconhecimento, pela dogmática jurídica, da importância dos fatos para a construção da própria normatividade do ordenamento jurídico. Um sistema jurídico orientado pela finalidade das normas não pode ser objeto de uma leitura apenas axiomático-dedutiva, devendo ser considerado como um conjunto de regras voltadas à realização de determinados fins, expressos em forma de interesses, valores e diretrizes sociais.[150] Os princípios fundamentais de uma ordem jurídica constituem uma preciosa referência para a apreensão das finalidades do direito. A sistematicidade material finda por representar um cotejo entre meios e fins, estando o elenco das finalidades traduzido de forma genérica nos princípios que estruturam a própria ordem jurídica.[151]

Mesmo reconhecendo as suas limitações, Kerchove e Ost[152] vêem na sistematização formal do direito um projeto já concluído, diferentemente do que ocorre com a sistematicidade material, que ainda não teve as suas fronteiras claramente definidas, exatamente porque o perfil mutável e às vezes impreciso dos modelos concretos de sistematização é fonte de imprecisões e incoerências. Apesar disso, é inegável a importância da realização de uma leitura dos sistemas jurídicos a partir de referenciais sistemático-materiais e não apenas formais, pois os primeiros traduzem a própria razão de ser do direito, uma vez que preservam os vínculos histórico-sociais da normatividade, o que não ocorre em relação aos últimos.

---

150. Michel van de KERCHOVE; François OST, *op. cit.*, p. 100.
151. Michel van de KERCHOVE; François OST, *op. cit.*, p. 101.
152. Michel van de KERCHOVE; François OST, *op. cit.*, p. 101.

2.2.2.3 Sistemas circulares e lineares

A concepção tradicional acerca do sistema jurídico parte da idéia de que as normas que o integram possuem uma relação de mera subordinação entre si: aquelas que figuram nos estratos mais elevados do ordenamento jurídico servem de fundamento para as situadas nos níveis mais baixos. Esta é a base para a caracterização linear do sistema jurídico: as relações entre os elementos seguem apenas uma diretiva vertical, partindo do superior ao inferior.[153]

Por outro lado, segundo Kerchove e Ost,[154] existem correntes de pensamento no direito que seguem o padrão de circularidade, notadamente as de perfil *realista* e o *sociológico*, que invertem a lógica do pensamento jurídico, ao situarem nas decisões judiciais o centro do sistema e não nos axiomas formadores do ordenamento jurídico. Kerchove e Ost[155] questionam a própria circularidade do sistema jurídico defendida pelas correntes sociológicas e realistas, uma vez que ela apenas resulta de um deslocamento dos princípios condicionantes do sistema, que em vez de derivarem de uma manifestação legislativa, são resultado de uma manifestação judicial, que, uma vez consolidada, passará a atuar também de forma linear, em razão do princípio do *judge made law*, adotado no sistema da *common law*. Na prática, a diferença das fontes decisórias é apenas de origem, sendo a lógica adotada no sistema kelseniano e no realista essencialmente a mesma, verticalizada, linear.[156]

---

153. Sobre o modelo sistemático linear de Hans Kelsen, ver item 3.5 *infra*.
154. Michel van de KERCHOVE; François OST, *op. cit.*, p. 103.
155. Michel van de KERCHOVE; François OST, *op. cit.*, p. 104.
156. Existem, porém, autores como Niklas Luhmann, que traba-

Kerchove e Ost[157] buscam naquilo que denominam de "hierarquias entrelaçadas" (*hierarquies enchevêtrées*) a base para a construção de padrão sistemático para o direito, que não seja o linear, hierarquizado e hipercentralizado, nem o circular e descentralizado. Entendem, os referidos autores,[158] que nenhum dos dois modelos anteriormente discutidos é capaz de dar conta das complexas questões surgidas no interior da ordem jurídica. A complexidade dos sistemas jurídicos é inclusive um elemento capital na proposta sistemática de Kerchove e Ost.

Os sistemas complexos apresentam um grau considerável de imprevisibilidade, que poderia criar uma aparente

---

lham com sistemas jurídicos circulares propriamente ditos, em que não fica nítida a questão hierárquica entre as normas, havendo uma espécie de processo auto-referencial entre elas. O sistema jurídico forma-se em função de uma correlação mútua, entre elementos normativos superiores e decisões inferiores de casos concretos, sem que exista uma clara relação de subordinação entre normas, que seria típica de um sistema linear. Luhmann aplicou ao direito um conceito oriundo da biologia de autopoiese, que consiste exatamente na capacidade de um sistema de reproduzir a si próprio. Mais aprofundadamente, ver Niklas LUHMANN, *Sociologia do Direito*, tradução de Gustavo Bayer, Rio de Janeiro, Tempo Brasileiro, v.1, 1983 — v.2, 1985 (orig. 1972); Niklas LUHMANN, *Legitimação pelo Procedimento*, tradução de Maria da Conceição Côrte-Real, Brasília, Ed. Universidade de Brasília, 1980; Gunter TEUBNER, *O Direito como Sistema Autopoiético*, tradução e prefácio de José Engracia Antunes, Lisboa, Fundação Calouste Gulbenkian, 1993 (orig. 1989); Willis Santiago GUERRA FILHO, O Direito como Sistema Autopoiético, in: *Revista Brasileira de Filosofia*, v. XXXIX, Fascículo 163, São Paulo, Instituto Brasileiro de Filosofia, pp. 185-196, jul.-ago.-set. 1991.
157. Michel van de KERCHOVE; François OST, *op. cit.*, p. 105.
158. Michel van de KERCHOVE; François OST, *op. cit.*, p. 105.

impressão de falta de organização. Tais sistemas estão longe de apresentar uma estrutura dedutiva, linear; sendo, em realidade, formados por relações de recorrência, formando aquilo que Kerchove e Ost[159] associam a relações espirais entre elementos. Não há neste tipo de sistema um caminho único, hierarquizante, entre os seus elementos, ocorrendo uma pluralidade de relações entre eles, que poderão ser de ordem dedutiva ou indutiva, conforme o caso.

Kerchove e Ost[160] destacam que um modelo sistemático do tipo espiralizado não é totalmente despido de hierarquias, o que existem são as já mencionadas "hierarquias entrelaçadas", nas quais existe sim uma gradação, uma relação de superioridade, mas os elementos de nível inferior por vezes subvertem essa lógica. Este é exatamente o fenômeno que se observa no sistema jurídico: ele possui normas disciplinadoras de competência e fixadoras de limites institucionais. Todavia, com freqüência dá-se uma inversão desta estrutura, passando as esferas institucionalizadas e subordinadas à lei a definir o próprio perfil normativo do sistema, por meio de processos decisórios.[161]

Kerchove e Ost[162] avançam em tal reflexão citando um exemplo que se apresenta em grande sintonia com o enfoque sistêmico do direito, que se pretende fazer nesta obra. Os referidos autores questionam se não seria a interpretação da norma exatamente a base para a construção de seu significado por parte dos órgãos encarregados da aplicação do direito. Admitida tal premissa, é possível concluir que

---

159. Michel van de KERCHOVE; François OST, *op. cit.*, p. 107.
160. Michel van de KERCHOVE; François OST, *op. cit.*, p. 107.
161. Sobre a ocorrência deste fenômeno na atuação do Supremo Tribunal Federal, ver o estudo de casos do item 5.2 *infra*.
162. Michel van de KERCHOVE; François OST, *op. cit.*, p. 108.

a idéia tradicional de que a ordem jurídica tem a sua formação a partir de uma imposição normativa de um órgão superior cede à de que há uma colaboração entre a entidade incubida de criar as normas e aquela cuja atribuição típica é a de dar-lhes aplicação, na determinação dos conteúdos normativos do sistema jurídico, não sendo incomum até um papel de maior destaque do órgão aplicador neste processo.

Ainda que o discurso jurídico tradicional seja o da *soberania* e da *racionalidade* do ordenamento jurídico,[163] que seriam noções típicas de sistemas lineares, o que se observa na prática é uma crescente atividade criativa do direito por autoridades administrativas e judiciais, que origina aquilo que Kerchove e Ost[164] denominam sistematicidade espiral (*bouclée*). Eles citam inclusive exemplos de como se manifesta esta ruptura hierárquica do sistema jurídico.

O primeiro caso diz respeito ao controle de constitucionalidade das leis, que deriva da atuação de um órgão não submetido a qualquer tipo de controle. Dessa forma, a corte encarregada da guarda da Constituição é, ela mesma, dotada de uma autoridade não passível de controles institucionais.[165]

Transpondo-se este debate para o direito brasileiro, o Supremo Tribunal Federal — que aqui exerce essa função de guardião da Constituição — tem um papel construtivo da normatividade do ordenamento jurídico brasileiro, muito embora não seja formalmente dotado de competência para a criação das leis. Em realidade, o caráter diretivo das

---

163. Ver itens 3.1, 3.2 e 3.5 *infra*.
164. Michel van de KERCHOVE; François OST, *op. cit.*, p. 108.
165. Michel van de KERCHOVE; François OST, *op. cit.*, pp. 108-109.

decisões do STF resulta da consolidação de um catálogo de *topoi* na sua jurisprudência (súmulas e precedentes).[166]

O segundo exemplo de "circularidade atípica" (*boucle étrange*), identificada no sistema jurídico por Kerchove e Ost,[167] é o consubstanciado pelos poderes das autoridades administrativas. O princípio geral é o da legalidade estrita no campo da administração pública: o administrador deve agir nos precisos limites da lei. Segundo os autores mencionados,[168] tal princípio é hoje muito mais objeto de uma mistificação do que algo efetivo. A lei tem sido muito mais um indicativo para as condutas da administração, do que verdadeiramente determinante de tais condutas. A disciplina jurídica de diversas questões deriva muito mais da regulamentação de uma lei pela administração do que propriamente de disposições contidas na lei.

Até mesmo no que se refere ao processo legislativo, verifica-se que boa parte das leis resulta de projetos da administração, inspirados por necessidades demonstradas pela prática administrativa.[169] Esta seria também uma forma de *boucle étrange*, uma vez que a administração é limitada pela lei, mas ela própria dá início ao processo legislativo, além de regulamentar as leis dele resultantes, às quais se encontraria teoricamente vinculada.

---

166. Ver Capítulo 5.
167. Michel van de KERCHOVE; François OST, *op. cit.*, p. 109.
168. Michel van de KERCHOVE; François OST, *op. cit.*, p. 109.
169. A Constituição brasileira prevê diferentes matérias, cuja iniciativa do processo legislativo é privativa do Chefe do Poder Executivo, instituindo inclusive rigorosas limitações ao poder de emenda aos projetos de lei sobre estes temas, durante a sua tramitação no Legislativo, como criação de cargos públicos e aumentos de remuneração para os servidores públicos, por exemplo (arts. 61, § 1º e 63 da Constituição Federal).

Seriam inúmeros os exemplos dessa quebra da hierarquização formal no direito, que abre campo para que se possa pensar em novos enfoques do fenômeno jurídico, que, sem negligenciar o caráter sistemático da ordem jurídica, possibilitem um estudo realista da ciência do direito que leve em consideração o fato de que as instituições de direito estão em constante mutação, em função de contingências históricas e culturais.

2.2.2.4 Uma sistematicidade específica para o direito

O reconhecimento da insuficiência do rigor próprio dos sistemas lógico-dedutivos para a explicação dos fenômenos jurídicos também não implica tratar o direito como um todo assistemático e nem como um sistema circular puro.

A proposta de Kerchove e Ost, de um enfoque sistêmico particular para o direito, que associe circularidade e hierarquia, parece estar em consonância com a proposta desta obra, de articular a estrutura sistemática do ordenamento jurídico com o raciocínio tópico, debatido no item 2.1 deste Capítulo.

Uma vez consolidado o fato de que são possíveis diferentes enfoques a respeito dos sistemas, fora do padrão tradicional do sistema lógico-dedutivo, no Capítulo seguinte partir-se-á para uma investigação a respeito das mudanças no campo do pensamento jurídico a partir da Idade Moderna, que fizeram com que o modo de pensar o direito dos juristas medievais desse lugar a um modelo lógico-sistemático, de perfil linear, que foi durante muito tempo considerado o único aplicável ao direito.

Capítulo 3

Do problema ao sistema: o declínio da tópica na modernidade

O objeto do presente capítulo está intimamente relacionado com uma sensível mudança de rumo ocorrida no pensamento jurídico ocidental, a partir da superação dos padrões intelectuais estabelecidos pela escolástica medieval. Este é um processo que não se concretizou de uma hora para outra e que está relacionado com diferentes mudanças na política, na economia e no pensamento do Ocidente, de forma geral.

Sabe-se que o período dos séculos XVII e XVIII na Europa foi marcado pelo apogeu dos Estados absolutistas, que viam a unificação das normas jurídicas vigentes em seu território como um fator fundamental de fortalecimento político e de garantia de estabilidade das relações sociais. Por conta disso, é compreensível que o direito tenha assumido na Idade Moderna muito mais um papel de elemento de sustentação do poder político do que propriamente de instrumento para a resolução de problemas, como vinha sendo até a Baixa Idade Média.[1]

A principal conseqüência prática dessa modificação no papel do direito foi uma mudança no modo de pensar do jurista moderno. Ele deixou de ter como referência central de seu raciocínio a solução de problemas jurídicos para adotar um enfoque essencialmente sistemático, que gravita em torno da autoridade do Estado e da preservação de suas instituições.

A ampliação de rotas marítimas e a descoberta e exploração do Novo Mundo também influenciaram na mudança considerável ocorrida no campo do direito. Os chamados Estados Modernos eram formados por amplas extensões territoriais e áreas coloniais, fato que tornava necessário unificar as normas jurídicas neles vigentes, o que levou a uma centralização da atividade legislativa na figura do rei. Impunha-se, portanto, uma gradativa uniformização do direito, pondo fim a normas de caráter local e à pluralidade de jurisdições existente na Idade Média (direito canônico, feudal, mercantil etc.). Esta necessidade fez também com que os juristas deslocassem o seu estudo de uma base casuística, contextual, para uma visão generalizante e a-histórica.

Por último, a própria idéia de ciência passou por uma reviravolta profunda na modernidade. Com o declínio do monopólio da visão eclesiástica da realidade, abriu-se uma

---

[1]. Isso não corresponde a dizer que o direito da Idade Média, ou mesmo o direito romano, não tivesse também um papel político, mas com certeza na Idade Moderna o direito passou a desempenhar uma função de extremo relevo no processo de afirmação do conceito de soberania do Estado. Sobre o perfil do direito medieval, ver Capítulo 1 *supra*.

porta importante para o desenvolvimento do espírito investigativo do homem e para a busca de explicações causais para os fenômenos da natureza, em lugar de justificativas meramente teológicas. Este talvez tenha sido o maior impacto da cultura moderna sobre a tradição escolástica medieval.[2] É bem verdade que os humanistas já principiaram

---

2. Sobre o contraponto entre a concepção científica moderna, de perfil racionalista, e os processos intelectuais existentes até o fim da Idade Média, é indispensável a menção a Giambattista Vico (1668-1774), professor de retórica em Nápoles e severo crítico dos padrões de cientificidade estabelecidos pelo racionalismo moderno. Muito embora não tivesse em sua época contado com o devido reconhecimento, uma vez que o pensamento italiano do século XVIII era fortemente influenciado pelo cartesianismo, Vico veio mais tarde a servir de referência para o romantismo e o historicismo alemães, que defendiam a necessidade de se enxergar a ciência a partir de uma perspectiva histórica. Em sua dissertação de abertura do ano letivo de 1708, na Universidade de Nápoles, intitulada *Os Métodos de Estudo do Nosso Tempo*, Vico adotou um discurso assumidamente anticartesiano, ao defender que a tópica ou arte da invenção era um elemento indispensável na formação dos alunos e na sua capacitação para a vida prática. Ele ainda criticou a aplicação do método adotado nas ciências naturais ao estudo dos fenômenos humanos e sociais, postura esta que veio a ser adotada pela própria epistemologia das ciências humanas e sociais no século XX. Em realidade, Vico considerava que a verossimilhança seria a base do conhecimento humano e não a razão ou a demonstração, que operam com rígidos axiomas e parâmetros de causalidade, incompatíveis com saberes que se formam historicamente e que são, portanto, mutáveis com o tempo. A nota mais relevante a respeito de Vico nesta obra diz respeito à sua defesa da tópica, em um ambiente intelectual moderno a ela flagrantemente hostil. Para um aprofundamento sobre o pensamento de Vico, ver Giambattista VICO, *On the Study Methods of our Time*, translated with na Introduction and

a colocar em xeque o discurso da "verdade" da dogmática jurídica medieval, mas também não se pode negar que o classicismo humanista era ainda tributário de uma crença nas virtudes do pensamento da Antigüidade.[3] A mudança efetiva dá-se com o racionalismo moderno aplicado ao direito, que é uma projeção, em termos jurídicos, do individualismo econômico, da moral protestante, do contratualismo político e do antropocentrismo cultural, conforme será visto em seguida.

3.1 A Era Moderna e o direito racional

O período compreendido entre os séculos XVII e XVIII é marcado pelo domínio do direito natural moderno ou jusracionalismo. A idéia de um direito natural racional é característica da Idade Moderna, muito embora a noção de direito natural faça parte do direito ocidental desde a Antigüidade.[4] O vínculo entre razão e direito, estabelecido

---

notes by Elio Gianturco, Ithaca and London, Cornell University Press, 1990 (orig. 1709); Giambattista VICO, Princípios de uma Ciência Nova: acerca da natureza comum das nações, in: Os Pensadores: Vico, tradução e notas de Antonio Lázaro de Almeida Prado, 2. ed., São Paulo, Abril Cultural, 1979; Mark LILLA, G. B. Vico: the making of an anti-modern, Cambrige, Massachusetts; London, Harvard University Press, 1994.

3. Ver item 2.1.3 *supra*.

4. Sobre o conceito de direito natural na tradição jurídica antiga e medieval, ver Norberto BOBBIO, O *Positivismo Jurídico: noções de filosofia do direito*, compiladas por Nello Morra, tradução e notas Márcio Pugliesi, Edson Bini, Carlos E. Rodrigues, São Paulo, Ícone, 1995, pp. 15-20; Gustav RADBRUCH, *Filosofia do Direito*, tradução e prefácios de L. Cabral de Moncada, 6. ed. r. a.,

a partir da Idade Moderna, é fundamental para que se possa compreender o que motivou a passagem de um raciocínio jurídico problemático para um de tipo sistemático no direito.[5]

Wieacker[6] associa a gênese desta visão racional do direito natural a uma carência metodológica da ciência positiva do direito, verificada na Idade Moderna e motivada pelas modificações ocorridas nos métodos da filosofia e das ciências naturais a partir do século XVII. Até então, prevalecera no direito o método dos humanistas,[7] que apesar de críticos dos juristas medievais eram ainda fiéis a algumas premissas da escolástica, como a *auctoritas* e a *ratio* dos textos. De fato, com os humanistas, a antiga *ars inveniendi* medieval deu lugar à expressão *methodus*, mas o conceito de *systema* é uma construção bastante posterior a eles.[8] As análises sistêmicas dos humanistas voltaram-se, na prática,

---

Coimbra, Armênio Amado, 1979 (orig. 1932), pp. 61-62. A respeito das concepções históricas sobre o direito natural, ver Erik WOLF, *El Problema del Derecho Natural*, tradução de Manuel Entenza, Barcelona, Ariel, 1960 (orig. 1958), pp. 52-59, e Leo STRAUSS, *Droit Naturel et Histoire*, [France], Flammarion, 1954, pp. 115-279.

5. Para uma compreensão da diferença entre os dois modelos de raciocínio, ver Capítulo 2.
6. Franz WIEACKER, *op. cit.*, p. 281.
7. Ver item 2.1.3 *supra*.
8. De acordo com Tércio Sampaio Ferraz Júnior, o termo *sistema* passou a ser utilizado academicamente por volta do século XVII e teve grande utilidade no pensamento de Christian Wolff e Johann Lambert. O sistema era associado a um organismo, uma ordenação, cujas partes eram ligadas entre si, formando uma totalidade. Tércio Sampaio FERRAZ JÚNIOR, *A Ciência do Direito*, 2. ed., São Paulo, Atlas, 1991, p. 23.

para uma aplicação razoável do *Corpus Iuris Civilis*, pois tais juristas não haviam efetivamente rompido com a tradição medieval. Apesar das críticas ao método utilizado pelos juristas medievais, os humanistas acabaram por reforçar a preocupação original daqueles, pois tentaram uma harmonização entre as instituições herdadas do direito romano e os institutos criados na Baixa Idade Média.

Ocorre, porém, que a tendência moderna era exatamente a de negar a cultura do medievo e as idéias cultivadas pela Igreja, com a formulação de novos padrões culturais, centrados no homem e na razão. Novas visões do direito se impunham, portanto, de forma dissociada do pensamento jurídico medieval e dos seus textos.

Em realidade, o século XVII começou a pavimentar uma estrada sem volta na cultura jurídica do Ocidente, pois as novas idéias, surgidas nos campos das ciências exatas e das ciências naturais, repercutiram de forma definitiva no raciocínio dos juristas modernos. Tais ciências partiram de grandes esquemas matemáticos na montagem de suas estruturas. Segundo Wieacker,[9] esse processo de "matematização da natureza" redundou no dualismo *axioma/experiência*, de origem cartesiana, que serviu de inspiração para o jusracionalismo.

Na prática, o pensamento moderno foi capaz de converter em números eventos dotados de materialidade. Em termos científicos, é possível formar uma lei a partir da

---

[9] Franz WIEACKER, *op. cit.*, p. 285. Sobre a busca da precisão matemática nas disciplinas filosóficas, políticas, jurídicas e éticas, presente no pensamento cartesiano, ver René DESCARTES, *Discurso do Método*, tradução de J. Grinsburg e Bento Prado Júnior, *in*: *Os Pensadores*, v. XV, São Paulo, Abril, 1973, pp. 45-49, e António Manuel HESPANHA, *op. cit.*, p. 149.

reiteração de casos particulares. Uma vez consolidada, esta lei perde os seus vínculos originários com tais casos, passando a ser uma premissa, à qual deverão estar adequados os experimentos futuros, a fim de que possam ter base científica.[10] A par disso, as próprias leis existentes podem ser agrupadas, em função de traços comuns, de forma que surjam leis mais genéricas e a partir delas formem-se axiomas. Com base nesta progressão é que se estruturam os sistemas axiomáticos fechados.[11]

Com as devidas adaptações, essas foram também as premissas orientadoras do jusnaturalismo moderno, que buscou a construção de sistemas normativos de caráter axiomático. O homem passou a ser encarado como um ser natural, livre de condicionamentos divinos ou históricos, constituindo, em realidade, um agente da vida social. A sociedade passou também a ser tratada como objeto de estudos científicos, pois assim como a natureza possui um fundamento lógico de funcionamento, também os agrupamentos sociais e políticos o têm.[12]

O direito natural moderno absorveu o conteúdo abstrato e sistematizante do racionalismo, passando a aplicar ao estudo do direito um padrão de lógica formal pretensamente distanciado da proposta casuística da Baixa Idade Média.[13] Assim, o jusracionalismo harmonizou direito e

---

10. Michel VILLEY, *Filosofia do Direito: definições e fins do direito*. Tradução de Alcidema Franco Bueno Torres, São Paulo, Atlas, 1977, pp. 113-114.
11. Franz WIEACKER, *op. cit.*, p. 286.
12. Franz WIEACKER, *op. cit.*, p. 288.
13. Wieacker reconhece que o jusnaturalismo europeu de fato representou uma revolução cultural, mas uma revolução inegavelmente fundada nas teorias sociais da Idade Média, de inspiração

filosofia modernos, uma vez que afastou a ciência jurídica da Europa continental da força gravitacional do direito romano, que predominou na tradição ocidental durante vários séculos. Com isso, possibilitou o surgimento de uma teoria do direito genuinamente moderna, desvinculada dos fundamentos romanísticos. A proposta sistematizante do direito natural moderno estava associada a uma razão despida de historicidade, cuja possibilidade de existência efetiva será debatida especificamente nesta obra.[14]

Essa sistematização é considerada por Franz Wieacker[15] a maior contribuição do direito natural moderno para a história do direito privado europeu. Segundo ele, o estudo do direito até o jusracionalismo era assistemático, constituindo mero comentário de textos isolados.[16] O sistema fechado jusracionalista foi a base das ordenações do direito

---

clássica. Nesse ponto, sua opinião converge com a de Harold Berman, no sentido de que não houve uma ruptura entre a tradição jurídica antiga e medieval e a tradição moderna, tendo ocorrido, na verdade, apenas uma negação por parte desta última de seus próprios fundamentos históricos, presentes nos processos de interpretação dos textos e de harmonização das normas jurídicas, desenvolvidos pelos juristas da Baixa Idade Média. Franz WIEACKER, op. cit., p. 290. Ver item 1.2 supra.
14. Ver item 3.6 infra.
15. Franz WIEACKER, op. cit., p. 309.
16. Franz WIEACKER, op. cit., pp. 309-310. Neste ponto, há uma clara discordância entre Wieacker e Berman, pois este vê no pensamento jurídico medieval inúmeras evidências de preocupação sistemática (ver item 1.6.1 supra). Viehweg reconhece, por sua vez, uma certa tendência de sistematização nos pós-glosadores, mas em dimensões sem paralelo com os modelos lógico-dedutivos da modernidade. Theodor VIEHWEG, Tópica e Jurisprudência, op. cit., p. 61.

positivo dos séculos XVII e XVIII e das codificações do século seguinte.[17]

Segundo Viehweg,[18] a grande mudança no campo do direito deu-se exatamente nos séculos XVII e XVIII, quando foi criado um modelo inteiramente novo de argumentação jurídica, fundado na existência de sistemas jurídicos de caráter dedutivo, inspirados pelo modelo da matemática. Tal perfil sistemático era baseado na construção de conceitos a partir de princípios.[19] A fundamentação do direito era, portanto, derivada de uma quantidade definida de passos, voltados à construção de conceitos fundamentais, que não poderiam ser objeto de questionamento, uma vez consolidados. Este é exatamente o modelo de sistema axiomático-dedutivo,[20] que orientou a atividade intelectual dos juristas modernos, rompendo com uma tradição tópica, que remontava ao pensamento grego.

A par dos nexos absolutos entre as premissas, os sistemas de direito natural racional foram também responsáveis por um isolamento histórico e axiológico dos conceitos jurídicos, que são, originariamente, construções intelectuais derivadas de institutos jurídicos dotados de vínculos concretos. Este isolamento dos conceitos permitiu que fos-

---

17. Franz WIEACKER, *op. cit.*, p. 310. Ver item 3.3 *infra*.
18. Theodor VIEHWEG, Perspectivas Históricas de la Argumentación Jurídica: la Epoca Moderna, *in*: *Tópica y Filosofia del Derecho*, traducción de Jorge M. Seña, Barcelona, Gedisa, 1991, p. 152.
19. Theodor VIEHWEG, Perspectivas Históricas de la Argumentación Jurídica: la Epoca Moderna, *op. cit.*, p. 154. António Manuel HESPANHA, *op. cit.*, pp. 149-150.
20. Sobre a pluralidade de enfoques sistemáticos hoje adotados, ver item 2.2.2 *supra*.

sem desenvolvidas as teorias gerais no campo do direito.²¹ Mais tarde, a doutrina jurídica do século XIX aprofundou as premissas jusracionalistas e criou todo um arcabouço teórico em torno das figuras do *sujeito de direito*, da *relação jurídica*, da *autonomia da vontade* etc. Para Wieacker, estes foram "princípios jusnaturalistas transformados em princípios de caráter técnico-jurídico".²²

Apesar da negação expressa, existe um nexo inequívoco entre a cultura da Baixa Idade Média e a proposta racionalista consolidada na Idade Moderna. Wieacker²³ vê no "jusracionalismo profano da época moderna" toda uma "herança do jusnaturalismo da Antigüidade e do agostiniano-tomista". Como pontos em comum, podem ser mencionados a pretensão de universalidade e atemporalidade da razão e o papel do homem como ser dotado de racionalidade e sociabilidade. Já a diferença básica entre a cultura moderna e a da Baixa Idade Média está relacionada com a nítida separação que o jusracionalismo estabelece entre o *ius divinum*, exclusivo do campo da revelação e da teologia moral, e o *ius positivum*, este sim, vinculado à esfera jurídica.²⁴ Dessa forma, o pensamento jurídico moderno herda dos

---

21. Franz WIEACKER, *op. cit.*, p. 310.
22. Franz WIEACKER, *op. cit.*, p. 311.
23. Franz WIEACKER, *op. cit.*, p. 297.
24. Sobre as origens dos conceitos de *positivismo* e *direito positivo* pode-se dizer que derivam de *legem ponere*. O *ius positum* está relacionado com cada lei, individualmente considerada, e o *ius positivum* liga-se à ordem jurídica como um todo. Tais noções têm a sua gênese na leitura medieval do aristotelismo e nos comentários ao direito canônico. Franz WIEACKER, *op. cit.*, p. 493, nota n.5. Norberto BOBBIO, *O Positivismo Jurídico: noções de filosofia do direito, op. cit.*, p. 19.

juristas medievais a técnica de abordagem das normas,[25] mas não recepciona a crença no direito como verdade, uma vez que ele não é mais tido como manifestação de uma ordem cósmica ou da providência divina. A ordem jurídica é concebida como um produto da razão humana e assim deve ser tratada, havendo uma rígida separação entre os assuntos divinos e as questões humanas.[26]

3.2 Estado e sistema jurídico

Além de buscar na razão os fundamentos do próprio direito, o pensamento jurídico moderno associou a idéia de sistema jurídico ao modelo político dos Estados absolutistas europeus. Dessa forma, os esquemas lógico-dedutivos de organização do direito adotaram como padrão axiomáti-

---

25. Ver itens 1.3.2.2 e 1.3.3 *supra*.
26. Cabe também mencionar a mudança no pensamento ocidental trazida pela Reforma Protestante, que teve importantes repercussões no mundo jurídico. O homem de Martinho Lutero oscila entre os regimentos terrenos e o direito natural divino. Ao final, triunfa no protestantismo a crença na responsabilidade do homem por seus atos e não na interferência divina nos assuntos humanos. O homem deveria conduzir-se de maneira compatível com os desígnios do Criador, mas se assim não fizesse, enfrentaria na Eternidade a ira do Senhor. A grande conversão ética trazida por esta teologia luterana reforçou a idéia de que o homem era um ser dotado de livre-arbítrio, capaz de assumir as conseqüências de escolhas equivocadas. Foi precisamente esse homem racional trazido pelo protestantismo o agente da sociedade moderna: o comerciante, o governante, enfim, o legislador. Wieacker inclusive traça um paralelo entre o surgimento do próprio direito natural racional e o protestantismo. Franz WIEACKER, *op. cit.*, p. 297.

co a manifestação jurídica dos reis, que passou a ser condicionante de todas as demais normas em vigor no Estado. A conexão mais marcante entre o conceito moderno de razão e o direito criado pelo Estado deu-se por meio das doutrinas chamadas contratualistas.[27]

Com a laicização da cultura do Ocidente, era necessário buscar um novo tipo de fundamentação para o poder político (e, conseqüentemente, para o direito positivo) fora da revelação e da vontade divina.[28] O governante não era mais um virtuoso escolhido por Deus — até mesmo porque o Criador não mais intervinha nos assuntos humanos — e sim um verdadeiro delegado dos indivíduos, dotado de uma

---

27. Norberto Bobbio defende a existência de um claro nexo entre o contratualismo de Thomas Hobbes e o surgimento do jusnaturalismo moderno, fugindo de uma tradicional associação entre o início do direito natural da Era Moderna e o pensamento de Hugo Grócio. Bobbio questiona inclusive a existência de efetiva desvinculação entre Grócio e o pensamento jurídico medieval, tendo em vista a sua ligação com a escolástica tardia. Norberto BOBBIO, *Thomas Hobbes*, tradução de Carlos Nelson Coutinho, Rio de Janeiro, Campus, 1991, p. 133. No mesmo sentido, Miguel REALE, *Filosofia do Direito*, 16. ed., São Paulo, Saraiva, 1994, p. 644. A perspectiva adotada no presente item desta obra é exatamente a de uma associação entre Estado e sistema jurídico, a partir da Idade Moderna, o que justifica a opção pela linha de Bobbio, que relaciona a doutrina de Hobbes com a concepção racional acerca do direito.
28. Thomas HOBBES, *Leviatã ou Matéria, Forma e Poder de um Estado Eclesiástico e Civil*, tradução de João Paulo Monteiro e Maria Beatriz Nizza da Silva, São Paulo, Nova Cultural, 1998 (orig. 1651), p. 105. Michel VILLEY, *Philosophie du Droit: les moyens du droit*, deuxième édition, Paris, Dalloz, 1984, pp. 84-85.

autoridade derivada do pacto fundante da sociedade política. Este pacto era despido de historicidade, sendo em verdade um pressuposto teórico da existência do próprio Estado e das normas nele vigentes. Seria um equívoco tentar localizar historicamente o instante em que surgiram as sociedades políticas, uma vez que não se pretendeu dar ao contrato social um conteúdo de fato histórico, tanto que era ele considerado um pacto de adesão contínua e tácita, ao qual se integrariam as gerações presentes e futuras, bastando ser súdito de um poder soberano, para ser considerado aderente ao contrato.[29]

Essa visão contratual da sociedade política estava intimamente relacionada com a própria noção de racionalidade humana, pois partia da idéia de que o poder soberano do Estado era resultado direto de uma renúncia, por parte dos indivíduos, de uma parcela da liberdade que possuíam no estado de natureza, em favor dessa entidade superior, que passaria então a deter o monopólio da autoridade e da capacidade de criar normas jurídicas.[30]

O jusracionalismo moderno rompeu os vínculos ainda restantes com a teologia moral, adotando um método sistemático, de nítida inspiração cartesiana. Partindo dos axiomas consolidados a partir de impositividade do direito estatal, o pensamento jurídico moderno criou uma associação entre a racionalidade e a ordem jurídica advinda do poder soberano, afastando qualquer reflexão ética a respei-

---

29. Thomas HOBBES, *op. cit.*, pp. 107-108. Sobre o caráter não histórico do contrato, ver Michel VILLEY, *Philosophie do Droit: les moyens du droit, op. cit.*, pp. 85-86, e Miguel REALE, *Filosofia do Direito, op. cit.*, pp. 649-650.
30. Thomas HOBBES, *op. cit.*, p. 105.

to das normas jurídicas. Segundo esse novo modo de encarar o fenômeno jurídico, as normas emanadas do poder soberano seriam presumidamente justas, pois esta era uma das cláusulas do contrato fundante da sociedade política.[31] A tarefa do direito passou então a ser a de assegurar a permanência do contrato social, pela via da preservação da soberania do Estado. Com base em premissas jurídicas inafastáveis (axiomáticas), foi possível construir uma estrutura lógico-sistemática para o direito, que deixou de ser predominantemente um instrumento de resolução de problemas para tornar-se um mecanismo de afirmação da autoridade do Estado.[32]

A chamada segurança jurídica tornou-se a preocupação principal dos juristas, podendo esta noção ser traduzida como certeza, padronização, estabilidade jurídica. Embora deva-se reconhecer os esforços harmonizadores dos juristas da Baixa Idade Média, aquela dogmática jurídica medieval em nada se compara, em termos de abstração e sistematização, com os esquemas formais do jusracionalismo, que encontraram o seu sucedâneo nas codificações de direito do século XIX.[33] Nesse ponto, indispensável a citação de Franz Wieacker:

---

31. Thomas HOBBES, *op. cit.*, p. 161. Norberto BOBBIO, *Thomas Hobbes, op. cit.*, p. 145.
32. Bobbio considera inclusive o pensamento de Hobbes como de transição entre uma visão genuinamente jusnaturalista e uma concepção positivista do direito, a partir do momento em que ele funda a legitimidade da lei civil na autoridade do Estado, mas reconhece a necessidade de um congruência entre as leis criadas pelo soberano e as leis naturais. Norberto BOBBIO, *Thomas Hobbes, op. cit.*, pp. 145-146.
33. Ver item 3.3 *infra*.

(...) Se o *Corpus Iuris* ensinou os juristas europeus a descobrir a problemática material específica do caso jurídico, o jusracionalismo ordena agora toda a actividade social de acordo com um *logos* apreensível pela razão e, portanto, comum a todos os homens, isto, quer tal actividade dissesse respeito às finalidades dos soberanos e das nações, das comunidades religiosas, das ordens e corporações ou dos indivíduos, (...)[34]

E esta foi a trajetória do direito na modernidade. Um direito natural fundado na razão passou a ser a base de todo o tipo de proposta política, desde a soberania do Estado à soberania popular.[35] Não importava o perfil do Estado. A nova metodologia jurídica tornara-se aplicável a diferentes regimes e em distintos momentos históricos, pois gradati-

---

34. Franz WIEACKER, *op.cit.*, p. 305.

35. Da leitura do Livro I do *Contrato Social* de Rousseau, pode-se constatar que a idéia de autolimitação da liberdade do indivíduo traduz uma opção racional de cada pessoa, em benefício de todos: "cada indivíduo, com efeito, pode, como homem, ter uma vontade particular, contrária ou diversa da vontade geral que tem como cidadão. Seu interesse particular pode ser muito diferente do interesse comum. Sua existência, absoluta e naturalmente independente, pode levá-lo a considerar o que deve à causa comum como uma contribuição gratuita, cuja perda prejudicará menos aos outros, do que será oneroso o cumprimento a si próprio. Considerado a pessoa moral que constitui o Estado como um ente de razão, porquanto não é um homem, ele desfrutará dos direitos do cidadão sem querer desempenhar os deveres de súdito – injustiça cujo progresso determinaria a ruína do corpo político.". Jean-Jacques ROUSSEAU, *Do Contrato Social*, in: *Os Pensadores*, v. XXIV, tradução de Lourdes Santos Machado, São Paulo, Abril, 1973, pp. 41-42.

vamente perdera seus vínculos axiológicos e contextuais, que remontavam à própria origem da tradição jurídica ocidental.

Wieacker[36] faz um diagnóstico das diferentes influências deste jusracionalismo nos inúmeros campos do direito, dos quais serão aqui privilegiados os sistemas da teoria constitucional e do direito privado em geral.

No que tange à teoria constitucional, o jusracionalismo atuou inicialmente na desintegração das estruturas políticas históricas, como a *polis* grega, a *res publica* romana e o *Imperium* da Idade Média,[37] criando uma nova figura de referência: o Estado moderno. O método do direito natural racional não pressupunha um projeto único de sociedade, pois serviu de fundamento para propostas antagônicas, que reivindicavam para si o papel de "a mais conforme à razão". Assim, o absolutismo estava fundado na idéia de razão,[38] a independência das treze colônias norte-americanas teve uma inequívoca inspiração racionalista, assim como a própria Declaração dos Direitos de Homem e do Cidadão, documento básico da Revolução Francesa, foi um documento assumidamente jusnaturalista, com um flagrante traço de individualismo.[39]

Em se tratando da esfera do direito privado, o jusracionalismo traduz uma postura até certo ponto insurgente, a partir do momento em que rompe com a tradição do direito comum europeu, com a autoridade dos textos do direito

---

36. Franz WIEACKER, *op. cit.*, pp. 306-315.
37. Franz WIEACKER, *op. cit.*, p. 308.
38. Thomas HOBBES, *op. cit.*, p. 164.
39. Franz WIEACKER, *op. cit.*, p. 308. Michel VILLEY, *Filosofia do Direito: definições e fins do direito*, *op. cit.*, p. 125.

romano e com os costumes consolidados pelo tempo, ao defender uma construção sistemática autônoma dos institutos do direito privado.[40]

O jusracionalismo teve, portanto, um papel até certo ponto ambíguo no contexto europeu dos séculos XVII e XVIII. Enquanto no primeiro século representou um precioso suporte para as monarquias absolutistas; no seguinte, o iluminismo francês partiu também de seus fundamentos para questionar a racionalidade do próprio modelo do Estado absolutista. Como poderia estar de acordo com a razão, um Estado cujo poder estava concentrado em uma só pessoa (o rei), que o exerca de forma ilimitada? Não seria mais racional um Estado em que os integrantes da sociedade tivessem assegurada a sua participação na gestão da coisa pública? Tais indagações estavam perfeitamente de acordo com uma visão racional da sociedade e por conta disso acabaram por motivar o questionamento do Antigo Regime. Verdadeiramente racional seria, portanto, o Estado em que prevalecesse o império da lei, aplicada a todos igualmente e de forma impessoal. Racional também seria a criação desta lei pelos representantes da sociedade, que

---

40. Franz WIEACKER, *op. cit.*, p. 309. É possível também estabelecer uma vinculação entre o individualismo das doutrinas contratualistas no âmbito da teoria política e o próprio princípio da autonomia da vontade, que será um dos pilares da civilística do século XIX; exatamente porque o modelo do direito privado no Estado liberal representou a concretização de uma proposta racionalista no campo do direito. Thomas HOBBES, *op. cit.*, p. 134. Sobre a relação entre o pensamento de Hobbes e o conceito de direito subjetivo, ver Michel VILLEY, *Filosofia do Direito: definições e fins do direito, op. cit.*, pp. 120-123. Ver itens 3.3 e 3.4 *infra*.

passaria então a ser responsável de forma solidária pelos acertos e erros dos legisladores.[41]

Tal situação fez com que, mesmo suplantado o Antigo Regime, após as revoluções burguesas do século XVIII, o padrão lógico-formal se afirmasse no direito, por meio da codificação, que pretendeu ser a concretização do projeto maior do direito natural moderno: o de banir do mundo do direito o costume e o tratamento casuístico das questões jurídicas.

3.3 A Revolução Francesa e a codificação do direito

A Revolução Francesa (1789) é o marco fundamental de uma sensível mudança no campo do direito, trazida por um projeto de Estado em que prevalece o império da lei. Esta proposta tem a sua síntese exatamente em um documento forjado nas brasas revolucionárias de 1789: a Declaração dos Direitos do Homem e do Cidadão. Nele estão contidos os princípios básicos do Estado francês pós-revolucionário, que serão também os princípios capitais do denominado Estado Constitucional ou Estado de Direito. O fim dos privilégios do Estado Absolutista, muitos dos quais remontavam ao período feudal, está consubstanciado nos princípios da isonomia ou da igualdade de todos perante a lei (art. 1º da Declaração), da legalidade (arts. 4º e 5º), da impessoalidade no acesso às funções públicas (art. 6º), da separação de poderes (art. 16), entre outros.

Merecerá aqui maior atenção a tríade igualdade, legalidade e separação de poderes, que representa o alicerce do sistema racionalizado de direito implantado na França e

---

41. Jean-Jacques ROUSSEAU, *op. cit.*, pp. 59-62.

que veio a ser exportado para diversas partes do globo, sobretudo a Europa continental e a América Latina.

O princípio isonômico congrega legalidade e igualdade. Este princípio sintetiza a proposta de um direito individualista e racional, porque pressupõe que todas as pessoas receberão o mesmo tratamento por parte da ordem jurídica. A isonomia representou uma oposição radical a uma organização jurídico-política essencialmente baseada na posição de cada um no corpo da sociedade existente no Antigo Regime, sendo a consagração da proposta burguesa de que todos deveriam ter o mesmo tratamento jurídico, independentemente de sua origem.[42] O elemento responsável pela garantia desta igualdade era exatamente a lei. Mas de que lei falavam os revolucionários franceses? Não de uma lei derivada dos interesses e caprichos do governante e sim advinda da manifestação dos representantes da nação, reunidos no Poder Legislativo. Como se vê, a Revolução Francesa trouxe também uma proposta de racionalização do próprio Estado, que passou a contar com uma repartição de funções. O referido Poder Legislativo teria, privativamente, a competência constitucional para criar normas jurídicas, enquanto o Poder Executivo teria a sua atuação restrita à gestão do patrimônio público e o denominado Poder Judiciário teria a sua atividade limitada à aplicação das leis.[43]

---

42. António Manuel HESPANHA, *op. cit.*, p. 171.

43. A doutrina da separação de poderes é absorvida de forma muito clara do pensamento de Montesquieu, autor que buscava nos governos moderados a verdadeira fonte de liberdade. A moderação dos governos só pode ser assegurada por meio da desconcentração das tarefas do Estado, pois se a atividade estatal encontra-se concentrada em apenas um órgão, não há como se falar de

Mais uma vez, a inspiração racionalista aplicada ao direito foi capaz de romper com as origens da tradição jurídica ocidental. A rígida delimitação de funções no âmbito do Estado fez com que a atividade de criação do direito passasse a constituir um monopólio do Poder Legislativo, sendo inteiramente subtraída dos tribunais a capacidade de criar normas pela via das práticas processuais, como ocorrera em boa parte da história do direito ocidental.[44]

Consolidados tais princípios na Declaração de 1789, estavam edificadas as bases para o processo de codificação do direito francês, a partir do início do século XIX.

---

liberdade. Esta doutrina foi aplicada de forma rigorosa aos juízes franceses, após a Revolução de 1789. Sobre o papel do Poder Judiciário, Montesquieu dizia que "não haverá também liberdade se o poder de julgar não estiver separado do poder legislativo e do executivo. Se estivesse ligado ao poder legislativo, o poder sobre a vida e a liberdade dos cidadãos seria arbitrário, pois o juiz seria legislador. Se estivesse ligado ao poder executivo, o juiz poderia ter a força de um opressor." Barão de La Brède e de MONTESQUIEU (Charles-Louis de Secondat), *Do Espírito das Leis, in: Os Pensadores*, v. XXI, São Paulo, Abril, 1973, p. 157. Já em relação aos efeitos negativos da atribuição aos magistrados da capacidade de criar o direito, Montesquieu diz: "porém, se os tribunais não devem ser fixos, os julgamentos devem sê-lo a tal ponto, que nunca sejam mais do que um texto exato da lei. Se fossem uma opinião particular do juiz, viver-se-ia na sociedade sem saber precisamente os compromissos que nela são assumidos". MONTESQUIEU, *op. cit.*, p. 158. António Manuel HESPANHA, *op. cit.*, pp. 172-173.

44. Ver Capítulo 1 e item 2.1 *supra*.

3.3.1 O Código de Napoleão

A codificação do direito representou a consagração de uma proposta racionalizante e sistematizadora no campo do direito[45] e o Código Civil francês de 1804, também denominado de *Código de Napoleão*, foi o documento jurídico principal do movimento de codificação do direito.

Norberto Bobbio[46] faz um rico histórico deste Código e destaca a diferença existente entre a proposta que motivou a edição de tal texto legislativo e o seu efeito no pensamento jurídico do Ocidente.

O projeto do Código Civil francês foi resultado de uma comissão de juristas, no período do consulado napoleônico, em 1800, tendo sido Jean Etienne Marie Portalis o jurista de maior destaque dessa Comissão.[47] Segundo Bobbio,[48] Portalis fugia ao espírito racionalista de sua época, sendo inclusive um crítico severo daqueles que negavam a importância das tradições da cultura jurídica européia, que teriam, segundo ele, inclusive conduzido a Revolução Francesa aos excessos ocorridos no período do Terror. O efeito prático de tal fato foi o de que o texto original do Código

---

45. António Manuel HESPANHA, *op. cit.*, p. 162.
46. Norberto BOBBIO, O *Positivismo Jurídico: noções de filosofia do direito*, *op. cit.*, p. 71 e segs.
47. Integravam a referida comissão os seguintes juristas: François Tronchet, presidente da Corte de Cassação e figura ligada ao Antigo Regime; Jean Portalis, autor das mais importantes construções teóricas do Código Civil francês; Félix Bigot de Préameneu, advogado do parlamento de Paris, e Jacques de Maleville, juiz do Tribunal de Cassação e secretário da comissão. John GILISSEN, *op. cit.*, p. 452.
48. Norberto BOBBIO, O *Positivismo Jurídico: noções de filosofia do direito*, *op. cit.*, p.72.

Civil era mais fiel à tradição do direito comum francês do que a interpretação que a ele foi dada posteriormente.[49]

O Código de Napoleão foi precedido de diferentes projetos,[50] de cunho nitidamente racionalista e afinados com o espírito da Revolução de 1789, de rompimento com o direito romano, com as instituições monárquicas e outros resquícios do passado. Diferentemente, a Comissão indicada por Napoleão não pretendeu criar uma sistemática jurídica inteiramente nova e sim harmonizar a herança jurídica pretérita com o direito do futuro.[51]

Essa diferença de objetivos ficou clara no debate em torno da interpretação do art. 4º do Código Civil, que ora se transcreve:

> Art. 4º — O juiz que se recusar a julgar sob o pretexto do silêncio, da obscuridade ou da insuficiência da lei, poderá ser processado como culpável de justiça denegada.

Este dispositivo traduz o princípio da inafastabilidade da jurisdição, que constitui um dos pressupostos básicos da idéia de completude do ordenamento jurídico: se o juiz é obrigado a decidir, é necessário que existam normas jurídi-

---

49. Bobbio ressalta, inclusive, a inequívoca inspiração do Código Civil francês pelo *Tratado de Direito Civil*, de Pothier, o maior jurista da França no século XVIII. Norberto BOBBIO, O *Positivismo Jurídico: noções de filosofia do direito, op. cit.*, p. 72.
50. Norberto BOBBIO, O *Positivismo Jurídico: noções de filosofia do direito, op. cit.*, pp. 67-71. Para detalhes sobre os projetos de legislação civil elaborados por Cambacérès e Jacqueminot, após a Revolução Francesa, ver John GILISSEN, *op. cit.*, pp. 450-451.
51. Norberto BOBBIO, O *Positivismo Jurídico: noções de filosofia do direito, op. cit.*, p. 73. John GILISSEN, *op. cit.*, p. 454.

cas suficientes para a resolução de todos os casos. Exatamente em torno desse pressuposto é que surgirá o debate a respeito do papel do Código Civil no direito francês do século XIX.

Segundo Bobbio,[52] a proposta dos redatores do citado artigo 4º era a de deixar aberta a possibilidade da criação do direito pelo juiz, sendo tal afirmação fundada no discurso proferido por Portalis no Conselho de Estado francês, na apresentação do Código. Nele, Portalis afirma que "as leis positivas não saberiam nunca substituir inteiramente o usoda razão natural nos negócios da vida"[53] e que "uma grande quantidade de coisas são, portanto, necessariamente abandonadas ao império do uso, à discussão de homens cultos, ao arbítrio dos juízes"[54]. Portalis ainda reconhece a importância de usos antigos e máximas na ausência de lei específica sobre determinada matéria e reconhece a necessidade do recurso aos princípios de direito natural, naquelas situações inteiramente novas.[55] Mesmo os juízos por eqüidade são admitidos pela proposta original do codifica-

---

52. Norberto BOBBIO, O Positivismo Jurídico: noções de filosofia do direito, op. cit., p. 75.
53. Jean Etienne Marie PORTALIS, Discours Préliminaire sur le Projet de Code Civil, in: Discours, Rapports et Travaux Inédits sur le Code Civil, Paris, Joubert – Libraire de la Court de Cassation, 1844, p. 7. No original, "les lois positives ne sauraient jamais entièrement remplacer l'usage de la raison naturelle dans les affaires de la vie".
54. Jean Etienne Marie PORTALIS, Discours Préliminaire sur le Projet de Code Civil, op. cit., p. 8. No original, "une foule de choses sont donc nécessairement abandonées à l'empire de l'usage, à la discussion des hommes instruits, à l'arbitrage des juges".
55. Jean Etienne Marie PORTALIS, Discours Préliminaire sur le Projet de Code Civil, op. cit., p. 9.

dor francês, uma vez que são orientados por critérios racionais, a serem adotados pelo juiz.⁵⁶ O texto original do Projeto de Código Civil francês ainda apresentava um art. 9º, posteriormente suprimido, contendo a seguinte disposição:

> Nas matérias civis, o juiz, na falta de leis precisas, é um ministro de eqüidade. A eqüidade é o retorno à lei natural e aos usos adotados no silêncio da lei positiva.

Bobbio⁵⁷ esclarece que o art. 4º do Código de Napoleão tinha como finalidade contornar a rigidez do princípio de separação de poderes, proporcionando o fim de uma prática judiciária adotada após a Revolução Francesa segundo a qual os juízes podiam deixar de julgar quando inexistisse uma regra precisa para a disciplina de determinada situação, devendo o expediente respectivo ser encaminhado ao poder legislativo, para que editasse norma dispondo sobre a matéria em questão.⁵⁸

---

56. Jean Etienne Marie PORTALIS, Discours Préliminaire sur le Projet de Code Civil, *op. cit.*, pp. 10-11. Ainda sobre o uso da eqüidade pelo juiz, ver Jean Etienne Marie PORTALIS, Exposé des Motifs du Projet de Loi Intitulé: Titre Préliminaire de la Publication, des Effects et de L'Application des Lois en Général, in: *Discours, Rapports et Travaux Inédits sur le Code Civil, op. cit.*, pp. 156-159.
57. Norberto BOBBIO, *O Positivismo Jurídico: noções de filosofia do direito, op. cit.*, p. 77.
58. Trata-se do chamado *référé legislatif*, que inclusive era alvo de severas críticas por parte de Portalis, que entendia ser a proibição de o juiz interpretar a lei, com a remessa do caso ao Legislativo, uma verdadeira submissão indevida do primeiro ao segundo. Jean Etienne Marie PORTALIS, Discours Préliminaire sur le Projet de Code Civil, *op. cit.*, pp. 12-13. Situação análoga

Na prática, a supressão do artigo 9º do texto do Código ao final fez com que a interpretação dada pelos juristas do século XIX ao art. 4º discrepasse dos objetivos originais do codificador, passando tal regra a estar associada a um princípio de auto-suficiência do direito positivo, de fato nunca defendido por Portalis. Deveria, a partir disso, o exegeta buscar na própria lei a solução para todas as controvérsias, sendo esta a síntese do paradigma central do positivismo jurídico.[59]

---

ocorre atualmente no direito brasileiro, a partir da interpretação dada pelo Supremo Tribunal Federal ao instituto do mandado de injunção, previsto no art. 5º, inciso LXXI da Constituição Federal de 1988. Concebido originariamente como instrumento de natureza processual, voltado a dar efetividade a direitos constitucionalmente previstos e ainda pendentes de regulamentação, por meio de uma decisão por eqüidade do Poder Judiciário, o mandado de injunção passou a ter como conseqüência apenas o encaminhamento, pelo Supremo Tribunal, de uma notificação ao órgão legislativo competente, para que este editasse a norma necessária para o exercício do direito. Esta interpretação deriva de um apego extremo ao princípio constitucional da separação de poderes e negligencia por completo o caráter excepcional do mandado de injunção na ordem jurídica brasileira e a própria tendência crescente de atenuamento do rigor de tal princípio, com o incremento da atividade criadora do juiz. Sobre o entendimento do Supremo a respeito, ver Regina QUARESMA, O *Mandado de Injunção e a Ação Direta de Inconstitucionalidade por Omissão: teoria e prática*, Rio de Janeiro, Forense, 1995, pp. 83-85; Luís Roberto BARROSO, O *Direito Constitucional e a Efetividade de suas Normas*, 2. ed. ampliada e atualizada, Rio de Janeiro, Renovar, 1993, pp. 181-185. Ver também item 5.2.3 *infra*, em que é comentado um acórdão do Supremo Tribunal Federal, proferido no julgamento de um mandado de injunção.
59. Norberto BOBBIO, O *Positivismo Jurídico: noções de filosofia do direito*, op. cit., p. 77. Caio Mário esclarece inclusive que o

3.3.2 A Escola da Exegese

A chamada Escola da Exegese, corrente representativa do positivismo jurídico francês, considerava o Código de Napoleão um documento completo, capaz de solucionar quaisquer casos, presentes ou futuros, por meio de normas genéricas e abstratas. Esta escola de pensamento acabou por consolidar o pensamento lógico-dedutivo no campo do direito.

A Escola da Exegese representa a concretização do projeto jusracionalista, pois foi a mais completa tradução de um modelo acrítico de ciência do direito, formulado em torno de uma visão estatalista do fenômeno jurídico, referenciada no direito codificado. Este direito centrado exclusivamente na interpretação do Código de Napoleão representou o afastamento do direito costumeiro e do direito comum europeu, que permaneceram vivos apenas naquilo em que foram transpostos para os artigos da codificação francesa.

O Código foi exatamente a realização da utopia racionalista no campo do direito, justamente porque passou a ser encarado como o repositório de todas as normas aplicáveis no direito civil francês, unificando normativamente o Estado, ao pôr fim à dicotomia entre direito costumeiro no

---

Código Civil unificou o direito francês, ao revogar, expressamente, em seu art. 7º, as leis romanas, as ordenações, os costumes gerais ou locais, os estatutos e os regulamentos, consolidando um sistema normativo, que gravitava exclusivamente em torno das disposições contidas no Código. Caio Mário da Silva PEREIRA, *Código Napoleão, in: Revista do Instituto dos Advogados Brasileiros*, Anos XXIV e XXV, n. 75, 76, 77 e 78, pp. 14-15.

norte e direito positivo no sul da França.⁶⁰ Ao mesmo tempo, permitiu que a isonomia fosse um princípio capital desse modelo de Estado, extirpando da ordem jurídica os privilégios característicos do direito costumeiro.⁶¹

Norberto Bobbio⁶² sintetiza em cinco pontos as causas que determinaram o surgimento e expansão da Escola da Exegese.

O primeiro deles é a *codificação* em si, que representou inclusive um atalho para o aplicador do direito. Ao invés de buscar nos costumes, na jurisprudência, no direito romano ou em outra fonte qualquer a base para a resolução de conflitos, o jurista precisava apenas lançar mão daquele todo organizado por temas e presumidamente completo, para solucionar problemas jurídicos.

O segundo aspecto está relacionado ao apego dos juristas ao *princípio de autoridade* e à *vontade do legislador.*⁶³ Esse estatalismo foi bastante característico do pensamento jurídico francês do século XIX. Se havia um Código, oriundo de um Poder constitucionalmente dotado de competência para criar o direito e capaz de disciplinar todas as condutas, por meio de normas dotadas de generalidade e abstração, seria absolutamente desnecessário perder-se tempo

---

60. No sul da França existiam os chamados *pays de droit écrit*, nos quais prevalecia a influência do direito romano; enquanto ao norte, nos denominados *pays des costumes*, vigorava um modelo jurídico costumeiro, próximo de um direito germânico romanizado, a partir dos séculos XII e XIII. Caio Mário da Silva PEREIRA, *op. cit.*, p. 12.
61. António Manuel HESPANHA, *op. cit.*, p. 180.
62. Norberto BOBBIO, O *Positivismo Jurídico: noções de filosofia do direito, op. cit.*, pp. 78-83.
63. António Manuel HESPANHA, *op. cit.*, p. 178.

buscando novos instrumentos normativos de confiabilidade discutível.

O terceiro ponto destacado por Bobbio[64] vincula-se ao princípio da *separação de poderes*. A "sacralização" dos códigos justificava-se exatamente porque não competia ao juiz criar o direito e sim ao legislador, que detinha competência constitucional privativa para a realização desta tarefa. Assim, tornava-se mais fácil fundamentar a redução do papel do juiz ao de um mero aplicador de normas preestabelecidas.

Em quarto lugar, o *princípio da certeza do direito* constitui também um dos sustentáculos do método trazido pela Escola da Exegese. Este princípio guarda íntima relação com o próprio conceito de legalidade, pois tem como pressuposto o fato de que uma ordem jurídica deve ter clareza nas suas normas, de modo que sejam prévia e precisamente conhecidos os seus fundamentos. O direito codificado responde a tal exigência de maneira plena, pois o seu conjunto normativo é completo e sistematizado, além de serem as suas normas de conteúdo genérico, o que permite a sua aplicação a vários casos diferentes, mas semelhantes entre si.[65] Assim, o apego à literalidade dos textos legais seria um fator de segurança jurídica, pois preservaria a sociedade do arbítrio dos juízes, uma vez que as regras estariam previamente fixadas, cabendo ao julgador apenas aplicá-las ao caso concreto, lançando mão do chamado silogismo normativo. Este último teria a norma positivada como premissa maior, o fato como premissa menor, e da perfeita adequação entre os dois derivaria a solução.

---

64. Norberto BOBBIO, O *Positivismo Jurídico: noções de filosofia do direito*, op. cit., p. 75.
65. António Manuel HESPANHA, *op. cit.*, pp. 177-178.

O discurso sobre a segurança jurídica passa inclusive a ser um dos pontos fortes do positivismo jurídico. A restrição da atividade criadora dos juízes é a garantia da estabilidade das instituições. Se o juiz não pode "inovar" em relação ao que foi disciplinado pelo legislador, naturalmente serão mais homogêneas as decisões dos tribunais e esta coerência redundará no fortalecimento da própria atividade judicial e do Estado a que ela serve.

O último ponto identificado por Bobbio[66] para o fortalecimento da concepção exegética sobre o direito é de natureza política e está ligado às *pressões do regime napoleônico* sobre as escolas de direito. O ensino do direito na França do século XIX deveria ser direcionado para o direito positivo, sendo deixadas de lado as discussões do jusnaturalismo e da teoria do direito. Assim, o estudo do direito civil passou a ser o estudo do Código de Napoleão, o que fez com que gerações inteiras de juristas tivessem pleno conhecimento do direito francês e dos conceitos nele contidos, sem que fossem capazes de explicar a sua origem e seus fundamentos morais ou históricos.

A Escola da Exegese recebeu tal denominação precisamente porque o método de estudo por ela adotado foi o de reproduzir o esquema temático do codificador e realizar comentários ao Código, artigo por artigo. Este procedimento é análogo ao adotado pelos glosadores da Universidade de Bolonha no estudo das compilações justinianéias.[67]

---

66. Norberto BOBBIO, O *Positivismo Jurídico: noções de filosofia do direito, op. cit.*, p. 81.
67. Ver item 1.3.2 *supra*. Caio Mário da Silva PEREIRA, *op. cit.*, p. 15.

Bobbio[68] também elenca aquelas que seriam as características fundamentais da Escola da Exegese.

Primeiramente, esta Escola fez uma inversão da relação tradicional entre direito positivo e direito natural. Este último, que fora uma referência indispensável para a interpretação do direito positivado na Antigüidade grega e romana e até mesmo no jusracionalismo do século XVIII,[69] foi colocado em segundo plano pela Escola da Exegese, tendo sido dado grande destaque às normas jurídicas positivas criadas pelo Estado, que passaram a ser tidas como comandos dotados de racionalidade intrínseca. Em verdade, para a exegética, a relevância jurídica da idéia de direito natural estava condicionada à sua consagração pelas normas do direito positivo.[70]

Até mesmo a função integradora de lacunas no direito positivo, tradicionalmente atribuída às regras do direito natural, foi colocada em questão pelos juristas franceses do século XIX. A interpretação dada ao art. 4º do Código de Napoleão, supratranscrito, não contemplava a possibilidade de que viesse o juiz a solucionar eventuais lacunas com base em regras de direito natural, devendo ele buscar na própria norma positiva a solução para o caso. Daí deriva exatamente o dogma positivista da completude do direito positivo.[71]

Outra característica da Escola da Exegese está ligada à sua concepção *rigidamente estatal do direito*. Este estata-

---

68. Norberto BOBBIO, O *Positivismo Jurídico: noções de filosofia do direito*, op. cit., pp. 84-89.
69. Ver itens 3.1 e 3.2 *supra*.
70. António Manuel HESPANHA, op. cit., p. 177.
71. Norberto BOBBIO, O *Positivismo Jurídico: noções de filosofia do direito*, op. cit., p. 86.

lismo na criação das normas jurídicas não deixa também de ser uma séria inversão no modo de pensar dos juristas ocidentais, muito embora a relação aqui não se dê com o direito natural. Esta é uma conseqüência extrema do conceito jurídico de soberania.[72] Só são jurídicas as regras oriundas do Estado ou as por ele reconhecidas. Apesar de ser este um princípio basilar dos Estados modernos, na prática, o direito privado das monarquias européias recepcionava normas de caráter costumeiro, de direito local, além de opiniões doutrinárias.

Com a Revolução Francesa e os seus reflexos no pensamento jurídico, a criação da lei passou a ser atribuição exclusiva do Poder Legislativo e apenas as manifestações dele originadas passaram a ser consideradas como dotadas de normatividade. Assim, o direito deixou de ter a sua gênese vinculada à solução de problemas, como historicamente ocorria, para ser uma afirmação do poder político do Estado.

Dessa noção de auto-suficiência do direito positivo deriva outra característica fundamental para a concepção jurídica da Escola da Exegese: a de que era necessário interpretar a lei da forma mais fiel possível à *vontade do legislador*. Partindo-se da premissa de que ao aplicador cabia apenas utilizar-se das normas integrantes do direito positivo, tornava-se necessário desenvolver algum recurso de natureza técnica, quepossibilitasse oferecer soluções para aqueles casos não disciplinados pelas normas jurídicas cria-

---

72. Neste ponto, é clara a influência do pensamento de Thomas Hobbes, muito embora Bobbio ressalve não poder ele ser considerado um positivista, na acepção precisa da palavra, por reconhecer a existência de um direito natural, que serve de base para a lei civil. Norberto BOBBIO, *Thomas Hobbes, op. cit.*, p. 147.

das pelo Estado. Surgiu, então, a idéia de que, a partir do estudo dos trabalhos de preparação da lei e de uma inserção da disposição legislativa no contexto maior do ordenamento (interpretação lógico-sistemática), seria possível depreender a *vontade presumida* do legislador, no momento em que foi criada a lei. Essa é a base da denominada concepção *subjetiva* da interpretação do direito, que tem como alvo a vontade do legislador histórico.[73] Em oposição a ela, surgiu, na segunda metade do século XIX, a concepção que encara a lei como ente dotado de vida própria, denominada *objetiva*, que tem como objetivo apurar a finalidade presente da lei (*mens legis*) e não mais a finalidade de seu criador, no momento em que ela foi instituída (*mens legislatoris*).[74]

A Escola da Exegese é também marcada pelo *culto do texto da lei*, que nada mais vem a ser do que uma herança da abordagem do direito romano utilizada pela dogmática jurídica medieval, que tem a sua consagração nas máximas de que "a lei não contém palavras inúteis" e de que "em sendo a lei clara, não cabe interpretá-la".[75]

Por último, Bobbio[76] identifica o *respeito pelo princípio de autoridade* como um traço marcante da Escola da Exe-

---

73. António Manuel HESPANHA, *op. cit.*, p. 178.
74. Norberto BOBBIO, *O Positivismo Jurídico: noções de filosofia do direito, op. cit.*, pp. 87-88. Sobre a teoria objetiva da interpretação na Alemanha, ver Karl LARENZ, *Metodologia da Ciência do Direito*, tradução de José Lamego, 2. ed. Lisboa, Calouste Gulbenkian, 1986 (orig. 1983), pp. 35-39.
75. Sobre o culto dos juristas medievais aos textos do direito romano, como expressão de uma razão escrita, ver item 1.3 *supra*.
76. Norberto BOBBIO, *O Positivismo Jurídico: noções de filosofia do direito, op. cit.*, pp. 88-89.

gese, que nesse ponto estava em sintonia com umaexpressiva tendência da cultura jurídica ocidental. A grande diferença entre a visão dos juristas do século XIX e a dos de outras épocas foi a de que os primeiros passaram a cultuar a figura do *legislador* como um ente ideal, despido de historicidade, quase um sinônimo estatizado do conceito de razão; enquanto os últimos divinizavam o *Corpus Iuris Civilis*, a glosa acursiana, o comentário bartolista ou a opinião comum dos doutores; todas elas, manifestações normativas desvinculadas de um poder estatal.[77]

Pelo que se pôde observar, as mudanças ocorridas no pensamento jurídico francês a partir da Revolução de 1789, e que culminaram na codificação do direito e no surgimento da Escola da Exegese, marcaram profundamente o modo de pensar dos juristas no Ocidente. Estes passaram a ter como referência de sua atuação não mais a resolução de casos, mas um verdadeiro enquadramento desses casos em um rígido modelo normativo sistemático-formal, despido de nexos históricos ou morais e orientado pela afirmação do poder do Estado.

Muito embora as conseqüências em termos de pensamento jurídico ocidental tenham sido semelhantes, a tradição do positivismo jurídico alemão seguiu caminho um pouco diverso do francês, conforme ter-se-á oportunidade de debater no item seguinte.

3.4 O *pandectismo* alemão e o sistema de conceitos jurídicos

Deve-se de início destacar que o pensamento jurídico alemão do século XIX fugiu do ímpeto racionalizante do

---

77. Ver Capítulo 1 *supra*.

direito francês, devido à resistência da chamada Escola Histórica alemã, capitaneada por Savigny e que teve em Gustav Hugo um de seus destaques.[78] Apesar dessa resistência inicial, o programa do positivismo jurídico penetrou no direito alemão, que se curvou aos esquemas sistemáticos e formais, de inspiração jusracionalista. Surgiu, então, o denominado *pandectismo* alemão, que partiu da herança romanística preservada pela Escola Histórica, a fim de montar um sistema conceitual bastante próximo daquele padrão axiomático característico do pensamento racionalista.

---

78. A relação traçada nesta obra entre uma visão estatalista do direito e o desenvolvimento do positivismo jurídico francês pode ser associada também às dificuldades de penetração do paradigma racionalista do direito na Alemanha do início do século XIX. Em verdade, o Estado nacional alemão veio a se formar apenas na segunda metade do século, o que justificou, em parte, a demora na edição de um código civil alemão, o que veio a ocorrer apenas em 1896. Ressalte-se, ainda, a existência de um certo apego dos juristas alemães do século XIX a uma tradição de direito costumeiro romanizado, que explica a resistência à mera importação de um padrão francês de codificação. A Escola Histórica buscou no *espírito do povo* (*volksgeist*) a afirmação da tradição jurídica germânica, contra a invasão de um cultura alienígena. Para um maior aprofundamento sobre a Escola Histórica alemã, ver Franz WIEACKER, *op. cit.*, pp. 430-475; Karl LARENZ, *op. cit.*, pp. 9-18; Gustav RADBRUCH, *op. cit.*, pp. 64-67; Tércio Sampaio FERRAZ JÚNIOR, *A Ciência do Direito, op. cit.*, pp. 27-30. Sobre o debate do início do século XIX, em torno da codificação do direito alemão, ver a coletânea de Jacques STERN, *Thibaut y Savigny – La Codificación: una controversia programatica basada en sus obras*, Madrid, Aguilar, 1970; que inclui os textos de Thibaut (*Sobre la Necessidad de un Derecho Civil General para Alemania*) e de Savigny (*De la Vocación de Nuestra Época para la Legislación y la Ciencia del Derecho*), ambos de 1814.

Enquanto a Escola da Exegese desenvolveu toda a sua atividade intelectual em torno do direito positivo criado pelo Estado, o *pandectismo* partiu dos conceitos jurídicos formulados pelos juristas alemães do século XIX, a partir do estudo das instituições do direito romano.[79]

Pode-se dizer que a base dos estudos do pandectismo (instituições do direito romano) era diversa daquela da Escola da Exegese francesa (codificações), mas que ao final a metodologia adotada por ambas era a consagração de um enfoque do direito lógico-dedutivo, despido de referenciais históricos e sociais.

O papel privilegiado dos conceitos jurídicos foi orientador do pensamento jurídico alemão, ao longo de praticamente todo o século XIX. Por um lado, porque inexistiu um Estado alemão propriamente dito, até a segunda metade do século, e por outro, porque somente foi adotada a codificação do direito civil na Alemanha no final do século XIX (1896).

A principal distinção entre os juristas franceses e os alemães do século XIX reside no fato de que os últimos não sacralizaram o direito estatal, mantendo-se fiéis às fontes da tradição de um direito germânico romanizado, apesar de haverem flagrantemente adotado um padrão racionalista de trato com a matéria jurídica.[80] Assim como a Escola da Exegese, a pandectística alemã considerava a ordem jurídica como um sistema fechado de normas, independente das relações sociais por elas disciplinadas. Os conceitos jurídi-

---

79. Exatamente daí deriva a expressão *pandectismo*, pois *pandectas* era a denominação do Digesto em grego. Silvio A. B. MEIRA, *História e Fontes do Direito Romano*, São Paulo, Saraiva, 1966, p. 185.
80. António Manuel HESPANHA, *op. cit.*, p. 189.

cos seriam, então, pressupostos de natureza lógica para a solução de questões jurídicas, a partir de silogismos normativos.[81]

Imaginavam os juristas do pandectismo que o refinamento teórico e a perfeição doutrinária de conceitos como o de sujeito de direito, de relação jurídica, de direito subjetivo etc. seriam capazes de gerar um sistema completo, apto a solucionar qualquer tipo de problema jurídico.[82] Tais conceitos seriam dotados de generalidade e abstração, assim como o direito codificado da Escola da Exegese, com a diferença de que a sua gênese era doutrinária e não legislativa.

A própria noção de um sistema normativo completo aproxima o positivismo jurídico na França e na Alemanha. Tanto um como o outro partem da idéia de que o direito forma um sistema fechado de conceitos (de leis, no caso francês), construído a partir de um processo bastante peculiar. O ordenamento jurídico vai sendo edificado com base na depuração conceitual do direito, e uma vez formado este arcabouço conceitual, o processo de aplicação do direito passa a ser uma mera operação lógico-dedutiva, baseada em conceitos preexistentes. Wieacker[83] compara o juiz a um "autômato da subsunção" neste sistema, pois não tem ele nenhuma capacidade de criar direito novo em caso de lacunas no ordenamento, mas apenas de revelar uma solução contida de forma implícita no sistema.

---

81. Franz WIEACKER, *op. cit.*, p. 494. António Manuel HESPANHA, *op. cit.*, p. 191. Sobre silogismo normativo, ver item 2.2.2.2.1 *supra*.
82. António Manuel HESPANHA, *op. cit.*, p. 192.
83. Franz WIEACKER, *op. cit.*, p. 498.

Também quanto ao processo de formação dos juristas, havia evidente identidade entre o tipo de doutrinação adotada pela Escola da Exegese e aquela do pandectismo alemão. Wieacker[84] descreve o padrão de ensino do direito na Alemanha do século XIX como sendo baseado em um estrito treino conceitual nos primeiros anos do curso, para somente em um segundo momento compreender um contato com questões de ordem prática. Mesmo assim, os enfoques adotados academicamente eram orientados por um rígido processo silogístico, baseado em conceitos jurídicos e não em um estudo de casos controvertidos. Wieacker[85] reconhece a extrema rigidez desse processo de formação de juristas, mas ao mesmo tempo destaca que a sua sólida formação intelectual fez com que tais profissionais e a própria ciência do direito contassem com grande prestígio ao longo de todo o século XIX na Alemanha.

Ocorre que os paradigmas fundantes da civilística alemã sofreram forte impacto das aceleradas mudanças ocorridas sobretudo na segunda metade do século XIX e que findaram por gerar uma crise daquele padrão de ciência do direito, que estava inegavelmente ligada ao projeto do Estado liberal.

3.5 A Teoria Pura do Direito de Hans Kelsen

O extremo da sistematicidade lógico-formal aplicada ao direito está presente na Teoria Pura do Direito do austríaco Hans Kelsen.[86] Pretendeu tal autor resgatar o projeto

---

[84]. Franz WIEACKER, *op. cit.*, p. 500.
[85]. Franz WIEACKER, *op. cit.*, p. 500.
[86]. António Manuel HESPANHA, *op. cit.*, p. 193. Miguel REALE, *Filosofia do Direito, op. cit.*, pp. 456-457.

do positivismo jurídico do século XIX, profundamente abalado pelas inúmeras críticas sofridas na passagem do século XIX para o século XX, sobretudo pelas chamadas escolas *sociológicas do direito* e pelo *direito livre*.[87]

De forma geral, Kelsen[88] pretendeu criar parâmetros próprios para o estudo da ciência do direito, distintos daqueles utilizados pelas ciências naturais e exatas, mas ao mesmo tempo diferenciados dos utilizados pelas ciências sociais e humanas. Para Kelsen,[89] a ciência do direito deveria ter como objeto de estudo as normas, vistas no contexto mais amplo do ordenamento jurídico. O processo de "purificação" do estudo do direito passava pelo afastamento da discussão da ciência do direito de todos os debates de

---

87. Em linhas gerais, as referidas escolas passaram a encarar o fenômeno jurídico sob o prisma do fato, colocando a lei em papel secundário no processo de construção do direito. O direito livre partiu da idéia de que a decisão judicial não expressa apenas a aplicação de uma lei previamente existente, mas uma verdadeira manifestação de vontade do julgador, que poderia até suplantar o texto legal, caso fosse necessário em determinada situação. Já as concepções sociológicas a respeito do direito viam na sociologia do direito a única forma aceitável de ciência jurídica, uma vez que o direito como fenômeno normativo não atendia aos requisitos de cientificidade necessários. A sociologia do direito não restringe o seu estudo às palavras, mas alcança os fatos subjacentes ao direito, por meio de um método de observação da realidade. De forma aprofundada, ver Karl LARENZ, *op. cit.*, pp. 69-81; António Manuel HESPANHA, *op. cit.*, pp. 200-218.

88. Hans KELSEN, *Teoria Pura do Direito*, tradução de João Baptista Machado, revista por Silvana Vieira, 2. ed. bras., São Paulo, Martins Fontes, 1987 (original: 1934 (1. ed.); 1960 (2. ed.)), p. 1. António Manuel HESPANHA, *op. cit.*, p. 194.

89. Hans KELSEN, *Teoria Pura do Direito, op. cit.*, p. 1.

natureza moral ou fática.[90] O rigor científico exigia que o ordenamento jurídico fosse enfocado sob o seu prisma estrutural, de forma que a teoria do direito desenvolvida por Kelsen fosse aplicável a qualquer tipo de sistema jurídico.

Kelsen[91] deu uma ênfase toda especial ao conteúdo de autoridade inerente ao direito, reforçando aquela que já era uma bandeira do positivismo jurídico do século XIX. Todavia, ele foi capaz de montar uma estrutura hierarquizada do ordenamento, que seria uma espécie de antídoto contra os problemas metodológicos experimentados pelas correntes formalistas do século XIX.

No pensamento de Hans Kelsen,[92] a unidade do ordenamento jurídico era assegurada pela chamada *norma fundamental*, que funcionava como um pressuposto de validade para todas as demais normas integrantes do ordenamento jurídico. Essa norma fundamental não era uma norma jurídica em sentido estrito, mas uma máxima orientadora de toda a produção normativa do sistema, o qual tinha na Constituição o seu primeiro documento jurídico-formal, fundante de todas as demais normas integrantes do ordenamento jurídico.

A proposta kelseniana representou a mais perfeita tradução de um pensamento lógico-dedutivo aplicado ao direito, uma vez que, segundo sua concepção, cada norma retiraria a sua validade daquela que lhe fosse imediatamente superior. A essa estrutura hierarquizada tem-se atribuí-

---

90. António Manuel HESPANHA, *op. cit.*, p. 194. Miguel REALE, *Filosofia do Direito, op. cit.*, p. 455.
91. Hans KELSEN, *Teoria Pura do Direito, op. cit.*, p. 206.
92. Hans KELSEN, *Teoria Pura do Direito, op. cit.*, p. 207. António Manuel HESPANHA, *op. cit.*, p. 195. Miguel REALE, *Filosofia do Direito, op. cit.*, p. 457.

do a denominação de *pirâmide de Kelsen*, exatamente porque a estrutura do ordenamento partiria de conteúdos genéricos contidos na norma fundamental e deles seriam deduzidos conceitos e normas, e conceitos de caráter mais específico.[93]

A hierarquia do ordenamento jurídico era um resultado da maior autoridade das normas junto ao topo da "pirâmide", cujas diretrizes seriam condicionantes dos conteúdos das normas mais próximas da base. Com isso, Kelsen foi capaz de afastar toda uma discussão sobre valores na ciência do direito, consagrando também uma visão rigorosamente estatalista do direito. As normas jurídicas tinham validade não por serem justas ou compatíveis com determinados costumes e sim por serem reconhecidas pelo Estado como normas válidas. Kelsen escapou de um debate tradicional no Ocidente, acerca do papel dos valores no direito, ao defender que a verdadeira ciência do direito não deveria se debruçar sobre esse tipo de questão, que estaria limitada ao campo da filosofia do direito, da sociologia do direito etc. A verdadeira Ciência das normas seria "pura", não influenciada, portanto, por outros campos do saber. A "contaminação" da ciência do direito teria, segundo Kelsen,[94] sido inclusive a responsável pelos desencontros por ela experimentados na virada do século XIX para o século XX.

Para Kelsen,[95] o direito seria uma ciência do *dever-ser* (*sollen*), regida pelo princípio de *imputação*, não fazendo parte do rol das ciências do *ser* (*sein*), que são orientadas

---

93. Karl LARENZ, *op. cit.*, pp. 87-88.
94. Hans KELSEN, *Teoria Pura do Direito*, *op. cit.*, p. 1.
95. Hans KELSEN, *Teoria Pura do Direito*, *op. cit.*, pp. 85-92. Miguel REALE, *Filosofia do Direito*, *op. cit.*, p. 459.

por critérios de *causalidade*. Em sendo assim, não seriam aplicáveis ao direito os paradigmas das ciências naturais, derivados da experimentação e fundados na relação de causa e efeito necessária entre fenômenos. O direito teria na autoridade de quem elabora as normas a sua base, o que explica o fato de que certas condutas, que são consideradas lícitas em determinada sociedade, podem ser até criminosas em outras. Os critérios de imputação são resultado de uma opção política e intelectual, que não deve questionada pelo jurista, uma vez que a preocupação central da ciência do direito limita-se ao estudo da estrutura do ordenamento jurídico. A teoria pura do direito criou uma concepção absolutamente amoral da ciência do direito, cujo sustentáculo estava exatamente na proposta de desenvolvimento de uma teoria do ordenamento jurídico dotada de extremo rigor científico.

Como conseqüência prática, pode-se dizer que Kelsen foi capaz de superar algumas limitações metodológicas do positivismo jurídico do século XIX ao reconhecer a possibilidade de existirem fontes não positivadas do direito. Para Kelsen,[96] desde que fosse admitida pela Constituição do Estado, qualquer fonte de normatividade seria válida (direito costumeiro, direito natural, jurisprudência etc.). Todavia, tudo aquilo que pudesse ter umaparente caráter normativo e que não fosse reconhecido como norma pela autoridade política estatal não fazia parte do ordenamento jurídico e portanto não obrigava.

Acrescente-se que o normativismo jurídico kelseniano também não admitia a possibilidade de existirem lacunas no ordenamento jurídico. Em não havendo norma específica sobre determinado assunto, deveria prevalecer a regra

---

[96] Hans KELSEN, *Teoria Pura do Direito*, op. cit., pp. 240-241.

geral de que aquilo que não é vedado pela lei é permitido. Para ele, as denominadas lacunas no ordenamento nada mais seriam do que normas permissivas implícitas.[97]

A "pureza" da ciência do direito concebida por Hans Kelsen foi a tentativa mais elaborada de concretização, no mundo jurídico, do projeto do jusracionalismo moderno, de substituição de um raciocínio jurídico fundado em problemas, característico do direito até a Baixa Idade Média, por um enfoque centrado na existência de um sistema axiomático, referenciado na figura do Estado. Ocorre que toda essa sistematização e racionalização do direito, desvinculada de referenciais históricos ou valorativos, foi objeto de profundos questionamentos, sobretudo após o final da Segunda Guerra Mundial, quando o próprio papel do direito na sociedade foi repensado. A cultura ocidental voltava à mesma pergunta que já se faziam os gregos na Antigüidade: qual é a finalidade do direito? Agora era importante saber se o direito, antes de ser um instrumento de garantia do poder do Estado, não seria principalmente um mecanismo de realização de justiça e de harmonização das relações sociais.

Tais perguntas não eram satisfatoriamente respondidas por diferentes construções teóricas sobre o direito, desenvolvidas a partir da Idade Moderna, que demonstraram extrema competência em catalogar e tipificar os institutos jurídicos, mas foram incapazes de preservar os seus vínculos históricos e valorativos, criando sérios problemas de natureza metodológica, que serão debatidos no próximo item.

---

[97] Hans KELSEN, *Teoria Pura do Direito*, op. cit., p. 263.

3.6 Problemas metodológicos derivados do declínio da tópica

O fenômeno moderno da superação do raciocínio tópico no direito, por um raciocínio lógico-dedutivo, redundou no surgimento de alguns problemas de ordem metodológica. Inicialmente, a concepção sistemática moderna partia de uma estruturação lógico-formal das normas jurídicas, orientada por certos pressupostos de coerência e completude do sistema normativo. Os sistemas de perfil axiomático têm como base exatamente a absoluta coerência entre os elementos que os formam. Em se tratando de um sistema de normas jurídicas, a estrutura hierárquica seria o elemento garantidor de tal coerência interna, pois as normas hierarquicamente superiores prevaleceriam em relação às normas situadas nos níveis mais baixos da estrutura do ordenamento jurídico. Ocorre, entretanto, que essa garantia hierárquica de coerência nem sempre é verificada. Inúmeros são os casos de normas inferiores que conflitam com normas superiores e que permanecem sendo aplicadas, uma vez que o sistema opera com a presunção de validade das normas, a qual só pode ser oposta por meio de mecanismos juridicamente previstos de controle de constitucionalidade.[98]

---

98. Isto corresponde a dizer que o sistema normativo convive, na prática, com normas que não se harmonizam com as demais normas nele vigentes, mas apresentam caráter obrigatório, enquanto não declarada a sua inconstitucionalidade/ilegalidade pelo órgão constitucionalmente dotado de competência para suspender os seus efeitos jurídicos. Esta constitui uma séria limitação para uma coerência normativa do ordenamento essencialmente fundada na disposição hierárquica das normas.

A mera possibilidade de existirem normas jurídicas incompatíveis vigorando no mesmo ordenamento já é capaz de demonstrar a impossibilidade de aplicação ao direito dos parâmetros de uma lógica formal. É inegável a existência de mecanismos voltados a garantir a coerência dos sistemas normativos, mas a sua eficácia deriva de certos pressupostos fáticos, que escapam dos padrões de racionalidade que orientam a matemática, por exemplo, e que foram durante muito tempo indevidamente aplicados ao direito.[99]

Acrescente-se que a própria pretensão de criar um sistema normativo completo a partir de códigos teve que ceder ao fato de que a capacidade do legislador de prever condutas futuras é limitada, e nesse caso a dogmática jurídica finda por ter que lançar mão de procedimentos hermenêuticos que a civilística do início do século XIX sonhou um dia ver banidos, como a analogia, os costumes e os princípios gerais de direito. Caso se estivesse falando de uma lógica formal aplicável ao direito, seria inadmissível o recurso a tais mecanismos de natureza "técnica". Hespanha[100] destaca, inclusive, que em períodos de grande projeção de uma concepção positivista do direito, o prestígio das normas jurídicas postas é tão grande, que a sua pura e simples derrogação torna-se impossível, mesmo quando as disposições nelas contidas definitivamente não atendem às necessidades sociais do momento em que são aplicadas. Nestas situações, a doutrina recorre a expedientes de natureza técnica para alterar o sentido da norma, como se estivesse apenas interpretando-a. Esta prática identifica-se

---

99. Sobre a inaplicabilidade de uma visão sistêmica puramente formal ao direito, ver item 2.2.2.2.1 *supra*.
100. António Manuel HESPANHA, *op. cit.*, pp. 111-112.

com a *ars inveniendi* dos primeiros estudiosos do direito romano no século XII, só que sob o manto dos procedimentos de interpretação da lei.

Se considerado como um sistema lógico-formal, o direito somente poderia tolerar modificações ocorridas pela via legislativa. Na prática, não é isso o que se observa. Os tribunais desempenham relevante papel na construção do sentido das normas jurídicas, a partir do exame dos casos concretos, daí derivando inclusive o prestígio da jurisprudência no meio jurídico, como argumento de autoridade para os litigantes em processos judiciais e como referencial decisório dos juízes de graus inferiores.[101]

Viehweg[102] destaca um outro problema metodológico muito sério, advindo de uma sistematização axiomática do direito, que está ligado exatamente à origem tópica dos institutos do direito privado. Ao se pretender enclausurar as instituições de direito privado no universo limitado das codificações e sistemas conceituais do século XIX, rompeu-se com toda uma tradição tópica do direito privado ocidental, presente na jurisprudência romana e nos comentários e glosas medievais. A tentativa malsucedida de banir os valores e costumes da discussão jurídica representou a negação de toda uma prática jurídica consolidada durante séculos no Ocidente. Ao aprisionarem as instituições do direito privado em conceitos abstratos ou em artigos de lei interpretados de forma rígida, os juristas do século XIX pretenderam limitar o papel tradicional do aplicador do direito, no processo de construção da normatividade do ordenamento jurídico.

---

101. Ver item 2.2.2.2.2 *supra* e 5.2.2 *infra*.
102. Ver item 4.1 *infra*.

O projeto do positivismo jurídico francês, de limitação absoluta do papel criador dos tribunais por meio de uma rígida aplicação do princípio da separação de poderes, representou um impacto sensível na cultura jurídica ocidental, que teve sempre na prática dos tribunais um manancial de novos institutos jurídicos. Os processos de interpretação e integração, cujos fundamentos estão exatamente no pensamento antigo e medieval,[103] passaram a ser a única forma de justificar uma atitude criadora por parte dos juízes e, ao mesmo tempo, de preservar o monopólio da criação das normas jurídicas pelo Poder Legislativo. Em realidade, a "tolerância" a tais procedimentos hermenêuticos nada mais traduziu do que o fracasso da tentativa de restringir as modificações no direito ao processo legislativo e uma concessão à "irracionalidade" dos raciocínios de natureza tópica, que caracterizavam a cultura jurídica pré-moderna.

A par da influência racionalista no direito, o declínio do raciocínio tópico decorreu também de uma espécie de estatalismo jurídico, bastante característico da Era Moderna. A afirmação da soberania do Estado fez com que as instâncias políticas adotassem uma postura ativa na criação das normas no direito privado e não mais apenas a prática da oficialização de regras que se formavam de modo costumeiro (tópico, portanto).[104]

Em função disso, pode-se afirmar que esta conversão metodológica no campo do direito, a partir da Idade

---

103. Ver itens 1.5.1 e 1.5.2 *supra*.

104. Para verificar como se deu o processo de compilação do direito costumeiro, a partir da Baixa Idade Média, nos diferentes locais da Europa, ver John GILISSEN, *op. cit.*, pp. 264-280.

Moderna, respondeu muito mais a necessidades de ordem política do que propriamente a uma insuficiência ou inadequação da forma de pensar dos juristas até a Idade Média.

O pensamento jurídico moderno e, de forma mais evidente, o positivismo jurídico do século XIX realizaram uma inversão do modo de pensar dos juristas ocidentais, que passaram a partir de conceitos jurídicos previamente estabelecidos para solucionar problemas, e não mais da solução dos próprios problemas para a formulação de conceitos jurídicos. Tal mudança teve reflexos consideráveis na própria formação dos juristas. Com o banimento do método escolástico de estudo do direito, declinaram também o estudo da dialética e do próprio direito romano. Os juristas passaram a ter no conceito jurídico ou na lei o centro de suas investigações, mas agora totalmente despidos de vínculos histórico-culturais. Tornaram-se grandes conhecedores de institutos jurídicos, mas muitas vezes ignorando as próprias causas de sua existência.

Todavia, as concepções sistemáticas sobre o direito têm um mérito inegável, que é precisamente o de reconhecer a função do Estado na construção da ordem jurídica. Este inclusive parece ser um caminho sem retorno na teoria do direito, de vez que nos parece hoje quase impossível debater-se a questão normativa sem a adoção de um referencial sistemático.[105]

Acrescente-se que o debate jurídico do final do século XIX acabou por gerar uma certa insegurança, pois oscilou entre as tendências abstratas e sistematizantes das correntes do positivismo jurídico e as abordagens eminentemente

---

105. Ver itens 4.4.1 e 4.4.2 *infra*.

contextuais da jurisprudência sociológica e da jurisprudência de interesses. Para Viehweg,[106] a contribuição destas últimas escolas de pensamento foi exatamente a de identificar a função social dos conceitos jurídicos nos conflitos de interesse. De sua postura intelectual resultou uma recuperação do papel histórico-social dos conceitos existentes no direito. Todavia, essa contextualização dos conceitos jurídicos implicou um pluralismo axiológico, que findou por comprometer a rígida estrutura axiomática de direito moderno. Se é possível vislumbrar uma função social para um conceito jurídico, se está admitindo que tal conceito possui um conteúdo mutável, de acordo com o momento e a sociedade à qual é aplicado. Esta conclusão colocou em questão o próprio caráter lógico-dedutivo dos sistemas de direito da modernidade, criando um verdadeiro impasse no campo do pensamento jurídico.

Essa encruzilhada do final do século XIX fez com que alguns buscassem uma reafirmação do projeto lógico-dedutivo no direito,[107] de forma a preservar a sistematicidade do ordenamento jurídico, enquanto outros pretenderam pensar em uma "argumentação jurídica ampliativa dialética moderna"[108]

Viehweg[109] descreve, em linhas gerais, esta moderna argumentação dialética, como sendo a referência constante

---

106. Theodor VIEHWEG, Perspectivas Históricas de la Argumentación Jurídica: la Epoca Moderna, *op. cit.*, p. 158.
107. Ver item 3.5 *supra*, sobre a Teoria Pura do Direito de Hans Kelsen.
108. Theodor VIEHWEG, Perspectivas Históricas de la Argumentación Jurídica: la Epoca Moderna, *op. cit.*, p. 158.
109. Theodor VIEHWEG, Perspectivas Históricas de la Argumentación Jurídica: la Epoca Moderna, *op. cit.*, pp. 158-159.

do direito à realidade. De acordo com tal concepção, a tentativa de reunir deduções jurídicas particulares em um sistema dedutivo universal não é algo possível, uma vez que implicaria uma abstração e o conseqüente isolamento das normas jurídicas, em relação aos fatos.

Afirma Viehweg,[110] ainda, que a visão argumentativa do direito tem a grande virtude de oferecer respostas aos questionamentos acerca das origens dos sistemas de direito e ao mesmo tempo estabelecer um vínculo entre lógica e ética (ou entre conceitos e princípios de direito).

Em realidade, a proposta discutida nesta obra é exatamente a de buscar alternativas metodológicas para o direito, que permitam superar um desgastado debate entre positivismo jurídico e jusnaturalismo. Vislumbra-se, exatamente nos enfoques tópicos e argumentativos, uma alternativa possível de harmonização entre a visão sistemática do direito e os valores, sendo este o objeto do capítulo seguinte.

---

110. Theodor VIEHWEG, Perspectivas Históricas de la Argumentación Jurídica: la Epoca Moderna, *op. cit.*, p. 160.

Capítulo 4

Alternativas tópicas para a metodologia do direito

Após uma visão distintiva dos enfoques tópico e sistemático a respeito do direito, mostra-se importante demonstrar de que forma as abordagens problemáticas podem contribuir para o conhecimento jurídico.

O presente capítulo analisa a proposta de Theodor Viehweg em relação ao direito, aprofundando o debate do item 2.1 *supra*, faz um balanço da vertente argumentativa de estudo do direito, partindo da teoria da argumentação de Chaïm Perelman e, por fim, formula respostas às críticas mais freqüentes daqueles que consideram a tópica algo de difícil aplicação no direito.

4.1 A tópica de Theodor Viehweg aplicada ao direito

Após o debate acerca de algumas características básicas da tópica jurídica de Theodor Viehweg,[1] urge aprofundar

---
1. Ver item 2.1.1.3 *supra*

no presente item algumas discussões e demonstrar a importância por ela adquirida no pensamento jurídico ocidental após a Segunda Guerra Mundial e a sua influência, direta ou indireta, sobre outros estudos posteriormente realizados.

Viehweg[2] descreve as características gerais de um sistema axiomático como estando ligadas à relação entre as proposições, os princípios e os axiomas que o formam, de maneira que as proposições sejam deduzidas dos princípios e dos axiomas e que, ao mesmo tempo, das proposições integrantes de um sistema seja possível depreender o conteúdo dos princípios e axiomas que o fundam. Quando verificada tal conexão, é possível falar de completude dos axiomas. Da mesma forma, tais axiomas não podem ser incompatíveis, para que seja assegurada a coerência do sistema, pois a presença de contradições entre as premissas que fundam o sistema compromete a sua própria existência.

Outro aspecto destacado por Theodor Viehweg[3] é a independência dos axiomas formadores do sistema, que não podem ser fundados em outros axiomas, mas apenas servir de base para as proposições que dele fazer parte, a partir de um procedimento lógico-dedutivo. Aplicando-se tal lógica ao direito, ter-se-ia um conjunto de conceitos jurídicos fundamentais, que fariam o papel dos axiomas e que serviriam de fundamento para todas as normas integrantes do sistema. Este foi exatamente o projeto da ciência do direito a partir da Idade Moderna, que no entender de Viehweg[4] não chegou a ser concretizado porque, mesmo

---

2. Theodor VIEHWEG, *Tópica e Jurisprudência*, op. cit., p. 76.
3. Theodor VIEHWEG, *Tópica e Jurisprudência*, op. cit., p. 77.
4. Theodor VIEHWEG, *Tópica e Jurisprudência*, op. cit., p. 77.

que em tese fosse admissível um sistema jurídico dessa natureza, é questionável o fato de que seria ele capaz de afastar por completo o raciocínio tópico. A dificuldade reside exatamente na natureza dos axiomas fundantes do sistema jurídico, que é condicionada por a opções políticas, culturais ou ideológicas; o que faz com que o seu conteúdo seja dadopela experiência histórica e não aprioristicamente determinado, como nos sistemas formais, fato que explica a relutância de Viehweg em aceitar a possibilidade de existência de um sistema normativo completamente afastado de influências conjunturais.

Para Enterría,[5] o que se chama de sistema no direito em nada se identifica com uma sistematicidade axiomática e sim com uma conexão entre problemas. Assim, ainda que as soluções de tais problemas forneçam um certo conteúdo de uniformidade ao conjunto normativo, a aporia da justiça permanece intocada.[6] Em se tratando do sistema jurídico, não existem proposições basilares, fundantes de todas as deduções, a exemplo do que se verifica nos sistemas axiomáticos, exatamente porque a solução das questões particulares demanda a introdução de novos conteúdos normativos, em boa parte das vezes despidos de referenciais prévios. Nesses casos, a única referência possível é a dos chamados *catálogos de topoi*,[7] que estão longe de apresentar o rigor e a sistematicidade de uma estrutura lógico-formal, sendo uma consolidação histórica de saberes jurídicos.

---

5. Eduardo García de ENTERRÍA, Reflexiones sobre la Ley y los Principios Generales del Derecho en el Derecho Administrativo, in: *Reflexiones sobre la Ley y los Principios Generales del Derecho*, Madrid, Civitas, 1984, p. 58.
6. Ver item 4.1.1 *infra*.
7. Ver item 2.1.1 *supra*.

Dessa forma, os conceitos e princípios jurídicos têm no problema a sua concretização e a delimitação de seus conteúdos, estando distantes do perfil axiomático dos esquemas formais do cartesianismo.[8]

Uma dificuldade adicional, para o afastamento da tópica no direito, decorre do fato de que os conceitos jurídicos apresentam uma certa indeterminação de conteúdo, diretamente relacionada com a questão da linguagem. O significado de um conceito em direito está vinculado ao tipo de relação estabelecida concretamente e a um processo de transmissão de informações, no qual uma expressão pode ter o seu sentido alterado, o que naturalmente terá conseqüências jurídicas.[9]

O que pretendeu a civilística do século XIX foi exatamente afastar a estrutura conceitual do direito do mundo real, de forma a tornar aplicável o postulado axiomático à matéria jurídica, rompendo com uma tradição tópica de séculos, que remonta à jurisprudência romana e aos juristas medievais.[10] Ocorre que este "isolamento" dos conceitos jurídicos é apenas aparente, pois os sistemas jurídicos estão impregnados de valores diretamente conectados com a realidade. O padrão lógico-dedutivo não é viável em se tratando de direito, justamente porque o direito positivado não preenche os requisitos de completude e coerência típicos de sistemas axiomáticos. Em realidade, o recurso à inter-

---

[8]. Eduardo García de ENTERRÍA, *Reflexiones sobre la Ley y los Principios Generales del Derecho en el Derecho Administrativo*, op. cit., p. 58.

[9]. Theodor VIEHWEG, *Tópica e Jurisprudência*, op. cit., p. 78.

[10]. Sobre as raízes da tradição jurídica ocidental, ver Capítulo 1. Sobre o pensamento jurídico do século XIX, ver itens 3.3 e 3.4 *supra*.

pretação e à integração normativas são o reconhecimento da insuficiência do padrão sistemático de inspiração cartesiana para o fornecimento de uma base metodológica para o direito, exatamente porque são recursos técnicos voltados a uma correção de sentido das normas e à integração de lacunas, respectivamente, utilizados à luz de casos concretos.

Todavia, o resgate do pensamento tópico no direito, proposto por Viehweg, de forma alguma pode ser associado a uma mera substituição do pensamento sistemático pelo modo de pensar tópico. Em realidade, Viehweg propõe uma espécie de "problematização" do sistema jurídico. Assim, a tópica de Viehweg demonstra a necessidade de a ciência do direito retomar o pensamento problemático, de forma a romper com a pretensão conceitualista de montar um sistema fechado, de caráter dedutivo.[11]

Viehweg[12] vê na interpretação um típico instrumento tópico aplicado ao direito. Por meio dos processos interpretativos das normas jurídicas é possível harmonizar diferentes sistemas. Sim, porque Viehweg[13] critica a visão tradicional, fundada na existência de um único sistema jurídico, de perfil lógico-dedutivo. Na prática, o direito tem a sua formação relacionada a uma pluralidade de sistemas que sofrem uma unificação a partir de procedimentos de interpretação, que buscam uma referência principiológica

---

11. Eduardo García de ENTERRÍA, Reflexiones sobre la Ley y los Principios Generales del Derecho en el Derecho Administrativo, *op. cit.*, pp. 56-57.
12. Theodor VIEHWEG, *Tópica e Jurisprudência*, *op. cit.*, p. 80.
13. Theodor VIEHWEG, *Tópica e Jurisprudência*, *op. cit.*, pp. 80-81.

comum a todas as normas que deles fazem parte, dando origem à idéia de unidade sistêmica.

Como já discutido,[14] a interpretação do direito evidencia a existência de raciocínios tópicos que são tolerados pela própria dogmática jurídica. Se assim não fosse, como se poderia justificar a chamada interpretação teleológica da norma jurídica? O exame da finalidade da norma pressupõe uma análise de sua repercussão fática, o que está longe de constituir uma operação lógico-formal, guardando maior proximidade com o que se chama de raciocínio orientado por problemas. A par disso, um recurso interpretativo dessa natureza permite a superação do sentido literal do texto jurídico, procedimento que se mostra absolutamente incompatível com uma sistematicidade exclusivamente de caráter axiomático, que tem como pressuposto a clareza dos símbolos utilizados.[15]

A tópica manifesta-se não somente na interpretação, mas também no processo de aplicação do direito. Nele, a perspectiva estritamente sistêmica encontra vários obstáculos, sobretudo naquelas situações em que o acervo conceitual disponível é insuficiente para oferecer uma solução para o caso concreto. Em tais circunstâncias, o aplicador do direito recorre com freqüência a expedientes genuinamente de natureza tópica.

Como se teve oportunidade de discutir no Capítulo 1 desta obra, as instituições de direito romanas e medievais funcionavam muito mais como uma resposta a novas situações do que propriamente como um arcabouço normativo previamente instituído, supostamente capaz de oferecer

---

14. Ver item 3.6 *supra*.
15. Ver item 2.2.2.2.1 *supra*.

soluções para problemas presentes ou futuros. A inversão da lógica do pensamento jurídico a partir da Idade Moderna, que culminou na adoção de um processo de interpretação que partia do sistema para o problema e não mais do problema para o sistema, implicou a fixação de uma rígida premissa de que as normas integrantes de tal sistema poderiam solucionar qualquer tipo de questão jurídica. Entretanto, a prática do direito veio a demonstrar que, no momento da aplicação das normas, aquela pretendida racionalidade do direito cedia à necessidade de oferecer soluções para novos casos. Tal fato fez com que o estudo dos vínculos tópicos do direito ressurgisse, exatamente porque a matéria jurídica não comporta a adoção de uma lógica de inspiração cartesiana, em conseqüência do próprio objeto do direito, que compreende relações sociais e valores dominantes em determinadas épocas e locais. Justamente no momento da aplicação do direito é que a insuficiência do paradigma lógico-formal torna-se mais evidente, pois nele são confrontados os dados da realidade com os axiomas formadores do sistema jurídico.

O papel da tópica no processo de aplicação é precisamente o de ampliar o acervo conceitual do sistema jurídico, dando origem ao que Viehweg[16] denomina *sistema tópico*, que tem a sua formação a partir de uma constante reformulação e ampliação de conteúdos normativos do sistema. Este seria um típico exemplo de sistema aberto, que tem no trato dos problemas jurídicos um importante fator de incremento de sua normatividade.[17]

---

16. Theodor VIEHWEG, Problemas Sistémicos en la Dogmática Jurídica y en la Investigación Jurídica, *in: Tópica y Filosofia del Derecho, op. cit.*, p. 85.
17. Theodor VIEHWEG, Problemas Sistémicos en la Dogmática Jurídica y en la Investigación Jurídica, *op. cit.*, p. 85.

De acordo com Viehweg,[18] a terceira manifestação da tópica no sistema jurídico ocorre com o uso da "linguagem natural". Enquanto os sistemas lógico-formais são orientados pela precisão dos símbolos utilizados, os sistemas jurídicos seguem exatamente o princípio contrário. A construção do sentido de um texto normativo dificilmente poderá ocorrer de forma dissociada do caso concreto, exatamente porque as expressões da língua apresentam significados variados, que somente poderão ser definidos mais precisamente de maneira tópica.

O pensamento situacional é de grande importância para a tópica, pois o processo de aplicação do direito envolve diferentes atores, que atribuem aos conceitos jurídicos significados determinados, de acordo com as circunstâncias do caso concreto. Uma atividade intelectiva dessa natureza convive necessariamente com imperativos de ordem sistemática, conforme já se teve oportunidade de discutir,[19] sendo a tarefa mais difícil para o jurista a de estabelecer um equilíbrio entre os pressupostos de coerência do sistema e a construção de sentido dos conceitos jurídicos no caso concreto. Se por um lado, uma visão meramente casuística dá ensejo ao surgimento de decisões contraditórias, por outro, a ânsia de uniformização conceitual poderá culminar em uma concepção sistêmica despida de flexibilidade, que redundará na insuficiência das normas disponíveis para a resolução dos diferentes tipos de problemas.

A tópica atua também no campo do enquadramento jurídico dos fatos. Viehweg[20] destaca que as diferentes situações necessitam de uma qualificação em termos jurí-

---

18. Theodor VIEHWEG, *Tópica e Jurisprudência*, op. cit., p. 82.
19. Ver item 2.2.2.3 *supra*.
20. Theodor VIEHWEG, *Tópica e Jurisprudência*, op. cit., p. 82.

dicos, para que possam ser disciplinadas no interior do sistema normativo. Ao analisar as provas de um processo, o juiz busca a adequação de um conjunto de fatos levantados de uma forma em princípio fragmentária a um catálogo conceitual existente no sistema, por meio da inquirição de testemunhas e da análise de documentos e de provas periciais. Mais do que apenas um enquadramento no sistema, a classificação jurídica dos fatos implica a incorporação a ele de novos conteúdos normativos, advindos do processo de aplicação do direito. Assim, o sistema jurídico fornece as bases para as decisões judiciais, mas também tem o seu próprio conteúdo alterado ou ampliado, pelos raciocínios tópicos adotados pelo juiz, no momento em que faz o cotejo entre fatos e normas.

Segundo Viehweg,[21] os aspectos do processo de interpretação e aplicação do direito aqui mencionados evidenciam a impropriedade da aplicação do modelo lógico-dedutivo ao sistema jurídico.[22] O direito está ligado à tópica desde as suas origens, sendo as elaborações dedutivas uma espécie de biombo que se pretendeu erguer a fim de encobrir a real estrutura do sistema jurídico. Viehweg[23] vê a interpretação do direito como a expressão de uma invenção, de forma análoga ao que ocorria nos períodos em que não havia uma preocupação sistematizante do direito. A mesma técnica que guiou a atividade dos juristas ocidentais durante séculos, e que guarda íntima relação com a retórica, serve de orientação para a hermenêutica jurídica atual, muito embora esta última apresente-se sob o manto de

---

21. Theodor VIEHWEG, *Tópica e Jurisprudência*, op. cit., p. 83.
22. Este é uma conclusão similar à de Kerchove e Ost. Ver item 2.2.2.2 *supra*.
23. Theodor VIEHWEG, *Tópica e Jurisprudência*, op. cit., p. 83.

uma teoria do direito. O apelo lógico no direito cede com freqüência à realidade dos fatos, o que torna falho o projeto da modernidade de banir a tópica do mundo do direito.

4.1.1 A tópica e a aporia da justiça

Deve-se destacar que o raciocínio tópico permite a solução da aporia fundamental do direito, que é exatamente a da determinação do justo. A finalidade da jurisprudência nãose restringe à pacificação social, devendo tal objetivo ser alcançado em obediência a critérios de justiça.

A especificação do que é razoável e justo aqui e agora é algo que caracteriza a prudência, dela não podendo ser subtraída. Por mais que o direito trabalhe com noções como segurança jurídica, coerência, hierarquia normativa etc., não se pode perder de vista o fato de que a sua finalidade precípua é a de saber o que é justo ou não. Se não fosse pela mensuração dessa balança da justiça nos casos particulares, a jurisprudência não seria necessária, pois a pacificação social pode ser alcançada pela mera manifestação de autoridade.[24]

O apego extremado à sistematicidade do direito coloca em um plano secundário aquilo que é a própria causa da existência do sistema jurídico: a realização da justiça. Assim, partindo do exame do caso, a tópica empreende uma aproximação entre os conceitos jurídicos e os seus fundamentos históricos e valorativos.

Viehweg[25] destaca que, sendo a tópica uma técnica do pensamento a partir de problemas, a jurisprudência, como

---

24. Theodor VIEHWEG, *Tópica e Jurisprudência, op. cit.*, p. 88.
25. Theodor VIEHWEG, *Tópica e Jurisprudência, op. cit.*, pp. 88-89.

técnica voltada à concretização da aporia da justiça, deve seguir passos análogos aos da tópica e menciona três critérios:

1. A estrutura total da jurisprudência somente pode ser determinada a partir do problema.
2. As partes integrantes da jurisprudência, seus conceitos e proposições têm de ficar ligados de um modo específico ao problema e só podem ser compreendidos a partir dele.
3. Os conceitos e as proposições da jurisprudência só podem ser utilizados em uma implicação que conserve sua vinculação com o problema. Qualquer outra forma de implicação deve ser evitada.[26]

Esses critérios marcam, de forma geral, a necessidade de estabelecimento de um vínculo entre os conceitos e as proposições jurídicas e os problemas que lhes deram origem.

Contrariamente ao que uma leitura apressada poderia levar a crer, o raciocínio tópico não implica um relativismo absoluto ou uma visão limitada do direito, pois ele está o tempo todo reportando-se à aporia fundamental da justiça, que constitui um elemento aglutinador dos diferentes *topoi* jurídicos. Para Viehweg,[27] os problemas no direito têm a referência comum na idéia de justiça, o que impede que a adoção de raciocínios tópicos dê origem a soluções incoerentes, em casos semelhantes.

Partindo-se de uma referência tópica, o direito positivo passa a representar apenas um ponto de partida para a

---

26. Theodor VIEHWEG, *Tópica e Jurisprudência, op. cit.*, p. 89.
27. Theodor VIEHWEG, *Tópica e Jurisprudência, op. cit.*, p. 90.

concretização histórica da idéia de justiça. Ainda que reconhecendo a importância da conexão estrutural entre os conceitos jurídicos, Viehweg[28] critica os enfoques que os desvinculam de suas raízes problemáticas, buscando a criação de uma ordenação conceitual autônoma. Os sistemas criados desta forma são ineficazes, quando transpostos para a análise do fenômeno jurídico, porque fundados em um modelo de sistematicidade abstrata, incompatível com o direito.[29]

Enterría[30] vê na aporia da justiça um aspecto fundamental na crítica de Viehweg à aplicação de parâmetros axiomáticos ao estudo do sistema jurídico, uma vez que qualquer reflexão apriorística a respeito da aporia fundamental da justiça encontra obstáculo nos casos concretos, que são descontínuos, peculiares e com freqüência levam à ruptura com soluções padronizadas, características dos sistemas formais. Falar, portanto, da adoção de uma sistematicidade axiomática no direito é algo inviável, que rompe com uma ligação histórica entre a formação do acervo jurídico da tradição ocidental e a busca de solução para problemas concretos.[31]

Enterría[32] inclusive atribui um certo descrédito da noção de princípios gerais de direito e do próprio direito

---

28. Theodor VIEHWEG, *Tópica e Jurisprudência*, *op. cit.*, p. 91.
29. Ver item 2.2.2.2 *supra*.
30. Eduardo García de ENTERRÍA, Reflexiones sobre la Ley y los Principios Generales del Derecho en el Derecho Administrativo, *op. cit.*, p. 57.
31. Ver item 3.6 *supra*.
32. Eduardo García de ENTERRÍA, Reflexiones sobre la Ley y los Principios Generales del Derecho en el Derecho Administrativo, *op. cit.*, p. 59.

natural às leituras axiomáticas do direito, que pretenderam torná-los premissas que por simples dedução conduziram ao direito positivo. Ele entende que o direito natural não rompe com as estruturas tópicas sobre as quais está fundado o direito positivo, mas funcionaliza-se nos esquemas da técnica jurídica.[33] Em realidade, os valores contidos no direito natural penetram nos próprios institutos do direito, não comomáximas estabelecidas aprioristicamente, e sim como manifestações axiológicas surgidas topicamente.

Sendo possível falar de um direito natural, este deve ser concebido como algo construído historicamente, a partir da experiência, e não apenas como um valor previamente instituído e despido de historicidade.[34]

Uma vez estabelecida a premissa da base tópica do pensamento jurídico, deve-se investigar como é possível preservar os nexos problemáticos dos conceitos e proposições jurídicas. Em realidade, trata-se de um reconhecimento de valores implicitamente contidos nos conceitos adotados pelo direito, os quais tiveram extrema influência no surgimento das instituições jurídicas ocidentais e que passaram por um período de ostracismo, a partir do florescer das correntes positivistas do direito.[35]

Conceitos de larga utilização no direito carregam um flagrante conteúdo axiológico. Ao serem definidos, conceitos como *boa-fé, declaração de vontade, enriquecimento*

---

33. Eduardo García de ENTERRÍA, Reflexiones sobre la Ley y los Principios Generales del Derecho en el Derecho Administrativo, *op. cit.*, p. 61.
34. Eduardo García de ENTERRÍA, Reflexiones sobre la Ley y los Principios Generales del Derecho en el Derecho Administrativo, *op. cit.*, p. 61.
35. Ver itens 3.3, 3.4 e 3.5 *supra*.

sem causa, *posse justa*, entre outros, traduzem uma valoração de fenômenos sociais, à luz do conceito de justiça, que inegavelmente é parte integrante do sistema. Dessa forma, aquilo que a jurisprudência conceitual tratava como mero instrumental de técnica jurídica guarda uma relação direta com a aporia fundamental da justiça, a qual é revelada no momento da solução de problemas concretos.

A importância da experiência histórica na construção do significado dos conceitos jurídicos fica evidenciada, por exemplo, no exame dos efeitos jurídicos das declarações de vontade. Se submetida a um juízo puramente formal, qualquer manifestação volitiva seria válida, desde que preenchesse os requisitos legislativamente previstos. Entretanto, a doutrina a respeito da validade dos atos jurídicos opera com juízos essencialmente tópicos, no momento em que trata dos "vícios" das manifestações de vontade. Assim, ainda que formalmente correto, um ato jurídico poderá ser anulado, caso seja constatado que foi praticado em situação de *erro*, *dolo*, *simulação*, *fraude* ou *coação* (art. 147, II do Código Civil brasileiro). A verificação da ocorrência de cada uma dessas situações demanda uma abordagem casuística, fática, orientada sempre pela necessidade de realização de justiça (seria justo obrigar alguém ao cumprimento de um contrato, no qual a vontade expressa não correspondesse ao seu real desejo?).

A doutrina jurídica está sempre a incorporar novos conteúdos ao seu acervo conceitual e a atribuir novos significados aos conceitos jurídicos, acompanhando as alterações ocorridas na sociedade. Temas como o da *onerosidade excessiva nos contratos*, do *dano moral* e das *novas relações familiares* estão sempre a desafiar o jurista, não podendo ser enquadrados em moldes conceituais fechados. Caso fosse possível a adoção de um rigor técnico absoluto no direito, que o afastasse de condicionamentos conjunturais, como poderiam ser explicadas as mudanças ocorridas na jurisprudência dos tribunais ao longo dos anos, em matérias que não foram objeto de qualquer alteração legislativa?[36] No entender de Viehweg,[37] esta seria uma evidência da absoluta inadequação da aplicação ao direito de parâmetros sistemáticos de ordem lógico-dedutiva, que têm na rigidez dos axiomas uma de suas características fundamentais. Em se tratando do fenômeno jurídico, novos casos provocam a introdução de novos pontos de vista, incrementando o catálogo tópico previamente existente.

Talvez a permanente referência à aporia fundamental da justiça seja uma pista para a harmonização entre o pensamento tópico e a visão sistemática do ordenamento jurídico. É certo que o sistema resultante não apresenta um perfil puramente dedutivo, uma vez que incorpora novos elementos, a partir de um processo indutivo, relacionado com a busca de soluções para novos problemas, que acabam por servir de orientação para solucionar casos semelhantes no futuro.

Viehweg[38] adverte, porém, que o manejo das premissas do sistema jurídico não constitui uma tarefa fácil, pois tem como pressuposto um conhecimento sólido dos princípios já estabelecidos, de forma que a eles possam ser agregados outros. Ademais, o procedimento tópico rompe com a lógica dedutiva, própria dos sistemas axiomáticos. Em função disso, a harmonização entre problema e sistema exige do jurista uma extremacapacidade inventiva, de forma a

---

36. Sobre esta questão, ver item 5.2.3 *infra*.
37. Theodor VIEHWEG, *Tópica e Jurisprudência*, op. cit., p. 94.
38. Theodor VIEHWEG, *Tópica e Jurisprudência*, op. cit., p. 95.

deixar clara a referência à aporia fundamental da justiça, em cada nova situação examinada.

A última exigência da tópica é a de que conceitos e proposições jurídicas estejam sempre ligados ao problema. A civilística do século XIX estruturou suas abordagens a partir de um núcleo conceitual, que pretendeu fosse suficiente para inúmeras elaborações intelectuais no direito. Ocorre, porém, que estes conceitos, quando afastados da idéia de justiça, são de pouca valia ou até mesmo um obstáculo para os juristas. Viehweg[39] cita vários exemplos de recomposição dos conceitos civilísticos, com base em princípios de justiça. É de se destacar o exemplo concernente aos elementos a serem considerados na reparação de danos:

> 1. Uma falta que seja a causa do evento danoso e que esteja do lado do responsável. Esta falta tem um peso distinto segundo seja devida à culpa do responsável ou de seus auxiliares ou não seja devida à culpa, por exemplo, conseqüente de um defeito material não identificado de uma máquina.
>
> 2. Um risco que o causador do dano criou por uma empresa ou posse de uma coisa e que levou à ocorrência do dano.
>
> 3. A proximidade do nexo causal que existe entre a causa que origina a responsabilidade e o dano produzido.
>
> 4. O equilíbrio social da situação patrimonial do prejudicado e do prejudicador.

---

39. Theodor VIEHWEG, *Tópica e Jurisprudência*, op. cit., pp. 96-97.

O julgamento do caso concreto faz-se pela concorrência e intensidade de cada um dos elementos apontados.[40]

Não existe, portanto, um padrão preestabelecido, em termos de responsabilização civil, devendo-se pesar a importância de cada um dos elementos supramencionados em cada caso. Falar de responsabilidade civil corresponde a uma ponderação entre diferentes valores (reparação do dano, culpa, comprometimento físico da vítima, danos morais etc.), sendo todos eles determinados muito mais pelo perfil fático do evento que deu origem ao dano do que propriamente por uma estrutura conceitual previamente elaborada.

Naturalmente, um ordenamento jurídico pressupõe a existência de determinados princípios básicos. Entretanto, tais princípios devem ser dotados de alguma flexibilidade, de modo a permitir uma aproximação entre cada caso e a aporia fundamental da justiça. A dedução de conceitos a partir de princípios de direito não pode redundar em um aprisionamento da atividade criativa do intérprete e do aplicador.

Por mais que se pretenda aplicar ao direito os enfoques sistemáticos de inspiração cartesiana, o processo de aplicação do direito acaba por conspirar contra este objetivo. A adoção de axiomas no direito esbarra nas particularidades de cada situação apreciada pelo aplicador, que é levado a buscar soluções que nem sempre estão em plena consonância com os princípios doutrinários fundantes da matéria jurídica em discussão. Em tal situação, ou o jurista fecha os olhos ao mundo real e preserva uma postura de isolamento de seu discurso, com o comprometimento da própria legi-

---

40. Theodor VIEHWEG, *Tópica e Jurisprudência*, op. cit., p. 97.

timidade social de suas conclusões, ou então parte para um tipo de argumentação jusnaturalista tradicional, dificilmente aceitável em um contexto de abordagem sistemática do direito. Uma terceira alternativa, que parece mais próxima da proposta da tópica de Viehweg,[41] está relacionada com um enfoque problemático, que tenha como referência última a aporia fundamental da justiça. Para realizá-la, deve-se de imediato afastar o raciocínio apenas dedutivo do campo do direito e encarar aquilo que se denomina sistema jurídico muito mais como uma variedade de pontos de vista (*topoi*) do que como um sistema formal, no sentido matemático do termo. Esta seria, segundo Viehweg,[42] inclusive uma postura mais coerente com as próprias origens da civilística ocidental.

Enterría[43] considera que não há um dualismo entre ordens jurídicas, em positiva e natural, devendo-se adotar uma harmonização entre o absoluto e o contingente, por meio de uma articulação entre a técnica jurídica e um conjunto de valores que orientam o pensamento jurídico. Por um lado, não é possível falar de um direito natural absoluto, imutável. Por outro, também é difícil admitir uma equiparação do direito a uma mera técnica jurídica, completamente despida de referências morais. Enterría[44]

---

41. Theodor VIEHWEG, *Tópica e Jurisprudência*, op. cit., pp. 98-99.
42. Theodor VIEHWEG, *Tópica e Jurisprudência*, op. cit., p. 99.
43. Eduardo García de ENTERRÍA, Reflexiones sobre la Ley y los Principios Generales del Derecho en el Derecho Administrativo, *op. cit.*, p. 62.
44. Eduardo García de ENTERRÍA, Reflexiones sobre la Ley y los Principios Generales del Derecho en el Derecho Administrativo, *op. cit.*, p. 63.

vê os princípios gerais de direito exatamente como um instrumento de concretização, na técnica jurídica, dos valores de justiça que orientam o direito.

Da convergência entre os valores superiores, de inspiração jusnaturalista, e o pensamento tópico resultam as chamadas *instituições de direito*, que representam a síntese dos fundamentos morais do direito e da experiência jurídica do Ocidente. O avanço no campo do pensamento jurídico derivou exatamente dessa capacidade de articular valores e experiência, demonstrada pelo direito ocidental.[45]

4.1.2 Tópica e argumentação

Muito embora sejam claros os nexos existentes entre a tópica e a argumentação,[46] Viehweg acrescentou um capítulo à quinta edição de *Tópica e Jurisprudência*, de 1973, intitulado "Apêndice sobre o Desenvolvimento Posterior da Tópica", em que dedicou especial atenção ao fenômeno comunicativo e à retórica no âmbito da tópica jurídica, já sob os ecos de uma vertente argumentativa do direito, que será debatida nesta obra.[47]

---

45. Eduardo García de ENTERRÍA, Reflexiones sobre la Ley y los Principios Generales del Derecho en el Derecho Administrativo, *op. cit.*, p. 65.
46. Em verdade, a tópica aristotélica é um grande tratado sobre o manejo argumentativo dos tópicos, como visto no item 2.1.1.1 *supra*.
47. O referido "apêndice" foi publicado na forma de artigo intitulado *Sobre el Desarrollo Contemporáneo de la Tópica Jurídica*, na coletânea *Tópica y Filosofia del Derecho*, *op.cit.*, pp.176-184. Sobre os enfoques argumentativos do direito, ver itens 4.2 e 4.3 *infra*.

Viehweg[48] inicia o referido apêndice, partindo dos conceitos da semiótica relativos à forma do discurso: a *sintática*, a *semântica* e a *pragmática*. Em linhas gerais, a *sintática* trata da relação entre signos, a *semântica* diz respeito à relação entre os signos e os objetos que se pretende qualificar, e a *pragmática* preocupa-se com o contexto em que os signos são utilizados.

A retórica parte de um enfoque pragmático, pois tem como referência os fatos e o valor dos signos em cada contexto. A retomada da retórica na época em que Viehweg escreveu o apêndice (início dos anos 70) denota uma nova inversão de pensamento na cultura ocidental. A opção pelos signos e por sua incidência sobre os fatos (sintática e semântica), que caracterizou os formalismos modernos, deu lugar a um retorno ao modelo situacional ou pragmático, que era típico do pensamento antigo e medieval.[49]

Em relação ao direito, aquilo que Viehweg denomina abordagens situacionais ou pragmáticas representa uma importante alternativa aos modelos axiomáticos surgidos a partir da Idade Moderna,[50] que deram mostras suficientes de sua inadequação, como base esquemática para os sistemas jurídicos. Sendo estes últimos influenciados por aspectos de natureza política e valorativa, não podem ser os seus signos (no caso, normas jurídicas) encarados segundo

---

48. Theodor VIEHWEG, *Tópica e Jurisprudência, op. cit.*, p. 101. Para um aprofundamento sobre a visão pragmática da normatividade jurídica, ver Tércio Sampaio FERRAZ JÚNIOR, *Teoria da Norma Jurídica: ensaio de pragmática da comunicação normativa*, Rio de Janeiro, Forense, 1978.
49. Theodor VIEHWEG, *Tópica e Jurisprudência, op. cit.*, p. 102. Ver itens 2.1.1.1 e 2.1.1.2 *supra*.
50. Ver itens 3.1 e 3.2 *supra*.

uma perspectiva estritamente sintática ou mesmo semântica, impondo-se uma construção contextual de seu conteúdo. Esta é exatamente a contribuição das abordagens argumentativas aplicadas ao direito, uma vez que fornecem indutivamente um sentido histórico para as normas jurídicas.

Neste aspecto em particular é inegável a proximidade entre a tópica jurídica e as concepções argumentativas sobre o direito. Ao defender o raciocínio jurídico fundado na solução de problemas, a tópica nada mais está fazendo do que ressaltar o papel da argumentação, na formulação das instituições de direito. A prática do direito adquire, então, grande importância, porque o aspecto pragmático da linguagem jurídica irá exatamente ter a sua maior expressão na atividade dos tribunais, que é voltada essencialmente à busca de soluções para os casos concretos.

Ao contrário do que pretendeu a civilística do século XIX, as soluções para tais problemas não resultam de um mero silogismo normativo (relação sintática e semântica),[51] mas de uma elaboração tópica do sentido das normas (*ars inveniendi*). Segundo Viehweg,[52] os catálogos de *topoi* podem servir de importante ponto de partida para a discussão jurídica, uma vez que têm a sua origem em certos consensos historicamente estabelecidos. Todavia, isto não corresponde a dizer que os próprios catálogos tópicos não sejam passíveis de alteração. Pelo contrário, é da sua essência a mutabilidade e extensibilidade, em razão de sua gênese histórica. Raciocinar de forma diversa seria transformar *topoi* consolidados em axiomas, o que de forma alguma faz parte da proposta de Viehweg.

---

51. Ver itens 3.3 e 3.4 *supra*.
52. Theodor VIEHWEG, *Tópica e Jurisprudência*, op. cit., p. 104.

Outro aspecto destacado por Viehweg,[53] na conexão entre tópica e argumentação, diz respeito à questão ética no direito. Ele enxerga nos deveres processuais de afirmação, fundamentação, defesa e esclarecimento verdadeiras expressões de uma ética procedimental argumentativa no direito. Requisitos tidos normalmente como de cunho puramente formal são, em realidade, expressão de *topoi* jurídicos, como o dever de comprovar a existência do direito que se alega ter (*ônus da prova*) e a própria motivação da decisão judicial, que será especificamente debatida nesta obra.[54]

Acrescente-se a essa preocupação ética o papel da argumentação no estabelecimento das conexões entre o caso e a aporia fundamental da justiça, debatida no item precedente.

Uma vez estabelecidas as conexões existentes entre a tópica jurídica e a abordagem argumentativa do direito, impositiva é uma discussão específica a respeito desta última.

4.2 A vertente argumentativa da ciência do direito

Conforme já discutido,[55] a tópica aristotélica representou um grande manual sobre o manejo dos argumentos, no que foi seguida pela tópica de Cícero, tendo esta última sido de grande utilidade para os juristas romanos e medievais. Dessa forma, qualquer abordagem que pretenda vi-

---

53. Theodor VIEHWEG, *Tópica e Jurisprudência, op. cit.*, pp. 106-107.
54. Ver item 5.1.1.1.1 *infra*.
55. Ver item 2.1.1 *supra*.

sualizar o direito a partir de suas características tópicas deverá realizar um estudo acerca da argumentação no campo jurídico.

Historicamente falando, as instituições de direito no Ocidente tiveram a sua origem a partir de procedimentos argumentativos. Desde os jurisconsultos romanos, passando pelos juristas da Baixa Idade Média, até os próprios ordenadores do direito moderno, tem sido uma constante a construção de institutos jurídicos com base na contraposição de opiniões. Estas se tornam socialmente dominantes em razão de sua consistência interna ou mesmo de sua adoção pela autoridade política,[56] mas de qualquer maneira preservam um caráter de saber aceito em determinada cultura, por um certo período de tempo, não apresentando atributos de verdade, nem de imutabilidade.

O reconhecimento de uma certa maleabilidade das instituições de direito passa por um exame das suas raízes argumentativas, pois muitos dos conceitos jurídicos respondem a demandas conjunturais e atendem a interesses

---

56. É de fato inegável que os pareceres de jurisconsultos romanos, como Ulpiano, Paulo e Papiniano, adquiriram grande prestígio, a partir do momento em que passaram a ter caráter obrigatório, no ano de 117, durante o império de Adriano. Da mesma forma, a glosa acursiana e o comentário bartolista também tiveram projeção no regime das Ordenações portuguesas, por terem sido adotados como fontes subsidiárias de direito (Livro II, Título 9º das Ordenações Afonsinas; Livro II, Título 5º das Ordenações Manuelinas e Livro III, Título 64 das Ordenações Filipinas). Entretanto, tais construções jurídicas eram originariamente dotadas de uma riqueza teórica que somente veio a ser consolidada por seu reconhecimento oficial, até mesmo porque foram elas em princípio desenvolvidas em caráter privado, sem uma preocupação política mais direta.

bastante específicos do momento em que são concebidos. A grande virtude dos enfoques argumentativos acerca do fenômeno jurídico é precisamente a de assumir que o direito deriva de um conjunto de relações ocorridas no meio social, que estão longe de ser estáveis e permanentes, sendo as instituições de direito um resultado do conjunto dos debates travados na sociedade. Este aspecto aproxima sobremaneira este tipo de abordagem da tópica jurídica de Viehweg, justamente porque esta última visualiza o fenômeno jurídico pelo ângulo do problema, que possui data e local precisos de ocorrência.

Falar de tópica é, na prática, discutir a historicidade do direito. Tratá-lo como resultado de uma consolidação cultural das soluções atribuídas a problemas ao longo do tempo. Falar de argumentação é examinar a forma de atuação dos juristas, assim como os recursos simbólicos e de linguagem por eles utilizados no alcance de tais soluções.

Na presente obra, parte-se da discussão da teoria da argumentação de Chaïm Perelman, na abordagem dos enfoques argumentativos sobre o direito, exatamente por se tratar de um estudo pioneiro, realizado a partir da década de 1950 e que representou um marco na tradição do pensamento ocidental, além de ter servido de referência direta ou indireta para inúmeros estudos posteriores sobre a argumentação no direito.[57]

---

57. Sob enfoques variados podem ser mencionadas diversas obras, que partem do ponto em comum da relevância das práticas argumentativas no direito: Robert ALEXY, *A Theory of Legal Argumentation: the theory of rational discourse as theory of legal justification*, translated by Ruth Adler and Neil MacCormick, Oxford, Oxford University Press, 1989 (orig. 1978); Roberto BIN, *Diritti e Argomenti: il bilanciamento degli interessi nella*

4.2.1 A teoria da argumentação de Chaïm Perelman

Assim como a tópica jurídica de Theodor Viehweg, a teoria da argumentação de Perelman insere-se no contexto da crítica direta aos parâmetros do normativismo jurídico de Hans Kelsen,[58] ocorrida após o fim da Segunda Guerra Mundial. Tal crítica tem por base a defesa da retomada de alguns parâmetros do direito na Antigüidade, que serviram de fundamento para a cultura jurídica ocidental, mas que foram esquecidos a partir do ímpeto racionalizante do direito moderno.[59]

Perelman também pretendeu destacar a faceta mutável e conjuntural do direito, ao defender que os procedimentos jurídicos têm uma essência argumentativa, não lhes sendo aplicáveis os parâmetros lógico-formais, próprios da física, da química ou da matemática.

Chaïm Perelman era doutor em direito e filosofia, tendo sido professor de lógica, ética e metafísica na Universidade Livre de Bruxelas. Sua obra mais conhecida é o *Tratado da Argumentação*,[60] de 1958, elaborado em conjunto

---

giurisprudenza constituzionale, Milano, Dott. A Giuffrè, 1992; Manuel ATIENZA, *Tras la Justicia: una introduccion al Derecho y al razonamiento jurídico*, Barcelona, Ariel, 1993; Tércio Sampaio FERRAZ JÚNIOR, *Direito, Retórica e Comunicação*, 2. ed., São Paulo, Saraiva, 1997; Aulis AARNIO, *Le Rationnel Comme Raisonnable: la justification en droit*, trad. Geneviève Warland, Bruxelles, E. Story-Sciencia, 1992 (orig. 1987); Margarida Maria Lacombe CAMARGO, *Hermenêutica e Argumentação: uma contribuição ao estudo do direito*, Rio de Janeiro, Renovar, 1999.
58. Sobre Kelsen, ver item 3.5 *supra*.
59. Ver capítulo 3 *supra*.
60. Chaïm PERELMAN; Lucie OLBRECHTS-TYTECA, *Traité de L'argumentation, la nouvelle rhétorique*, Paris, Presses Univer-

com Lucie Olbrechts-Tyteca, que não foi efetivamente uma análise da argumentação jurídica, mas sim um estudo sobre a argumentação em geral. Trata-se de uma obra utilizada nas diferentes áreas das ciências humanas e sociais, que lidam com práticas argumentativas, como a comunicação social, a pedagogia e a psicologia, por exemplo.

Muito embora deva ser reconhecida a amplitude da discussão de Perelman sobre o papel da argumentação na cultura ocidental, não há como negar que a sua preocupaçãoprincipal era com a adoção de um enfoque argumentativo no campo do direito, exatamente por ser esta a sua área de formação básica e de atuação acadêmica. Isto justifica o fato de que boa parte dos trabalhos desenvolvidos por Perelman tenha tido como pano de fundo questões jurídicas e sobretudo a atividade dos tribunais, referências constantes na obra deste autor.

O papel de destaque dado à atividade jurisdicional torna o estudo de Perelman de extremo relevo na presente obra, porque somente é possível imaginar uma gênese tópica do direito quando se leva em consideração a importância das práticas judiciais na construção de significado das normas de um determinado ordenamento jurídico. Como será oportunamente discutido,[61] a prática dos tribunais –

---

sitaires de France, 1958. Edição em inglês: *The New Rhetoric: A Treatise on Argumentation*, translated by John Wilkinson and Purcell Weaver, Notre Dame, University of Notre Dame Press, 1971. Edição em português: *Tratado da Argumentação: a Nova Retórica*, tradução de Maria Ermantina Galvão G. Pereira, São Paulo, Martins Fontes, 1996. Muito embora tenham sido consultadas as três edições aqui referidas, as notas da obra têm como referência a recente edição em português.

61. Ver item 5.1.1.1 *infra*.

uma das referências fundamentais da tópica – está intimamente relacionada com procedimentos argumentativos. A estrutura do processo é essencialmente dialética, desde o oferecimento pelas partes das respectivas razões, até a produção e exame de provas, passando pela própria decisão judicial. O processo judicial marca uma oficialização de procedimentos argumentativos, conduzindo a uma decisão dotada de autoridade estatal, com base no princípio da jurisdição.

Estabelecidas as linhas gerais do pensamento de Perelman, cabe agora debater especificamente os diferentes aspectos da teoria da argumentação.

4.2.1.1 Demonstração e argumentação

Um aspecto fundamental da proposta metodológica de Chaïm Perelman está relacionado à distinção entre demonstração e argumentação. Trata-se de uma questão de grande importância para a epistemologia das ciências sociais e humanas e, de forma bastante particular, para o direito; uma vez que a idéia de ciência no Ocidente foi reduzida a enfoques de natureza demonstrativa, a partir da Idade Moderna.

A concepção moderna de ciência partiu de certos padrões de racionalidade abstrata, de nítida influência cartesiana,[62] que reduziram as expressões de conhecimento ne-

---

62. Ver item 3.1 *supra*. Na Introdução do *Tratado da Argumentação*, Perelman assume expressamente uma proposta de rompimento com a concepção de razão e de raciocínio oriunda de Descartes, por considerá-la limitada a um sistema apodítico, que ignora por completo a importância dos modelos dialéticos consa-

les não enquadráveis a saberes despidos de cientificidade. Pretendeu-se, portanto, associar o conceito de ciência ao modelo das ciências exatas e naturais, transpondo-se seus padrões metodológicos para o campo das humanidades e do estudo dos fenômenos sociais. O conhecimento científico passou a ser tido como aquele formulado a partir de esquemas lógico-dedutivos. Perelman[63] vê na transposição de tal padrão para o estudo de fenômenos tipicamente humanos e ligados às relações na sociedade um grande equívoco metodológico, pois é da essência de tais situações a mutabilidade e a relatividade. Em função disso, não é possível estabelecer padrões puramente formais para o estudo das ciências humanas e sociais, devendo ser buscada uma abordagem própria, que leve em consideração o inegável traço argumentativo dos saberes nelas formados.

O enfoque científico deve respeitar as particularidades de cada tipo de conhecimento, sendo o modelo demonstrativo típico das ciências exatas e naturais, e o argumentativo, próprio das ciências humanas e sociais. Os esquemas demonstrativos expressam sistemas formados por critérios causais. Neles, a relação entre premissas e conclusões dá-se de maneira absoluta, em qualquer lugar e em qualquer época, desde que mantidas as mesmas condições ambientais.[64] Além disso, são eles completamente a-históricos e

---

grados por Aristóteles (Ver item 2.1.1.1 *supra*). Por meio de uma retomada do pensamento grego, Perelman investe na possibilidade de construção de uma lógica argumentativa. Chaïm PERELMAN, *Tratado da Argumentação: a Nova Retórica, op. cit.*, pp. 1-11.
63. Luís Recaséns SICHES, *Panorama del Pensamiento Jurídico en el Siglo XX*, v. 2, México, Porrúa, 1963, p. 1046.
64. Chaïm PERELMAN, Argumentação, *in: Enciclopédia Einaudi*, v. 11, Imprensa Nacional – Casa da Moeda, 1987, p. 234.

independem da concordância de qualquer pessoa para que os seus resultados sejam cientificamente válidos. Um sistema matemático, por exemplo, terá sempre o mesmo perfil, em qualquer época ou local. Assim, procedimentos de natureza demonstrativa independem da anuência de terceiros para que resultem em conhecimentos com base científica. Um experimento pode ser realizado em um laboratório, em uma audiência pública ou em qualquer outro local. Desde que seja estabelecido um nexo absoluto entre premissas e conclusões, os resultados não poderão ser objeto de questionamentos.[65]

Já em relação aos procedimentos argumentativos, típicos das abordagens de fenômenos ligados ao homem e à vida em sociedade, as premissas são completamentediversas. O conhecimento que se forma no âmbito das ciências sociais e humanas é nitidamente interativo, pois deriva de uma relação entre interlocutores diferentes. Neste caso, não é possível falar de um tipo de conhecimento que vale por si só, mas de uma opinião aceita de forma hegemônica. Não, há portanto, verdades aplicáveis neste campo. Todas as premissas podem em princípio ser colocadas em questão, uma vez que um ponto de vista hoje dominante pode amanhã não mais o ser.[66]

---

65. Chaïm PERELMAN, Argumentação, *op. cit.*, p. 234.
66. Perelman destaca, entretanto, que existem acordos próprios de cada auditório que, ao menos em um primeiro momento, não podem ser rompidos pelo orador. Assim, em um debate de teologia cristã não é possível o questionamento da existência de Deus, a menos que o próprio orador deseje ver-se afastado daquele auditório particular, que consagra tal dogma. Chaïm PERELMAN, *Tratado da Argumentação: a Nova Retórica*, *op. cit.*, pp. 112-115.

A essência do saber argumentativo é a concordância das pessoas com aquilo que se está propondo. Esta é precisamente uma das premissas da tópica aristotélica: os tópicos formam-se a partir de sua aceitação.[67] A conclusão lógica de tal afirmação é a de que a sua gênese e a sua permanência derivam da adesão. Tal situação em nada identifica-se com a dos procedimentos demonstrativos, que têm validade ou não, independentemente da religião, idade ou sexo de quem recebe aquela informação.

Em um procedimento argumentativo, o conhecimento hegemônico inclusive tem no perfil da pessoa a quem é transmitida a informação uma condicionante do próprio conteúdo da tese que se está defendendo. Daí a importância adquirida pelo *auditório* na teoria da argumentação de Perelman.[68] É da essência do conhecimento estruturado argumentativamente a adequação do discurso ao perfil do auditório, o que finda por influenciar o próprio conteúdo da tese ao final predominante. Aquele que emite um discurso empreende adaptações em seu conteúdo de acordo com as reações de quem o recebe e isto faz do procedimento argumentativo algo mais do que uma mera recepção passiva de informações pelo auditório.

Como se pôde constatar, a demonstração não constitui um parâmetro adequado para o estudo das ciências sociais e humanas, ao contrário do que pretenderam as escolas de perfil racionalista na Idade Moderna. Para Perelman,[69] o referencial argumentativo é muito mais apropriado a um

---

67. Ver item 2.1.1.1 *supra*.
68. Chaïm PERELMAN, Argumentação, *op. cit.*, p. 237.
69. Chaïm PERELMAN, *Tratado da Argumentação: a Nova Retórica*, *op. cit.*, pp. 3-4.

estudo dos fenômenos humanos, em virtude de sua natureza essencialmente comunicativa.

4.2.1.2 Características e pressupostos da argumentação

Deve-se, inicialmente, destacar que a já mencionada relação orador/auditório é um dos pilares da teoria da argumentação de Perelman. O orador é exatamente aquele que pretende obter a adesão do auditório a uma determinada tese e, para tanto, lança mão de inúmeros recursos argumentativos,[70] capazes de criar uma maior identificação entre aqueles que pretende persuadir e a tese que está defendendo. É importante que o orador conheça previamente o perfil do auditório ao qual se dirige e as teses por ele majoritariamente adotadas, a fim de que seu discurso possa ser mais facilmente aceito.[71] Um orador que parte de um questionamento das premissas aceitas pelo auditório tem muito mais dificuldade de persuadir do que aquele que evita o choque frontal com tais valores e busca um estreitamento dos laços de identidade com os integrantes do auditório. Aquele que emite o discurso deve, sempre que possível, criar certos vínculos com os membros do auditório, destacando certos fatos que o tornem de alguma forma próximo daqueles que pretende convencer e afastando qualquer impressão de que seja ele um *ser superior*, cuja única finalidade é impor um determinado conhecimento a uma coletividade menos esclarecida. Quanto maior for a identificação entre o auditório e o orador,

---
70. Ver item 4.2.1.3 *infra*.
71. Chaïm PERELMAN, Argumentação, *op. cit.*, pp. 237-238.

maiores serão as chances de a tese proposta pelo último ser acolhida pelo primeiro.

No que se refere ao auditório, cabe destacar que Perelman o trata a partir de um prisma simbólico. Não se trata do auditório fisicamente considerado, constituído a partir de um discurso oralmente apresentado a um grupo de pessoas, mas de uma concepção ideal, que para Perelman[72] forma o denominado *auditório universal*. Este é caracterizado pela multiplicidade de meios, segundo os quais uma mensagem é transmitida (TV, literatura, rádio, mais recentemente, *Internet*) e pela indeterminação de quem a recebe (como é possível saber quantas pessoas são alcançadas por um pronunciamento do Presidente da República, transmitido em cadeia nacional, ou por uma declaração do Papa publicada em diferentes jornais do mundo?). A universalização do auditório cria situações bastante interessantes, que merecem um breve comentário. Se um dos requisitos da boa argumentação é o conhecimento do auditório, em se tratando de um auditório universal, a tarefa de selecionar o auditório passa a ser de quem emite o discurso.[73] Dessa forma, o orador define quem deseja convencer em relação a determinada tese (se adultos, crianças, funcionários públicos, homens, mulheres, evangélicos etc.). Por isso, tem sido freqüente no meio político, na publicidade e nos meios de comunicação em geral, a utilização de pesquisas de opinião, a fim de conhecer as expectativas e o perfil de um auditório previamente definido.

---

72. Chaïm PERELMAN, *Tratado da Argumentação: a Nova Retórica, op. cit.*, p. 35.
73. Chaïm PERELMAN, *Tratado da Argumentação: a Nova Retórica, op. cit.*, p. 37.

A prática argumentativa ainda trabalha com certos pressupostos de extrema importância. Primeiramente, deve existir uma abertura do auditório a ser convencido da tese proposta pelo orador. Se o auditório simplesmente nega-se a receber a informação, não há o estabelecimento de qualquer canal de comunicação e, conseqüentemente, não tem início o procedimento argumentativo. Do mesmo modo, não basta travar contato com os argumentos, é fundamental a existência de alguma permeabilidade à absorção das teses neles contidas.[74] Aqui repousa talvez a mais difícil tarefa do orador: a de tornar as suas idéias atrativas para o auditório. Neste campo, em particular, tem grande relevância a capacidade do orador de aproximar o discurso adotado do perfil daqueles que pretende convencer, pois a congruência entre os argumentos utilizados e o senso comum do auditório diminui sensivelmente as resistências à tese proposta.

Em segundo lugar, o procedimento argumentativo pressupõe a existência de regras que orientem a interação entre orador e auditório e a contraposição de teses, quando for o caso. Sim, porque as práticas argumentativas podem ocorrer de maneira genuinamente dialética, com o debate de teses opostas perante o auditório ou mesmo por meio de uma discussão entre o orador e o próprio auditório, que não deixa também de ser uma espécie de prática dialética.[75]

---

[74]. Chaïm PERELMAN, *Tratado da Argumentação: a Nova Retórica*, op. cit., p. 19.
[75]. Este procedimento seria semelhante ao da *disputatio* medieval, prática adotada nas primeiras universidades européias, na qual professores e alunos debatiam teses em classe. Ver item 1.5.1 *supra*.

Perelman[76] inclusive considera de reduzida importância para a teoria da argumentação a distinção aristotélica entre dialética e retórica, que considera a primeira relacionada com os argumentos utilizados no debate entre indivíduos e a segunda ligada à capacidade do orador de persuadir a multidão. Tal posicionamento justifica-se exatamente porque a chamada Nova Retórica pressupõe uma postura ativa também do auditório, que finda por influenciar o próprio conteúdo do discurso do orador, por meio do questionamento das teses propostas.

As regras são importantes, também, porque criam um ambiente propício para que as consciências possam ser formadas livremente. Procedimentos argumentativos despidos de quaisquer regras permitem que apenas uma das teses seja plenamente conhecida pelo auditório ou mesmo que este não tenha oportunidade de esclarecer dúvidas a respeito dos pontos de vista trazidos a exame. A par disso, as regras devem ser de conhecimento de todos os envolvidos na prática argumentativa e, sempre que possível, devem contar com a sua anuência expressa.

Uma vez estabelecidas, as regras somente poderão ser alteradas com a concordância de todas as partes envolvidas, pois qualquer tipo de mudança unilateral compromete a confiabilidade das conclusões obtidas.

---

76. Chaïm PERELMAN, *The Realm of Rhetoric*, translated by William Kluback, Notre Dame – London, University of Notre Dame Press, 1982, p. 5. Edição original: *L'empire Rhétorique*. Paris, Librairie Philosophique J. Vrin, 1977, p. 19. Muito embora as duas edições tenham sido consultadas, as demais referências da obra têm como base a edição em inglês.

4.2.1.3 Dos Tipos de Argumentos

Perelman[77] classifica os argumentos de acordo com a sua fundamentação. Os argumentos operam por *associação* e *dissociação de noções*, o que quer dizer que a atividade argumentativa está o tempo todo atuando por correlações fáticas, criando vínculos entre situações ou afastando-as, a fim de consolidar a tese que se está defendendo.

Os argumentos por associação são classificados como *argumentos de ligação* e são subdivididos em *quase lógicos, fundados na estrutura do real* e *fundantes da estrutura do real*.

Os argumentos quase lógicos[78] baseiam-se boa parte das vezes em correlações até discutíveis em termos materiais. Este tipo de argumento institui certas premissas como sendo dotadas de um nexo lógico-formal que elas nem sempre possuem. O argumento quase lógico pode ser bastante eficaz, desde que a "verdade" por ele trazida não seja materialmente questionada pelo adversário. Assim, a citação de uma máxima em um debate é um caso típico do uso do argumento quase lógico. O problema surge quando aquela premissa que se pretende instituir como verdade inquestionável é objeto de controvérsia no auditório, o que pode transformar um engenhoso recurso argumentativo em um embaraço a mais para a aceitação da tese. Em razão disso, deve-se conhecer o auditório antes de lançar mão de um expediente desta natureza, a fim de saber se a informação que serve de base para o argumento quase lógico conta com a aceitação prévia daquele grupo ou pelo menos se não

---

77. Chaïm PERELMAN, Argumentação, *op. cit.*, p. 246.
78. Chaïm PERELMAN, Argumentação, op. cit., p. 246-251.

há a possibilidade de que alguém possa vir a ter informações que desestruturem as premissas daquela argumentação.[79]

Perelman[80] ainda identifica argumentos de ligação *fundados na estrutura do real*, que são organizados a partir do estabelecimento de conexões entre a tese apresentada e a experiência do auditório. O orador busca na realidade elementos para dar sustentação a uma tese, tornando os eventos ocorridos no passado uma referência para condutas a serem adotadas no futuro. Os argumentos fundados na estrutura do real devem, sempre que possível, partir de uma experiência vivenciada pelos membros do auditório, uma vez que este tipo de argumentação funciona melhor quando os fatos que fundamentam o discurso são familiares a quem o recebe.

Nos casos em que não existe uma identificação direta entre o argumento usado e o auditório, poder-se-á estar diante de um argumento *fundante da estrutura do real*.[81] Aqui, não se parte da vivência do auditório para moldar a argumentação e sim de certos padrões previamente estabelecidos, que serão passados ao auditório como os mais adequados. Este tipo de argumento não possui uma correspondência histórica imediata, muito embora possa até recorrer a certas referências de caráter fático. Entretanto, tais refe-

---

79. É interessante observar que Aristóteles adverte, em seus *Tópicos*, para os riscos criados pela chamada petição de princípio. O uso de premissas dotadas de pouca solidez, em auditórios que não as aceitam previamente, pode redundar em grande embaraço para o orador. Sobre a petição de princípio ver item 2.1.1.1 *supra* e Chaïm PERELMAN, Argumentação, *op. cit.*, pp. 239-240.
80. Chaïm PERELMAN, Argumentação, *op. cit.*, p. 251.
81. Chaïm PERELMAN, Argumentação, *op. cit.*, pp. 258-260.

rências não são familiares a quem recebe o discurso, constituindo um genuíno direcionamento de posturas.

Os argumentos fundantes da estrutura do real utilizam-se de modelos, exemplos, ilustrações e analogias. É interessante observar que o direito também recorre com freqüência a este tipo de argumento, sobretudo quando pretende instituir padrões genéricos de conduta. O argumento que funda a estrutura do real reflete muito mais uma tentativa do orador de transferir ao auditório seus padrões do que propriamente uma busca de aproximação com a realidade deste último.

O apelo a modelos nem sempre é dotado de veracidade histórica. O modelo pode ser um deus da mitologia grega ou um personagem de uma fábula, cujos padrões de conduta e caráter devem servir de referência para todas as pessoas. Esta é uma forma engenhosa de dizer às pessoas como agir, sem que se sintam coagidas ou invadidas em seu espaço individual. Além do modelo, existe a figura do antimodelo, que representa exatamente a síntese das condutas reprováveis, que não devem ser adotadas pelas pessoas, tendo em comum com o modelo o fato de normalmente retratar um padrão (no caso, negativo) de cunho hipotético, abstrato.[82]

Já o argumento a partir de exemplos parte de uma situação supostamente verificada historicamente, para justificar uma regra de conduta, muito embora tal evento não apresente necessariamente uma proximidade cronológica ou mesmo geográfica com o auditório. Este seria o caso de fazer-se referência aos hábitos dos monges tibetanos como sendo um exemplo de conduta moralmente louvável, mui-

---

82. Chaïm PERELMAN, Argumentação, *op. cit.*, p. 259.

to embora, via de regra, um auditório ocidentalizado conheça muito pouco a respeito da vida de tais pessoas.

O uso do argumento por analogia, que tem grande prestígio no campo do direito, representa uma genuína fixação de padrão de conduta, a partir das elaborações intelectuais de quem detém o discurso. O orador elege os traços de identidade que considera mais relevantes entre situações originariamente diferentes e confere a eles maior destaque no discurso, deixando em segundo plano as diferenças. A analogia é procedimento eminentemente de caráter persuasivo, que não atua na esfera causal, pois aproxima pela via discursiva situações na realidade distintas. Em sendo assim, quando se fala de um raciocínio por analogia em qualquer campo do conhecimento, está-se reconhecendo a existência de uma costura argumentativa do nexo entre fatos, procedimento típico da indução e não de raciocínios dedutivos ou silogísticos.[83]

Perelman[84] refere-se, ainda, a argumentos formados a partir da *dissociação de noções*. Neste caso, ocorre exatamente o oposto das situações anteriormente debatidas. O que se pretende é exatamente separar fatos, conceitos ou

---

83. A analogia é um procedimento de integração normativa de larga utilização no campo do direito, que atua inclusive como garantia da completude do ordenamento jurídico. Muito embora seja tida como um exemplo de procedimento essencialmente técnico-jurídico, a analogia pressupõe o recurso às conexões fáticas do direito, o que naturalmente reflete a importância da argumentação no mundo jurídico. Em se tratando de analogia jurídica, a ligação entre o fato não normatizado e a lei que a ele é aplicada analogicamente decorre de uma construção argumentativa por parte do aplicador, que ressalta os traços de identidade entre eles e minimiza as diferenças.

84. Chaïm PERELMAN, Argumentação, *op. cit.*, p. 260.

valores pela via da argumentação, exaltando as diferenças entre eles e minimizando os pontos em comum. O argumento dissociativo é importante, pois permite ao orador evitar trilhas discursivas que tornem mais difícil a aceitação de sua tese pelo auditório. Ao afastar uma determinada situação de outras ocorridas no passado ou de certas máximas consagradas pelo auditório, o orador pode tirar proveito da ausência de preconceitos e de referenciais decisórios prévios por parte do auditório, em certas matérias, conferindo ao seu discurso um caráter de ineditismo ou de vanguardismo. O raciocínio por dissociação também contribui para uma mais perfeita determinação do objeto da tese que se busca transmitir ao auditório. Em certos casos, a compreensão do objeto de um determinado conhecimento torna-se mais fácil, quando se sabe claramente o que dele não faz parte, muito embora não se tenha bastante nítido o seu próprio conteúdo.

4.2.2 Argumentação e direito

Depois de analisados os traços essenciais da teoria da argumentação de Chaïm Perelman, é importante agora verificar quais são as contribuições de tal teoria especificamente para o direito. Ao reconhecer-se a essência tópica das instituições de direito, estão implicitamente sendo assumidos os traços argumentativos das práticas jurídicas. É difícil conceber o fenômeno do direito costumeiro, por exemplo, sem levar em consideração o fato de que critérios decisórios jurídicos têm a sua afirmação de maneira argumentativa. Em conseqüência, os institutos jurídicos de base consuetudinária (boa parte daqueles do direito privado) resultam de uma síntese de influências múltiplas, constituindo um verdadeiro discurso jurídico hegemônico. Estes saberes dominantes são denominados por Viehweg[85] de *topoi*, o que faz com que a argumentação tenha papel estratégico nos enfoques tópicos sobre o direito. Enquanto a tópica faz uma análise mais direta do mecanismo histórico de surgimento e modificação das instituições jurídicas, a teoria da argumentação direciona a sua atenção ao conjunto de procedimentos que dão origem a tais instituições. Precisamente por isto, a teoria da argumentação aplicada ao direito tem a prática dos tribunais como seu objeto principal de estudo.

Historicamente falando, o direito surge de necessidades práticas. Assim o foi no direito romano e no direito da Baixa Idade Média.[86] Apenas com a Idade Moderna, pretendeu-se enxergar o fenômeno jurídico a partir de uma perspectiva puramente teórica, despida de referências concretas, conforme discutido no Capítulo 3 desta obra. A proposta de Perelman, assim como a de Viehweg, caminha no sentido de resgatar os fundamentos da cultura jurídica ocidental, aplicando ao estudo do direito os referenciais da retórica clássica.

A nova retórica de Perelman[87] vê o direito vivo exatamente na atuação dos juízes voltada à solução de conflitos

---

85. Ver item 4.1 *supra*.
86. Ver itens 1.3, 1.4 e 1.5 *supra*.
87. Chaïm PERELMAN, *Ética e Direito*, tradução de Maria Ermantina Galvão G. Pereira, São Paulo, Martins Fontes, 1996, pp. 566-567. Esta é uma coletânea publicada originariamente pela Universidade Livre de Bruxelas, no ano de 1990, em forma de capítulos de livro, contendo partes de quatro trabalhos de Perelman, produzidos em momentos diferentes de sua vida: *Justice et Raison*, Bruxelas, Éditions de l'Université de Bruxelles, 1963; *Le*

de interesse. Os tribunais estabelecem um indispensável nexo de sociabilidade e historicidade entre a lei positiva criada pelo Estado e os fatos, pois o direito positivo não apresenta um sentido apriorístico, sendo o significado da norma dado pelo contexto em que ela é aplicada e pelos valores preservados pelo intérprete e pelo aplicador. Tal fato torna o processo de interpretação e aplicação do direito essencialmente argumentativo, uma vez que pressupõe uma valoração da norma jurídica em função das particularidades de cada caso.

Acrescente-se que a já mencionada relação orador/auditório está presente no processo de aplicação do direito. Levando-se em conta que a finalidade originária do direito é a de pacificar relações sociais e não meramente a de sustentar um determinado tipo de poder político, ele deve também atender a certas expectativas da sociedade. Imaginar a atuação do juiz como puro exercício de autoridade, despido de qualquer condicionante valorativa, é ter uma visão equivocada da própria atividade jurisdicional. Em realidade, o juiz atua como o orador que pretende atingir determinado auditório com a sua tese, que está presente na fundamentação de sua sentença.

A grande questão que surge está relacionada à delimitação das fronteiras do auditório. Nas atuais sociedades complexas, o conceito de auditório sofre uma considerável ampliação, como já visto,[88] devendo-se trabalhar com o conceito de auditório universal. Foi também debatido que

---

Champ de l'Argumentation, Bruxelas, Éditions de l'Université de Bruxelles, 1970; *Droit, Morale et Philosophie*, Paris, Librairie Générale de Droit et de Jurisprudence, 1976 e *Le Raisonnable et le Déraisonnable en Droit. Au-delà du Positivisme Juridique*, Paris, Librairie Générale de Droit et de Jurisprudence, 1984.
88. Ver item 4.2.1.2 *supra*.

o orador elege o seu auditório, por uma seleção do próprio discurso utilizado. O discurso direcionado a um setor específico da sociedade denota uma opção pelas pessoas que se pretende ver convencidas de certa tese.

Com a magistratura ocorre uma situação bastante peculiar. O discurso processual é inicialmente dirigido aos integrantes da comunidade jurídica. Sendo assim, deve ele preencher os requisitos formais do discurso jurídico, para não enfrentar uma resistência em relação a aspectos técnicos, uma vez que existe uma expectativa desse auditório específico em relação ao adimplemento de certas exigências de natureza técnica. Ora, se a questão técnico-jurídica não for enfrentada de maneira adequada, ficará enfraquecida a própria tese adotada pelo juiz. Assim, em um contexto sistemático de direito, não pode simplesmente o juiz negar-se a aplicar uma lei sob o argumento de pessoalmente considerá-la injusta, salvo se o próprio sistema lhe assegurar tal possibilidade. É possível, contudo, argumentativamente, escapar do rigor excessivo de uma determinada norma, sem afrontar diretamente certas premissas de natureza técnica. Como ter-se-á oportunidade de debater nesta obra,[89] os tribunais superiores utilizam-se com freqüência deste tipo de recurso argumentativo em suas decisões, de forma a alcançar a comunidade jurídica, mas não apenas a ela. Os órgãos julgadores de hierarquia superior têm um importante papel de orientação em relação aos demais órgãos do Judiciário e de adequação entre o direito positivo e a realidade. A própria construção do significado das normas jurídicas está intimamente ligada à atuação dos integrantes de tribunais superiores.[90]

---

89. Ver Capítulo 5.
90. Chaïm PERELMAN, *Ética e Direito, op. cit.*, p. 567.

As cortes superiores utilizam com freqüência não apenas argumentos que têm uma base técnico-jurídica, mas também recorrem a um tipo de argumentação que leva em consideração essencialmente aspectos valorativos e do senso comum.[91] Com isso, seu discurso tende a aproximar-se da visão do homem comum, não versado na matéria jurídica. Tal postura justifica-se até mesmo em função da forma de recrutamento dos integrantes dos tribunais superiores, que via de regra, deriva de escolhas políticas e não de uma estrutura de carreira. Isto faz com que a visão puramente técnica da atividade jurisdicional por vezes ceda a certos valores sociais. Além disso, os tribunais superiores exercem uma importante função legitimadora no Estado, pois a sua credibilidade é o termômetro da própria estabilidade das instituições políticas. Se uma corte suprema conta com a confiança dos cidadãos de determinado Estado, provavelmente maior será o respaldo político deste último.[92]

A argumentação exerce um papel fundamental neste contexto, pois permite que as questões jurídicas tornem-se mais acessíveis à sociedade, que inclusive tem o direito constitucionalmente assegurado de saber por que os seus juízes decidem de determinada maneira. Exatamente na fundamentação das decisões judiciais estabelece-se a costura entre a questão técnica do direito e as demandas conjunturais. Ao fundamentar uma decisão, o julgador faz a relação entre a matéria de fato e a de direito, valorando juridicamente as provas produzidas no processo e mensurando o significado da norma jurídica, em função de necessidades concretas.[93]

---

91. Chaïm PERELMAN, *Ética e Direito*, op. cit., p. 567.
92. Ver item 5.1.1 *infra*.
93. Chaïm PERELMAN, *Ética e Direito*, op. cit., p. 570.

Não por coincidência, Perelman centra o seu foco nas decisões dos tribunais superiores, ao aplicar a teoria da argumentação ao direito, e confere especial destaque ao estudo da motivação das decisões judiciais.[94] Precisamente neste ponto, há uma inequívoca convergência entre tópica e argumentação, uma vez que no exame dos casos o juiz dá um sentido específico para a lei. Esta atividade intelectiva não é pura decorrência de umprocedimento hermenêutico de caráter lógico-dedutivo, mas deriva de uma articulação entre um conjunto de máximas jurídicas preexistentes (*topoi*) e novas situações. Por meio de argumentos de diferentes tipos, como visto anteriormente,[95] o magistrado complementa a normatividade da lei e, no caso dos tribunais superiores, adiciona novos conteúdos ao catálogo de tópicos do ordenamento jurídico, uma vez considerado o papel orientador de suas decisões em relação às cortes inferiores.

Na prática, o recurso à jurisprudência no sistema do direito codificado é disseminado, muito embora não possuam as decisões judiciais um valor normativo propriamente dito. Tal situação somente pode ser explicada a partir de um critério argumentativo, em razão da autoridade que tais

---

94. Em realidade, os órgãos de hierarquia mais elevada do Poder Judiciário criam opiniões que servem de orientação para as instâncias inferiores, na decisão de casos semelhantes no futuro. No que se refere à motivação das decisões judiciais, este é um tema constante nos trabalhos de Perelman, por ser o campo por excelência de manifestação da atividade argumentativa dos tribunais. Especificamente sobre o tema, ver a coletânea organizada por PERELMAN e D. FORIERS, *La Motivation des Décisions de Justice*, Bruxelles, Établissements Émile Bruylant, 1978.
95. Ver item 4.2.1.3 *supra*.

decisões têm no interior do sistema jurídico.[96] As decisões dos tribunais superiores representam um caso típico de discurso dominante em determinado auditório. Por isso, no ordenamento brasileiro, os juízes de instâncias inferiores recorrem com freqüência à citação de decisões do Supremo Tribunal Federal, na fundamentação das suas decisões, muito embora não estejam normativamente obrigados a fazê-lo.

4.3 Da importância da teoria da argumentação para uma abordagem tópica do direito

Desde Aristóteles[97] é inegável a conexão entre a formulação de tópicos e o manejo de argumentos, sendo da própria essência dos procedimentos argumentativos a contraposição de idéias, de acordo com certas regras previamente

---

96. Quando se fala aqui de autoridade, não se está tratando de poder político, mas de um tipo de autoridade simbólica, mas juridicamente relevante, como no caso da *auctoritas* dos textos do direito romano na Idade Média e da opinião comum dos doutores na Era Moderna. Sobre este ponto, cabe mencionar a proposta contida no projeto de Emenda Constitucional de reforma do Poder Judiciário, que prevê a atribuição de efeito vinculante ao direito sumulado pelo Supremo Tribunal Federal, o que geraria não apenas uma autoridade moral de suas decisões, mas uma quase equiparação à lei, tornando-as impositivas aos demais juízes e não apenas orientadoras. No que tange ao sistema brasileiro de controle de constitucionalidade das leis, o art. 28, parágrafo único da Lei nº 9.868, de 10.11.1999 e o art. 10, § 3º da Lei nº 9.882, de 3.12.1999 já conferiram efeito vinculante às decisões do Supremo Tribunal Federal, relativamente ao órgãos do poder público.
97. Ver item 2.1.1.1 *supra*.

estabelecidas, que conduzem a um conjunto de conhecimentos dominantes. Este nada mais é do que o percurso histórico de formação dos chamados catálogos jurídicos de *topoi*, que têm, na tradição jurídica do Ocidente a sua grande fonte na busca de soluções para problemas concretos.

A investigação de soluções no campo do direito partia, na atividade intelectual dos jurisconsultos romanos, de respostas dadas em casos concretos, e, na atuação dos juristas da Baixa Idade Média, de uma necessidade de adequação dos institutos do direito romano recepcionado à nova realidade da Europa do século XII.[98] Os próprios princípios consagrados pela processualística atual no exame da prova, na criação de presunções e na busca da verdade real têm no processo canônico daquele período as suas bases.[99] O traço marcante de tais procedimentos é exatamente o fato de que seguiam um modelo dialético de inspiração aristotélica e ciceroniana, consubstanciado no método escolástico.[100] Fica evidente, portanto, o fundamento retórico das práticas jurídicas no Ocidente, que sofreu um declínio com a aplicação ao direito dos parâmetros formais do racionalismo moderno.[101]

O que a tópica jurídica de Viehweg e a teoria da argumentação propõem é exatamente um resgate desses fundamentos da tradição jurídica ocidental, de forma mais ampla do que a de um mero retorno ao aristotelismo ou ao pensamento jurídico medieval, ao contrário do que imaginam alguns críticos dos enfoques tópicos e retóricos sobre o

---

98. Ver item 1.4 *supra*.
99. Ver item 1.5.6 *supra*.
100. Ver itens 1.5.1, 2.1.1.1 e 2.1.1.2 *supra*.
101. Ver capítulo 3 *supra*.

direito. O item seguinte tem como objeto exatamente uma resposta às críticas mais comumente dirigidas à tópica.

4.4 Desfazendo alguns mitos sobre a tópica jurídica

Uma das mais severas críticas aos enfoques tópicos e argumentativos sobre o direito de que se tem notícia é a do alemão Claus-Wilhelm Canaris na obra *Pensamento Sistemático e Conceito de Sistema na Ciência do Direito*.[102] Canaris parte de uma visão sistêmica da ciência do direito, a fim de demonstrar quais seriam as falhas metodológicas de uma abordagem do direito de perfil tópico, sendo o seu livro uma verdadeira réplica às idéias formuladas por Viehweg em *Tópica e Jurisprudência*.

Contudo, Canaris parte de alguns pressupostos bastante discutíveis, para justificar a impossibilidade total ou parcial de utilização da tópica como recurso metodológico da dogmática jurídica, que merecerão aqui uma reflexão específica.

A estrutura expositiva desta parte da obra segue a linha de uma análise crítica de diversos mitos cultivados por Canaris e outros autores em torno da impossibilidade de trabalhar-se topicamente no campo do direito.

4.4.1 Mito nº1: sistema jurídico e tópica não são harmonizáveis

De modo geral, a crítica de Canaris à tópica jurídica parte desta premissa fundamental. A leitura de Viehweg

---

102. Para referência completa, ver item 2.2.2.2 *supra*, nota 110.

feita por Canaris[103] é no sentido de que aquele entenderia a ciência do direito como essencialmente tópica e, portanto, não analisável a partir de um prisma sistemático. Canaris[104] inclusive questiona a própria reação posterior de Viehweg,[105] no *Apêndice sobre o Desenvolvimento Posterior da Tópica*, a esse tipo de crítica, sustentando a incompatibilidade originária entre um raciocínio fundado em tópicos, que por definição são isolados, e um pensamento sistemático, que pressupõe a existência de proposições integradas entre si. Para Canaris[106] é absolutamente contraditório falar de um "sistema tópico",[107] uma vez que este conceito implica a associação entre expressões antagônicas, pois não é possível conceber a formação de um sistema a partir de um processo voltado essencialmente ao exame do problema singular, que não tem como preocupação central a questão da unidade e ordem interior, que são, segundo Canaris,[108] postulados básicos do conceito de sistema. Em síntese, Canaris considera que, ou o direito é formado por *topoi*, como imagina Viehweg e, portanto assistemático, ou ele é sistematizado, como defende o próprio Canaris, excluindo a possibilidade de uma ciência tópica do direito.

---

103. Claus-Wilhelm CANARIS, *op. cit.*, p.243.
104. Claus-Wilhelm CANARIS, *op. cit.*, pp. 243-244, nota 1a.
105. Theodor VIEHWEG, *Tópica e Jurisprudência, op. cit.*, pp. 101-107.
106. Claus-Wilhelm CANARIS, *op. cit.*, pp. 243-244, nota 1a. No mesmo sentido, Robert ALEXY, *op. cit.*, p. 22, nota 65.
107. Theodor VIEHWEG, Problemas Sistémicos en la Dogmática Jurídica y en la Investigación Jurídica, *op. cit.*, p. 85.
108. Claus-Wilhelm CANARIS, *op. cit.*, p. 20.

Em realidade, a premissa fundamental sobre a qual se assenta a crítica de Canaris é que parece ser bastante discutível. Como visto anteriormente nesta obra,[109] não é possível falar de apenas um modelo de sistematicidade, quando existem sistemas materiais e formais, estáticos e dinâmicos, lineares e circulares. Dessa forma, antes de afirmar-se de plano que a tópica não se harmoniza com o pensamento sistemático, é importante determinar de que sistema exatamente se está falando. Da leitura de Canaris[110] conclui-se que ele opera com a noção de "sistema aberto", o que fica bastante claro quando ele examina as possibilidades da tópica no direito. O modelo sistêmico por ele eleito para servir de padrão para uma ciência do direito funda-se em uma ordenação e em princípios, formando o que Canaris[111] denomina sistema *axiológico* ou *teleológico*. Um sistema desta natureza é considerado aberto porque preserva espaços elasticados de normatividade, que serão concretizados pelo intérprete e pelo aplicador (princípios constitucionais, cláusulas gerais e lacunas legislativas), que seriam o campo residual de atuação admissível da tópica.[112] O que chama a atenção

---

109. Ver item 2.2.2 *supra*.
110. Claus-Wilhelm CANARIS, *op. cit.*, pp. 269-272.
111. Claus-Wilhelm CANARIS, *op. cit.*, pp. 66-77.
112. Ver item 4.4.7 *infra*. Muito embora partindo do próprio pensamento de Canaris em sua reflexão sobre o sistema jurídico, Juarez Freitas reconhece o caráter restritivo de seu enfoque da relação entre tópica e sistema. Freitas entende que o sistema jurídico é constituído por "princípios tópicos", que seriam justamente a chave para a harmonização entre pensamento tópico e sistemático no direito. Juarez FREITAS, *op. cit.*, pp. 128-129, nota 203.

nesta leitura é exatamente a carência de um referencial histórico-institucional sobre o direito no Ocidente.[113] O sistema jurídico concebido de forma dissociada de seus vínculos históricos leva justamente à conclusão equivocada de que o raciocínio tópico não é harmonizável com a própria idéia de sistema.[114] Quando Canaris discute uma certa "permeabilidade" do sistema a procedimentos tópicos, ele inverte a lógica da formação dos próprios sistemas de direito. Antes de serem encarados de forma sistemática, os institutos jurídicos surgiram historicamente da necessidade de oferecer soluções para problemas, conforme já debatido várias vezes nesta obra.[115]

A assertiva de Canaris,[116] de que um processo orientado à solução de casos singulares não conduz à idéia de unidade e ordem interior, e, conseqüentemente, à desiste-

---

113. Esta, aliás, é uma limitação também da crítica de Friedrich Müller e Robert Alexy à aplicação de uma metodologia tópica ao direito.
114. De forma diversa, em sua consagrada obra sobre a *História do Direito Privado Moderno*, Franz Wieacker (*op. cit.*, p. 489, nota 40) cita expressamente a tópica de Viehweg, como sendo uma das referências para uma metodologia histórica do direito. Ele destaca inclusive a importância dos enfoques problemáticos, para a metodologia jurídica, sem negar a necessidade de preservação do caráter sistemático do direito. Para Wieacker (*op. cit.*, pp. 490-491), o direito não deve ser orientado por uma submissão do jurista à autoridade dos textos antigos, nem por um legalismo divorciado das raízes dos sistemas jurídicos. Deve-se buscar um equilíbrio entre essas duas influências, partindo-se do oferecimento de soluções para novos problemas, levando-se em consideração a sua "materialidade histórica".
115. Ver principalmente o Capítulo 1.
116. Claus-Wilhelm CANARIS, *op. cit.*, pp. 243-244, nota 1a.

ma de normas, negligencia por completo o fenômeno da criação do direito no sistema da *common law*.[117] É possível afirmar que não existe um caráter sistemático (unidade e ordem, para Canaris) no direito inglês ou norte-americano, por serem as suas normas essencialmente derivadas da solução de casos concretos? Parece-nos que não, o que apenas reforça o argumento, aqui originariamente proposto, de que em momento algum pretendeu Theodor Viehweg negar o traço sistemático do direito e de que inexiste qualquer incoerência em conceber-se o sistema jurídico como originário de operações de natureza tópica. A par disso, a própria vinculação necessária entre juridicidade e sistematicidade é algo bastante questionável, conforme será discutido no item seguinte.

---

117. Reconheça-se, entretanto, que Canaris não debate a tradição jurídica da *common law* em seu livro, muito embora a sua afirmação acerca da incompatibilidade lógica da expressão "sistema tópico" seja formulada em caráter genérico, não tendo como alvo apenas a tradição jurídica da Europa continental. Por outro lado, W. Cole Durham Jr., no Prefácio à tradução de *Tópica e Jurisprudência* para a língua inglesa, destaca que o impacto desta obra foi sentido de forma mais expressiva nos sistemas jurídicos da Europa continental, muito embora o pensamento de Viehweg apresente uma grande potencialidade no mundo da *common law*, uma vez que nele a tradição retórica aplicada ao direito manteve-se mais viva do que nos sistemas do direito codificado (Translators Foreword, *Topics and Law, op. cit.*, p. XXIII). Precisamente por isto, a leitura de Canaris sobre a tópica não parece suficiente, para criar um obstáculo insuperável à sua utilização como base para uma teoria do direito, sobretudo quando se tem em vista a perspectiva de uma convergência entre as tradições jurídicas romano-germânica e anglo-saxônica. Ver a conclusão da obra, no Capítulo 6.

4.4.2 Mito nº 2: para ser jurídico deve ser sistemático

Trata-se de uma premissa que também somente é sustentável por uma abordagem que negligencie por completo as bases históricas do direito ocidental.

A concepção do direito como sistema data da Baixa Idade Média, na visão de Harold Berman[118] e da modernidade, de acordo com Viehweg.[119] É certo, porém, que a consolidação de certos princípios estruturantes de um sistema jurídico está vinculada a uma necessidade de afirmação de poder político a partir do direito, com a definição das jurisdições temporal e eclesiástica na Baixa Idade Média, descrita por Berman,[120] e do conceito jurídico de soberania nos Estados Modernos.[121]

A par da questão essencialmente política do direito, existe uma esfera da prática jurídica que nem sempre esteve ligada a mecanismos de afirmação de poder estatal e sim à pura e simples resolução dos problemas surgidos na sociedade. Ao falar-se da atividade dos pretores e jurisconsultos romanos, por exemplo, não é possível inferir uma finalidade política imediata, até mesmo porque apenas os primeiros integravam as magistraturas romanas. Em verdade, tais juristas tinham em vista o oferecimento de soluções para conflitos surgidos no âmbito da sociedade, não havendo uma maior preocupação de ordem sistemática.[122] O máximo que se pode imaginar, em termos de sistematiza-

---

118. Ver item 1.6.1 *supra*.
119. Ver item 3.1 *supra*.
120. Ver item 1.5.5 *supra*.
121. Ver item 3.2 *supra*.
122. Michel VILLEY, *Direito Romano, op. cit.*, p. 73.

ção jurídica, é a existência de um histórico das soluções previamente adotadas, a fim de subsidiar a resolução de casos similares no futuro, mas não uma preocupação profunda com umeventual enfraquecimento do poder político, decorrente de decisões judiciais contraditórias ou de lacunas normativas.

Com o pensamento jurídico da Baixa Idade Média, surgiu uma pretensão de organizar o direito a partir de certos princípios extraídos dos textos do direito romano,[123] mas não se pode falar de um modelo sistemático comparável àquele surgido a partir da Idade Moderna, pois a preocupação dos juristas medievais era ainda essencialmente centrada no caso e sobretudo na adequação entre os textos antigos do direito romano e as novas situações surgidas no contexto de capitalismo nascente da Europa dos séculos XII e XIII. Na realização de tal objetivo, valiam-se exatamente do chamado método escolástico,[124] que era nitidamente influenciado pela dialética de Aristóteles, aí residindo precisamente o seu traço tópico, conforme destaca Viehweg em sua análise do *mos italicus*.[125]

Não há, portanto, qualquer caráter ontológico na aplicação da referência sistêmica ao estudo ao direito, sendo ela uma verdadeira contingência histórica, principalmente quando se tem em vista as chamadas instituições de direito privado, que retratam de forma clara aquilo que Berman denomina desenvolvimento orgânico do direito.[126] Ao fa-

---

123. Ver item 1.4 *supra*.
124. Ver item 1.4 *supra*.
125. Ver item 2.1.2.2 *supra*.
126. Ver parte inicial do Capítulo 1

lar-se dos institutos de direito civil, deve-se ter em mente que eles derivaram de uma consolidação histórica e cultural de caráter supra-estatal, formando o que René David[127] denomina de famílias de direito.

Já no que tange às instituições do direito público, devem ser mencionadas as ponderações de Friedrich Müller[128] acerca das dificuldades de aplicação da tópica. É fato que naquilo que se convencionou chamar de direito público existe uma nítida vinculação entre as relações de poder político e os institutos jurídicos. Neste caso, seria precário falar, mesmo historicamente, de uma gênese tópica do direito, uma vez que as normas constitucionais, principalmente, derivam de um tipo de autoridade existente em determinado Estado e respondem ao projeto de sociedade por ela estabelecido. Neste ponto, a opinião de Canaris[129] entra em choque com a visão de Müller,[130] pois este reconhece a origem da tópica jurídica exatamente no

---

127. René DAVID, *op. cit.*, pp. 16-17.
128. Friedrich MÜLLER, *Discours de la Méthode Juridique*, trad. par Olivier Jouanjan, Paris, P.U.F., 1996 (orig. 1993), pp. 134-137. Muito embora esteja respaldada historicamente a afirmação de Müller sobre a origem essencialmente tópica das instituições de direito privado e não das de direito público, com o estado de bem-estar social, o papel do direito constitucional sofreu alterações, tendo as suas normas e princípios se tornado aplicáveis a casos concretos, sobretudo às situações que envolvem a preservação de direitos fundamentais. Em razão disso, a tópica passou a ter um grande potencial de crescimento neste campo, a partir da jurisprudência das cortes constitucionais. Sobre esta questão, ver item 5.1.1 *infra*.
129. Claus-Wilhelm CANARIS, *op. cit.*, p. 277.
130. Friedrich MÜLLER, *op. cit.*, p. 128.

estudo das instituições do direito civil, o que explica a dificuldade de sua aplicação ao direito constitucional; enquanto aquele vê neste último um campo fértil para a tópica, por trabalhar com freqüência com cláusulas gerais.[131]

Assim, o preconceito contra uma metodologia tópica da ciência do direito não se justifica com base em uma pretendida sistematicidade originária do direito, precisamente porque a idéia de sistema no direito foi resultado de uma construção intelectual ocorrida em um momento histórico determinado.

Ressalte-se que uma vez rompido o mito n° 1,[132] acerca da suposta incompatibilidade entre sistema e tópica, torna-se até ocioso destacar que Viehweg não propõe a substituição do paradigma sistemático pelo problemático, mas apenas uma harmonização entre eles. A finalidade do presente item foi precisamente a de reforçar a tese da historicidade da natureza sistemática do direito, mas nunca a de advogar o retorno a um enfoque assistemático dos fenômenos jurídicos, que em nosso entender inclusive passou a não ser mais possível, após o surgimento das doutrinas modernas sobre a soberania do Estado.

4.4.3 Mito n° 3: sistema jurídico _aberto_ não pressupõe o raciocínio tópico

Este mito apenas tem sustentação a partir do momento em que se admite a absoluta incompatibilidade entre tópica e sistema, que é a base do mito n°1, já devidamente

---

131. Ver itens 4.4.7 e 4.5 *infra*.
132. Ver item 4.4.1 *supra*.

afastado.[133] Rompida a premissa maior deste raciocínio, a premissa menor também não sobrevive e, em virtude disso, é descabida a crítica de Canaris[134] ao fato de que a tópica teria se apropriado indevidamente do pensamento aporético desenvolvido originariamente por Nicolai Hartmann.[135]

Canaris[136] desvincula o raciocínio a partir de problemas, concebido por Hartmann, da tópica de Viehweg, porque não vê no primeiro uma negação do caráter sistêmico da ciência do direito, mas apenas uma crítica a uma visão "fechada" do sistema jurídico, diferentemente do que ocorreria com a tópica, que seria originariamente assistemática.

Como já visto, esta que seria a causa fundamental da ausência de conexão entre o pensamento problemático e o tópico para Canaris não se sustenta, porque Viehweg em momento algum pretendeu negar a idéia de sistema jurídico, assim como Hartmann. Há, assim, evidente identidade entre uma gênese tópica do direito e as idéias de mutabilidade e extensibilidade do sistema, sendo esta a própria essência do conceito de *catálogo de topoi*, desenvolvido por Viehweg,[137] como acervo consolidado de soluções dadas a problemas.

---

133. Ver item 4.4.1 *supra*.
134. Claus-Wilhelm CANARIS, *op. cit.*, p. 248.
135. Sobre o pensamento de Hartmann, ver João Maurício ADEODATO, *Filosofia do Direito: uma crítica à verdade na ética e na ciência*, São Paulo, Saraiva, 1996.
136. Claus-Wilhelm CANARIS, *op. cit.*, p. 247.
137. Ver item 2.1.1 *supra*.

4.4.4 — Mito nº4: não há qualquer inovação, quando a tópica vincula conceitos e proposições jurídicas a problemas

Esta crítica de Canaris[138] também negligencia por completo as bases históricas da tradição jurídica ocidental. Ao questionar o vínculo necessário que a tópica estabelece entre o arcabouço conceitual do sistema jurídico e o campo dos problemas, Canaris está ignorando a própria origem dos institutos jurídicos, sobretudo daqueles que fazem parte do acervo do direito privado.

Canaris[139] argumenta que o exame teleológico dos conceitos e proposições jurídicas não representa uma atividade intelectual específica da tópica, sendo também algo característico do pensamento sistemático. Da mesma forma que no item precedente, tal observação somente é admissível caso se parta da premissa, aqui já refutada,[140] de que o raciocínio tópico não é passível de harmonização com o sistemático.

Acrescente-se que a menção a uma análise do "conteúdo teleológico dos conceitos ou proposições jurídicos"[141] nada mais é do que o reconhecimento da importância do estudo do direito a partir de fatos e valores, o que nada mais vem a ser do que um raciocínio tópico. Como é possível falar da análise teleológica de um conceito jurídico, que tem como referência exatamente a busca de sua *finalidade social*, sem um exame das relações concretas que se estabelecem na sociedade em que o direito é aplicado? Na prática, todos esses raciocínios finalísticos, que implicam a

---

138. Claus-Wilhelm CANARIS, *op. cit.*, p. 249.
139. Claus-Wilhelm CANARIS, *op. cit.*, p. 249.
140. Ver item 4.4.1 *supra*.
141. Claus-Wilhelm CANARIS, *op. cit.*, p. 249.

"abertura" do sistema normativo, são tipicamente de natureza tópica e resultam na construção do significado das normas, a partir das relações estabelecidas concretamente na sociedade. Tais relações são conjunturais, episódicas, mutáveis e argumentativas na visão de Perelman.[142]

Muito embora Canaris[143] estruture toda a sua argumentação com base na impossibilidade da construção de um sistema tópico de direito, ele mesmo reconhece a importância dos problemas no sistema jurídico. Em realidade, o alvo central da sua crítica é exatamente a abordagem do direito fundada nos parâmetros da tópica, a qual não seria a única forma de manifestação do pensamento problemático no campo jurídico.[144] Esta suposta dissociação entre o raciocínio problemático e a tópica denota uma análise restritiva do fenômeno jurídico, que desconsidera as motivações históricas para o surgimento de uma concepção sistêmica sobre o direito e sobretudo as origens dos sistemas jurídicos. Canaris coloca o enfoque problemático exclusivamente a serviço do sistema, de forma acessória, como se as próprias normas jurídicas que o formam não fossem resultado de uma consolidação cultural e histórica das instituições de direito.

4.4.5 Mito nº5: a tópica está ligada à dialética, que se liga à retórica, e todas estão distantes da verdade

Canaris[145] parte de uma crítica de que a tópica, naquilo em que está ligada à retórica, seria um falseamento da

---

142. Ver item 4.2.2 *supra*.
143. Claus-Wilhelm CANARIS, *op. cit.*, p. 250.
144. Claus-Wilhelm CANARIS, *op. cit.*, p. 251.
145. Claus-Wilhelm CANARIS, *op. cit.*, p. 254.

verdade, uma espécie de manipulação de linguagem, voltada para o alcance de determinados fins. Tal crítica tem sido rebatida de maneira bastante sólida por Perelman[146] em sua Nova Retórica. A retórica não pode mais ser vista como mera ornamentação da linguagem e sim como um conjunto de procedimentos dotados de certas regras e voltados à formação de um consenso. A Nova Retórica, proposta por Perelman, é muito mais do que um mero expediente utilizado pelo orador para influenciar as opiniões de determinado auditório, constituindo um precioso instrumento para a formação de consensos sociais acerca de determinadas questões.

Quanto ao distanciamento em relação à verdade, o próprio direito não opera com verdades, mas apenas com saberes dominantes em determinados locais, por certo período de tempo. Tal fato torna a tópica o campo por excelência do direito, que não faz parte da apodítica aristotélica e sim da dialética, justamente por lidar com opiniões.[147]

A crítica de Canaris[148] de que a perspectiva argumentativa é inaceitável na ciência do direito, porque as "premissas são fundamentalmente determinadas para os juristas através do direito objectivo, em especial através da lei e não são susceptíveis de uma legitimação por via do parceiro da conversa", é extremamente reducionista ao assumir o direito como um produto pronto e acabado, ignorando por completo certos consensos sociais que se estabele-

---

146. Chaïm PERELMAN, The New Rethoric: A Theory of Practical Reasoning, in: *The Great Ideas Today*, Chicago, Britannica, 1970, pp. 277-281.
147. Ver item 2.1.1.1 *supra*.
148. Claus-Wilhelm CANARIS, *op. cit.*, p. 256. Na mesma linha, Robert ALEXY, *op. cit.*, pp. 23-24.

cem em torno de determinadas questões jurídicas e principalmente o papel de complementação normativa exercido pelos tribunais, que será especificamente debatido no capítulo seguinte. Nesta crítica, Canaris praticamente segue a trilha kelseniana, ao reduzir o direito à lei positiva, apenas fazendo uma "concessão" aos valores e fundamentos históricos, por meio da idéia de "abertura" do sistema normativo.

Para que fique ainda mais evidente a herança normativista da abordagem de Canaris, basta observar-se a crítica à tópica de Viehweg baseada no conceito de validade das normas jurídicas. Ora, a noção de validade é puramente formal e tem como pressuposto a coercibilidade do direito criado pelo Estado e naturalmente não poderia harmonizar-se com a tópica, que parte de uma análise substancial do direito aplicado. Todavia, a proposta da tópica em momento algum nega a existência de um sistema de direito positivo, mas pretende exatamente repensar a idéia de uma ciência do direito que o tenha como única referência.

Deve-se, contudo, reconhecer a coerência interna de uma crítica à tópica fundada na validade formal das normas jurídicas. O grande problema é que uma crítica desta natureza pouco traz de novo em relação à teoria do ordenamento jurídico de Hans Kelsen,[149] que por sua vez é exatamente o alvo das críticas de autores como Perelman e Viehweg. Assim, a defesa da inaplicabilidade da tópica ou da teoria da argumentação ao direito é resultado de uma opção jusfilosófica, ligada ao positivismo jurídico, que deve ser respeitada, apesar das suas limitações em termos metodológicos;[150] mas nunca de uma insuficiência intrínseca de uma

---

149. Ver item 3.5 *supra*.
150. Ver item 3.6 *supra*.

tópica jurídica ou de uma teoria da argumentação jurídica, como defende Canaris.

Em uma das poucas discussões em que trata da atividade dos tribunais, Canaris[151] também afasta a incidência da tópica. Por estar o debate sobre o sistema jurídico limitado ao campo da metodologia da ciência do direito, compreende apenas uma reflexão a respeito de uma atuação ideal dos tribunais e não sobre a forma como efetivamente funcionam. Do mesmo modo, Canaris[152] não considera significativo metodologicamente o estilo da deliberação judicial e sim o da decisão e da fundamentação, que são os únicos elementos que têm relevância em termos de sistema jurídico.

Obviamente, não se pode compartilhar de tal opinião nesta obra, inicialmente porque aqui se pretende desenvolver um tipo de metodologia do direito que leve em consideração a atividade concreta (e não a desejada!) dos tribunais na construção normativa do ordenamento jurídico. Em segundo lugar, a restrição do enfoque da ciência do direito à fundamentação e ao dispositivo da sentença efetivamente nos parece injustificada, uma vez que nos órgãos julgadores de natureza colegiada aquilo que Canaris denomina "estilo da deliberação judicial" tem grande importância para o próprio conteúdo da decisão judicial. Questões como o prestígio do ministro que profere um voto em uma corte superior, as referências doutrinárias trazidas pelos julgadores em seus votos e os argumentos de natureza fática e valorativa utilizados têm uma importância crescente nos julgamentos destes tribunais, o que faz com que não pos-

---

151. Claus-Wilhelm CANARIS, *op. cit.*, p. 258, nota 41.
152. Claus-Wilhelm CANARIS, *op. cit.*, p. 258, nota 41.

sam ser consideradas pela ciência do direito como questões meramente de caráter secundário.[153]

4.4.6 Mito nº6: a tópica é útil apenas para o legislador

Canaris[154] considera que a tópica tem mais a oferecer ao legislador e à ciência política, do que ao juiz e ao direito. Tal opinião funda-se no fato de que os exemplos dos Tópicos de Aristóteles são em boa parte de natureza ética e apontam claramente para o campo da política. Os consensos que se formam socialmente seriam, portanto, a base da criação de tópicos orientadores do legislador na criação das leis, sendo esta uma concepção democrática da arte de legislar. Todavia, Canaris[155] adverte que a arte de legislar não é parte integrante da ciência do direito, o que somente reforçaria a tese da inaplicabilidade da tópica a esta última, principalmente tendo-se em vista os princípios da separação de poderes e da vinculação do juiz à lei.

A restrição do uso da tópica à atividade do legislador, com base no caráter "político" da tópica aristotélica, denota uma visão apenas parcial da influência da tópica na cultura ocidental. Ainda que se pudesse restringir a incidência da tópica de Aristóteles ao campo da política (o que também não parece ser algo pacífico), a crítica de Canaris

---

153. Sobre a importância do estudo das decisões dos tribunais para a metodologia da ciência do direito, ver os comentários dos acórdãos do Supremo Tribunal Federal, no item 5.2 *infra*
154. Claus-Wilhelm CANARIS, *op. cit.*, p. 262.
155. Claus-Wilhelm CANARIS, *op. cit.*, p. 264.

negligencia a função da tópica de Cícero[156] como um manual para os juristas romanos, a influência no pensamento jurídico medieval dos comentários a ela feitos por Boécio, além da própria gênese dialética do direito romano antigo, das glosas e das instituições do direito canônico. A redução da tópica à sua formulação original, contida no pensamento aristotélico, redunda em ignorar todo o percurso histórico desse modo de raciocinar no direito ocidental.

Interessante observar, também, que um dos pilares do mito ora em discussão está ligado aos princípios da separação de poderes e da vinculação do juiz à lei, os quais têm uma origem historicamente determinada, respondendo a um projeto político específico, trazido pela Revolução Francesa,[157] não sendo possível afirmar que o tratamento de qualquer questão jurídica tenha que estar necessariamente assentado nestes princípios. Em realidade, tanto a idéia de sistema jurídico quanto a de vinculação do juiz à lei resultaram de construções históricas, mas nem por isso foram capazes de romper com os fundamentos tópicos da prática jurídica consolidada ao longo da História do Ocidente.

Canaris[158] critica também a tese de que o direito é tópico por excelência, pois existem casos em que a lei disciplina de forma precisa determinadas situações, não demandando qualquer tipo de complementação de sentido por parte do intérprete ou do aplicador.[159] Os casos excep-

---

156. Ver item 2.1.1.2 *supra*.
157. Ver item 3.3 *supra*.
158. Claus-Wilhelm CANARIS, *op. cit.*, pp. 264-265, nota 58.
159. O próprio Viehweg reconhece a tendência recente de criação, em certas zonas do direito, de uma normatividade cada vez mais casuística, originando o que ele denomina *sistema cibernéti-*

cionais, que comportariam uma concretização normativa pelo aplicador do direito, seriam o das cláusulas gerais, cujo conteúdo foi propositalmente deixado em aberto pelo legislador, e o das lacunas legislativas.[160]

Além disso, defende Canaris[161] que o direito é uma ciência hermenêutica e não da ação, tendo seu fundamento na compreensão correta dos símbolos e não em uma atuação correta. A função do juiz seria a de mera complementação axiológica do direito positivo, quando necessário, não fazendo parte de suas atribuições substituí-lo pela vontade de todos, da maioria ou dos sábios, como ocorre nos procedimentos argumentativos.

Ainda que reconhecendo a existência de valorações próprias do juiz sobre a lei, Canaris[162] nega que estejam elas diretamente associadas à tópica, por não ser esta a única alternativa possível a uma lógica estritamente formal e muito menos o único mecanismo existente para a construção das premissas do sistema jurídico. Exatamente em fun-

---

co, que é típico das sociedades industriais, no qual prevalece uma auto-regulação. Este seria um modelo sistemático fechado, auto-reprodutivo, no qual a aplicação do direito seria derivada de meras deduções e o juiz teria o seu espaço criativo bastante reduzido. Theodor VIEHWEG, Problemas Sistémicos en la Dogmática Jurídica y en la Investigación Jurídica, *op. cit.*, pp. 82-83. Viehweg empreende tal análise no contexto de uma discussão mais ampla sobre diferentes modelos sistemáticos, mas em momento algum afirma que o padrão dos sistemas jurídicos é cibernético por excelência, ressaltando inclusive que tal modelo é pertinente apenas a determinadas áreas do direito e não ao sistema jurídico como um todo.

160. Sobre este ponto, ver item 4.4.7 *infra*.
161. Claus-Wilhelm CANARIS, *op. cit.*, pp. 265-266.
162. Claus-Wilhelm CANARIS, *op. cit.*, p. 266.

ção disso é que ele[163] defende o postulado de um pensamento teleológico-sistemático como alternativa à tópica de Theodor Viehweg. Para Canaris[164], a crítica de Viehweg tem como alvo uma concepção axiomático-dedutiva há muito não mais aceita na ciência do direito. A proposta de Canaris pretende distinguir-se da tópica pelo fato de estar orientada em termos hermenêuticos, uma vez que parte de signos previamente dados, buscando apenas precisar o seu sentido, enquanto a tópica partiria do senso comum e de *topoi*. Além disso, a visão sistêmica de Canaris busca seguir uma tendência generalizadora da justiça, contrapondo-se a uma casuística típica do modo de pensar tópico. Canaris[165] inclusive esclarece que, em função da variedade de sentidos da expressão *topos*, alguns partidários da tópica poderiam equivocadamente não identificar qualquer oposição entre a tópica e a sua proposta de uma hermenêutica teológico-sistemática.

De forma geral, a crítica de Canaris à tópica de Viehweg funda-se em uma visão completamente abstrata da atividade jurídica. O mito da assistematicidade da tópica já foi devidamente afastado nesta obra,[166] o que faz com que a grande premissa do debate de Canaris com a tópica fique bastante comprometida. A par disso, a ausência de referenciais em termos de história do pensamento jurídico ocidental por diversas vezes manifesta-se em sua crítica à tópica.

Assim, se a observação de Canaris sobre a incompatibilidade entre a sua proposta e tópica funda-se em uma

---

163. Claus-Wilhelm CANARIS, *op. cit.*, pp. 266-267.
164. Claus-Wilhelm CANARIS, *op. cit.*, p. 266.
165. Claus-Wilhelm CANARIS, *op. cit.*, p. 267, nota 66.
166. Ver item 4.4.1 *supra*.

resistência a um mero transplante da tópica aristotélica para o direito, defendendo uma hermenêutica que parta do exame do caso concreto para a determinação do sentido da norma jurídica, a presente obra caminha voluntariamente no sentido de um alinhamento com os "equivocados" adeptos da tópica, que não vêem uma oposição absoluta entre as propostas de Canaris e de Viehweg. Em realidade, a tópica jurídica de Theodor Viehweg nunca pretendeu negar o caráter sistemático do direito na atualidade. O que ela refuta é a idéia de que o direito sempre teria apresentado um perfil sistematizado, residindo aí, com certeza, a sua grande divergência com Canaris. Os argumentos utilizados pela tópica jurídica são históricos, baseados no exame de textos jurídicos antigos e medievais e de escritos dos juristas de tais períodos. Portanto, se a oposição entre a tópica e a hermenêutica proposta por Canaris tem a sua base na existência no direito, de referenciais sistemáticos previamente determinados, parece de fato inexistir divergência e sim uma leitura pouco precisa de Viehweg, por parte de Canaris. Tal conclusão é reforçada pelo fato de que o debate travado por Canaris com a tópica quase nunca passa por uma discussão histórica, mas apenas por um suposto enfoque metodológico da ciência do direito, como se a questão da historicidade do direito não fizesse também parte da metodologia jurídica.

Somente segundo uma visão a-histórica do direito é possível falar de um modelo sistemático-teleológico para a ciência do direito independente de análises tópicas. Em realidade, a questão finalística das normas está repleta de implicações fáticas, tanto no seu processo de criação (as motivações para o surgimento das leis), quanto no de aplicação (adequação entre fatos e normas pelo magistrado).

A limitação do uso da tópica à gênese do direito objetivo, como propõe Canaris, torna sem qualquer explicação plausível o fato de que, ao longo do tempo, são verificadas mudanças na jurisprudência sobre uma determinada matéria, sem que tenha o direito positivo sofrido qualquer alteração no período correspondente. Tal situação somente pode ser justificada no interior do sistema jurídico, a partir de um referencial tópico, uma vez que a interpretação do direito positivo deriva dos entendimentos hegemônicos surgidos nos tribunais, a partir do julgamento de casos concretos, que prevalecem durante lapsos temporais variáveis.

4.4.7 Mito n°7: a tópica só é útil excepcionalmente, quando a valoração pelo direito positivo é incompleta, como no caso das lacunas na lei e das cláusulas gerais

Canaris[167] restringe o âmbito de atuação da tópica no direito aos casos em que o direito positivo mostra-se absolutamente insuficiente para a resolução de determinados problemas, demandando uma necessária concretização normativa pelo juiz, com base nos valores e instituições jurídicas, culturais e sociais dominantes em determinada comunidade.

E quando irão ocorrer tais situações? Para Canaris,[168] o primeiro caso seria o das lacunas da lei. Em circunstâncias absolutamente imprevistas pelo legislador, não tem o aplicador outra alternativa, senão a de buscar em certos pontos

---

167. Claus-Wilhelm CANARIS, *op. cit.*, p. 269.
168. Claus-Wilhelm CANARIS, *op. cit.*, p. 270.

de vista dominantes a solução para determinados casos em especial. A segunda hipótese admitida por Canaris[169] é a das cláusulas gerais, que originariamente demandam uma complementação valorativa. Neste caso, a própria disciplina aberta dos conceitos utilizados pelo legislador pressupõe uma concretização de significado pelo intérprete. Aqui, o sistema delimita o espaço de atuação da tópica em seu interior, quando opera com conceitos como *zeloso pai de família, boa-fé, culpa, mulher honesta, dano, bem comum* etc.; que demandam uma determinação de seu conteúdo no caso concreto.

O grande problema que se pode identificar na concepção de Canaris sobre o espaço da tópica no direito está no caráter meramente residual a ela conferido. Os raciocínios tópicos apenas surgiriam quando a normatividade do direito positivo fosse insuficiente, como no caso das lacunas, ou extremamente aberta, como na hipótese das cláusulas gerais. Ocorre, porém, que os raciocínios fundados no perfil do problema fazem parte do pensamento jurídico desde a Antigüidade, sendo inclusive a gênese das próprias instituições do direito romano, por exemplo.[170] Da mesma forma, os próprios instrumentos da hermenêutica jurídica derivaram de um tipo de raciocínio inegavelmente voltado à sistematização dos institutos jurídicos, mas que era problemático na sua origem. Basta lembrar da atividade dos glosadores, comentadores e juristas escolásticos na Baixa Idade Média[171] para compreender que boa parte desses recursos hermenêuticos referidos por Canaris resultou da necessidade da afirmação do poder político dos reis naquele

---

169. Claus-Wilhelm CANARIS, *op. cit.*, pp. 272-273.
170. Ver item 1.4 *supra*.
171. Ver capítulo 1 *supra*.

período, conforme bem destaca Ernst Kantorowicz.[172] Falar, portanto, de interpretação extensiva da lei, de analogia, de princípios gerais de direito, de critérios sistêmicos de solução de antinomias é falar de um conjunto de técnicas jurídicas, que, longe de serem puramente formais, derivam da necessidade de dar ao direito objetivo um significado próprio, à luz de cada situação.

Em sendo assim, parece que o confinamento da tópica aos estreitos limites da integração de lacunas e da concretização das cláusulas gerais evidencia uma visão limitada do processo hermenêutico, que ignora por completo os seus fundamentos históricos.[173]

4.5 O raciocínio tópico como opção para a ciência do direito

Muito embora seja crítico em relação à aplicação da tópica ao direito, Canaris[174] admite um papel complementar do pensamento tópico no sistema jurídico. A imprecisão de sua leitura reside exatamente na tese da impossibilidade de existirem "sistemas tópicos" e no caráter restrito

---

172. Ver item 1.5.3 *supra*.
173. Posição semelhante é adotada por Juarez Freitas, *op. cit.*, pp.131-133, que vê uma identidade essencial entre o pensamento tópico e o sistemático, tendo em vista que a interpretação sistemática se vale da hierarquização de princípios, própria da visão sistêmica, e da solução de problemas jurídicos, que é característica da tópica.
174. Claus-Wilhelm CANARIS, *op. cit.*, p. 273. O mesmo ocorre com Robert ALEXY, *op. cit.*, p. 24, e Friedrich MÜLLER, *op. cit.*, p. 137, que admite a referida complementação, desde que nos limites normativos estabelecidos pela ordem constitucional.

da aplicação da tópica ao direito, limitada à concretização axiológica das cláusulas gerais e das lacunas legislativas. Quanto ao restante, o sistema prescindiria de qualquer tipo de análise vinculada à tópica, uma vez que os valores que o fundam estariam previamente fixados pelas leis.

Apesar do tom crítico utilizado em toda a sua obra, Canaris[175] finda por curvar-se à importância dos raciocínios tópicos para o sistema jurídico, ao admitir a possibilidade de existirem campos em que não são bem claros os limites entre os pontos de vista de cunho estritamente sistêmico e aqueles baseados no senso comum.

Canaris[176] também cede à influência da tópica no momento em que admite que tópicos desempenham papel relevante na concretização dos princípios jurídicos de conteúdo genérico, presentes no sistema jurídico. Além disso, Canaris[177] destaca que a tópica tem maiores possibilidades de aplicação naquelas áreas que têm uma forte incidência de cláusulas gerais, como o direito internacional e o direito constitucional, por exemplo, do que em áreas dotadas de

---

175. Claus-Wilhelm CANARIS, *op. cit.*, p. 276.
176. Claus-Wilhelm CANARIS, *op. cit.*, p. 276.
177. Claus-Wilhelm CANARIS, *op. cit.*, p. 277. Em sentido diametralmente oposto, Müller vê uma maior proximidade da tópica com o direito civil do que com o direito constitucional, em razão da origem tópica de boa parte dos conceitos da civilística, o que não ocorre com as instituições de direito público, que compreendem princípios incompatíveis com a visão casuística da tópica, como o da segurança jurídica, da isonomia e da clareza da ordem jurídica. Friedrich MÜLLER, *op. cit.*, p. 136. Entendemos serem improcedentes ambas as restrições, por existir espaço para o uso de raciocínios tópicos, tanto em matérias de direito público quanto de direito privado, conforme será discutido no Capítulo 5.

uma normatividade mais específica, como o direito imobiliário ou dos títulos de crédito.

Em verdade, as divergências mais sérias entre a concepção sistêmica de Canaris e a tópica de Viehweg advêm muito mais de uma leitura equivocada do último pelo primeiro do que propriamente de uma impossibilidade de harmonização das suas propostas.

Não procede a idéia de que a tópica jurídica é por definição assistemática e, portanto, não poderia ser aplicada aos atuais modelos de ordenamento jurídico. Viehweg nunca defendeu tal idéia e inclusive a refutou expressamente no apêndice ao livro *Tópica e Jurisprudência*. Em realidade, a proposta da tópica é a de uma crítica aos parâmetros metodológicos do positivismo jurídico e do normativismo kelseniano, que culminaram em um afastamento entre o direito e os seus fundamentos histórico-culturais. Viehweg buscou resgatar estas bases, por meio de um estudo histórico das instituições jurídicas e de uma retomada do modo dialético de pensar o direito a partir de problemas.

Também é descabida a ressalva de Canaris de que a tópica não seria a única forma de pensar baseada em problemas e de que seria impossível raciocinar de modo problemático em um contexto sistêmico. Ora, a tópica pode até não ser o único mecanismo do pensamento problemático, mas em momento algum Viehweg nega a possibilidade de existir um sistema jurídico e, principalmente, a viabilidade de uma atuação fundada na tópica, mesmo no interior do sistema. Este é inclusive um procedimento perfeitamente compreensível em termos lógicos, pois permite que as soluções para casos difíceis sejam obtidas a partir dos *topoi* que serviram de fundamento para a construção do sistema e que nada mais representam do que um catálogo normativo de tópicos.[178]

Uma vez que aqui se está falando de uma interação entre os raciocínios tópico e sistemático, de forma um pouco mais ampla do que a mera integração de lacunas e concretização de cláusulas gerais, deve-se indagar das próprias possibilidades da tópica como base para uma metodologia da ciência do direito.

De acordo com Viehweg,[179] há duas formas de organização de um conhecimento científico: a primeira passa pela conversão de um estilo de pensamento em um sistema lógico, lançando mão de um método dedutivo, que cria uma unidade a partir de fundamentos e definições, e a segunda pressupõe a total conservação do modo de pensar original, que apenas passa a ser objeto de um estudo científico. Aplicadas ao direito, tais alternativas implicam tornar científica a técnica jurídica, no primeiro caso, e em torná-la apenas objeto de uma ciência, sem alteração de suas características, no segundo. Viehweg[180] adverte, porém, que em ambas as situações é possível pensar em uma ciência do direito. A empresa de racionalização do estudo do direito, iniciada na Idade Moderna, implicou a adoção da primeira das alternativas anteriormente mencionadas. O pensamento jurídico moderno pretendeu substituir o estilo tópico, dominante até a Idade Média, por uma ordem lógica, estruturada com base em deduções.[181] O que

---

178. Ver item 2.1.1 *supra*.
179. Theodor VIEHWEG, *Tópica e Jurisprudência*, op. cit., p. 75.
180. Theodor VIEHWEG, *Tópica e Jurisprudência*, op. cit., p. 75.
181. Neste sentido, ver Eduardo García de ENTERRÍA, Reflexiones sobre la Ley y los Principios Generales del Derecho en el Derecho Administrativo, *op. cit.*, p. 55.

Viehweg[182] denomina de *catálogo jurídico de topoi* passou a ser encarado como a base de um sistema formal, a partir da articulação entre conceitos e proposições topicamente construídos no passado.

Como já visto,[183] o método puramente dedutivo enfrenta sérios obstáculos no campo do direito, pois tem como pressuposto uma total submissão do sistema às premissas criadas por meio de axiomas. No direito, o que se verifica na prática é o recurso freqüente a raciocínios fundados no problema, até mesmo porque a origem dos institutos jurídicos na tradição jurídica ocidental está ligada a procedimentos argumentativos.[184]

De fato, não é possível hoje a renúncia a uma análise sistemática do direito. Entretanto, esse catálogo jurídico de *topoi*, representado pelo ordenamento jurídico, deve ser visto como um sistema em constante mutação e ampliação.[185] Nos dias atuais, é praticamente impossível defender a idéia de que as mudanças no acervo conceitual de determinado ordenamento jurídico devem estar exclusivamente atreladas ao processo legislativo, sobretudo quando se sabe que a dinâmica da vida social é muito mais célere do que a capacidade do sistema de alterar as leis que nele vigoram. Dessa forma, os processos de interpretação e integração normativa desempenham um papel fundamental na "oxige-

---

182. Theodor VIEHWEG, *Tópica e Jurisprudência, op. cit.*, p. 76.
183. Ver item 2.2.2.2.1 *supra*.
184. Ver capítulo 1 *supra*.
185. Tércio Sampaio FERRAZ JÚNIOR, *Introdução ao Estudo do Direito: técnica, decisão, dominação*, 2. ed., São Paulo, Atlas, 1994, p. 329. Miguel REALE, *Fontes e Modelos do Direito: para um novo paradigma hermenêutico*, São Paulo, Saraiva, 1994, p. 109.

nação" do sistema normativo, sendo hoje muito mais do que meros instrumentos da técnica jurídica. Tais processos são verdadeiros expedientes de natureza tópica, que ilustram claramente a inviabilidade da aplicação ao direito de um raciocínio *more geometrico*.

Juarez Freitas[186], entende que, em função da essencial identidade existente entre pensamento sistemático e tópico, o direito não pode ser encarado apenas sob o prisma formal. O processo de hierarquização axiológica pressupõe a capacidade do intérprete de estabelecer em cada caso a forma de incidência dos princípios superiores do sistema jurídico. Tal operação combina a racionalidade própria da visão sistêmica com a casuística da tópica.

Ademais, para Viehweg,[187] é da essência da atividade jurídica a revisão e a ampliação do conteúdo dos conceitos adotados pelo direito, sendo genuinamente tópicos os procedimentos que realizam tal tarefa.

Enterría[188] destaca que a interpretação e a aplicação do direito são processos que pressupõem a utilização de princípios. A interpretação da norma jurídica deve levar em consideração as instituições de direito que lhe serviram de inspiração e o seu papel no ordenamento jurídico. Entretanto, tal operação não se dá de forma automática, pois tais instituições são dotadas de historicidade, estando ligadas a um conjunto de problemas determinados, que pode modificar-se com o tempo, o que inevitavelmente fará com que

---

[186]. Juarez FREITAS, *op. cit.*, pp. 144-145.
[187]. Theodor VIEHWEG, *Tópica e Jurisprudência, op. cit.*, p. 88.
[188]. Eduardo García de ENTERRÍA, Reflexiones sobre la Ley y los Principios Generales del Derecho en el Derecho Administrativo, *op. cit.*, pp. 67-68.

também o perfil dos institutos jurídicos sofra uma adaptação.

Desse modo, apesar da advertência de Tércio Ferraz,[189] de que a tópica constitui "um *estilo* de pensar e não, propriamente um *método*", por não se traduzir por "um procedimento verificável rigorosamente", é inegável que o modo de pensar tópico representa uma importante contribuição para a ciência do direito, uma vez que se apresenta como um contraponto ao rigor formal das abordagens do positivismo jurídico.

O campo em que afloram por excelência os raciocínios tópicos no mundo do direito é o da sua aplicação, pois nele é que as matérias de fato receberão um tratamento específico e sofrerão uma apreciação em face das normas em vigor. Acrescente-se que, durante boa parte da história do direito ocidental, as normas jurídicas do direito privado derivaram de práticas decisórias adotadas na solução de problemas concretos, o que evidencia a origem tópica de inúmeros institutos jurídicos.

Assim, torna-se de suma importância na presente obra o exame do papel dos tribunais, na construção da normatividade do ordenamento jurídico. O estudo a ser feito no próximo capítulo partirá da análise da atuação das cortes superiores, em virtude do papel diretivo que elas exercem em relação às demais instâncias decisórias do Estado. Em relação ao sistema jurídico brasileiro, pode-se dizer que tal função é exercida essencialmente pelo Supremo Tribunal Federal.

---

189. Tércio Sampaio FERRAZ JÚNIOR, *Introdução ao Estudo do Direito: técnica, decisão, dominação, op. cit.*, p. 327.

Capítulo 5

O Supremo Tribunal Federal e o raciocínio tópico

Como já se teve oportunidade de discutir no Capítulo anterior, é admissível uma metodologia tópica de estudo do direito, desde que o fenômeno jurídico seja encarado de acordo com as suas implicações históricas e contextuais e não somente segundo uma perspectiva sistemático-dedutiva.

O caminho para a realização de um projeto dessa natureza passa exatamente pelos enfoques problemáticos do direito, que são uma decorrência do direito vivo, derivado do processo de aplicação das normas positivas existentes no ordenamento jurídico. Justamente da aplicação das leis advém o significado historicamente relevante da ordem normativa, pois o direito positivo, enquanto pura obra legislativa, carece de uma complementação de conteúdo, que se manifesta na atividade intelectual de adequação entre os novos fatos e as normas em vigor no ordenamento.

Pôde-se também observar que todo o esforço empreendido na Era Moderna para atribuir ao direito padrões de racionalidade lógico-formal não foi capaz de afastar da prática jurídica os raciocínios tópicos, que fazem parte da essência do direito desde a Antigüidade.[1] Em sendo assim, ainda que seja hoje inafastável o padrão sistêmico atribuído ao direito a partir da modernidade, não é possível pensá-lo como um sistema autônomo e despido das influências da realidade.

E nem se diga que falar de um *sistema jurídico aberto* é algo diferente de admitir a aplicação da tópica ao direito, porque já se teve a oportunidade de aqui discutir[2] que todo esse exercício teórico para negar a dimensão tópica do direito nada mais é do que uma tentativa de esconder a própria gênese histórica dos sistemas jurídicos.

Para desfazer a cortina de fumaça que as concepções metodológicas de inspiração positivista ergueram sobre a natureza da ciência do direito é necessário partir do exame da prática dos tribunais como elemento formador de conteúdos normativos no ordenamento jurídico. A referida proposta de uma metodologia tópica de abordagem do direito passa por um estudo das decisões dos tribunais e da forma pela qual elas influenciam a comunidade jurídica. O alvo deste tipo de investigação são exatamente os tribunais superiores, uma vez que eles têm um papel de destaque no contexto do ordenamento jurídico, pois firmam orientações decisórias para as demais instâncias judiciais.

Por meio da atividade dos tribunais superiores ocorre uma atualização do sentido das normas jurídicas em vigor, independentemente do processo legislativo, o que faz com

---

1. Ver item 3.6 *supra*.
2. Ver item 4.4.3 *supra*.

que o apego ao princípio da separação de poderes venha sendo repensado nos sistemas jurídicos da atualidade.[3] A fundamentação das decisões judiciais representa uma importante fonte para uma análise tópica do direito, pois do exame dos fundamentos de uma sentença ou acórdão, é possível observar quais os recursos argumentativos de que lança mão o aplicador, no momento em que tenta aproximar uma determinada lei do sentido concreto da noção de justiça. Como já visto,[4] a aporia da justiça tem na atualidade a sua concretização exatamente a partir da prática decisória dos tribunais, como ocorria no passado com a jurisprudência romana e os juristas-práticos da Idade Média e da Era Moderna. Assim, ainda que na tradição jurídica da Europa continental o eixo da criação do direito tenha sido deslocado dos tribunais para o poder legislativo, os procedimentos de hermenêutica jurídica preservaram o caráter de concretização normativa inerente às decisões judiciais.

A opção metodológica pelo estudo das decisões dos tribunais superiores decorre, por um lado, da importância institucional por eles apresentada e, por outro, da riqueza dos procedimentos argumentativos neles travados, em virtude de sua composição colegiada. Os diversos integrantes de um tribunal superior enxergam uma idêntica questão

---

3. Mauro Cappelletti afirma que esta é uma tendência geral dos sistemas de direito codificado, que estão trocando um sistema de rígida separação de poderes por um modelo de controles recíprocos, que implica um incremento da atividade criadora do direito pelo Poder Judiciário. Mauro CAPPELLETTI, *Juízes Legisladores?* Tradução de Carlos Alberto Alvaro de Oliveira, Porto Alegre, Sérgio Fabris, 1993, p. 55.
4. Ver item 4.4.1 *supra*.

jurídica sob diferentes prismas, o que apenas reforça a tese aqui proposta da função normativa das cortes superiores na estrutura do ordenamento jurídico.

A fim de constatar empiricamente a validade da hipótese de trabalho desta obra, optou-se por enfocar especificamente a jurisprudência do Supremo Tribunal Federal, Corte encarregada no ordenamento jurídico brasileiro da guarda da Constituição e, por isto, dotada de um papel relevante no direcionamento das leituras da comunidade jurídica a respeito das questões jurídicas. Mas antes de examinar diretamente as decisões do Supremo Tribunal Federal em casos concretos, faz-se necessário realizar um estudo mais aprofundado acerca da manifestação da tópica na atividade dos tribunais superiores, de forma geral.

5.1 A tópica e os tribunais superiores

A fim de que se possa melhor entender a forma de manifestação da tópica nos tribunais superiores é fundamental o exame de sua função institucional no contexto do Estado.

Tradicionalmente, prevalece nos sistemas de direito codificado o princípio da separação de poderes, que tem o seu fundamento na divisão precisa entre a função de criar normas jurídicas e a de dar-lhes aplicabilidade. Como decorrência deste princípio, a tarefa do chamado Poder Judiciário estaria restrita à aplicação das normas, enquanto a tarefa de criação do direito seria exclusividade do Poder Legislativo.

Todavia, essa proposta, surgida com a montagem do Estado liberal francês no século XIX, findou por criar alguns impasses de natureza metodológica no campo do direito.⁵ Se ao Poder Judiciário era vedada a tarefa de criação do direito, de que forma deveria agir o juiz, quando as leis disponíveis não fossem suficientes para a solução de certos casos? A resposta veio por meio de todo um conjunto de procedimentos de hermenêutica jurídica, que de forma alguma propunham uma usurpação, por parte do juiz, da competência privativa do legislador para a criação do direito. Tais procedimentos buscavam, em realidade, uma flexibilização do conteúdo das normas jurídicas, a fim de que pudesse o juiz, que está diante do caso concreto, oferecer uma solução compatível com a finalidade social da lei ou mesmo resolver situações para as quais inexistisse uma norma específica.

Assim, passou-se a tolerar que o aplicador do direito interpretasse o direito ou integrasse as lacunas normativas, conforme o caso. Estas são práticas tidas comumente como meros recursos de técnica jurídica, que em nada afetam o processo de criação do direito, que permanece como exclusividade do Poder Legislativo. Entretanto, um exame prático de tal questão revela que o significado de uma norma positivada em boa parte dos casos não deriva do conteúdo gramatical dos vocábulos nela expressos e sim da leitura que dela fazem os aplicadores do direito.

Pode-se até argumentar que os procedimentos hermenêuticos do direito apenas revelam uma regra contida implicitamente no ordenamento jurídico e que esta seria inclusive uma maneira de afirmar-se o seu caráter sistêmico e completo. O que não parece satisfatório é a pretensão de atribuir ao conteúdo normativo resultante dos procedimentos integrativos e interpretativos do direito um caráter de permanência e a-historicidade, que ele efetivamente

---

5. Ver item 3.6 *supra*.

não apresenta. É ele verdadeiramente um resultado de valorações dotadas de inegáveis referências conjunturais e passíveis de modificação com o passar do tempo.

A proposta de uma harmonização entre a tópica e a idéia de sistema jurídico passa por uma contextualização da hermenêutica jurídica, de forma que esta não seja considerada como resultado de um conjunto de raciocínios lógico-formais, cujos passos estão solidificados doutrinária ou normativamente; e sim como uma combinação de influências, derivadas de um eixo comum da tradição jurídica do Ocidente.

Deve-se ter em mente que os mecanismos interpretativos do direito positivo não surgiram apenas no século XIX, como forma de oferecer uma resposta à crise do positivismo jurídico. Em verdade, a hermenêutica jurídica seguiu uma linha de continuidade na tradição jurídica ocidental, que foi rompida exatamente pela concepção formalista do direito desenvolvida no século XIX.

O resgate dos fundamentos metodológicos do direito ocidental ocorre a partir do momento em que é atenuado o rigor do princípio da separação de poderes, com a atribuição de uma maior liberdade decisória ao juiz. Não por coincidência, trabalhos recentes na área processual[6] defendem uma ampliação da liberdade do juiz na condução do processo e na valoração das provas. Se por um lado a formalização do direito trazida pelo Estado liberal representou uma proteção ao cidadão contra o arbítrio e a parcialidade do direito, verificados nos Estados Absolutistas,

---

6. Por exemplo, Cândido Rangel DINAMARCO, *A Instrumentalidade do Processo*, 4. ed., São Paulo, Malheiros, 1994, pp.195-201 e José Carlos Barbosa MOREIRA, Reflexões sobre a Imparcialidade do Juiz, *in*: *Doutrina Adcoas*, n. 7, 1998, pp. 254-260.

por outro, tal modelo foi responsável pela equiparação jurídica de situações completamente diferentes em termos concretos, gerando inúmeras distorções, que ainda serão discutidas nesta obra.[7] Acrecente-se que a absoluta submissão do juiz ao legislador representou, na prática, a supressão de uma competência tradicional que os tribunais detinham para a criação de normas jurídicas, sobretudo no campo do direito privado.[8]

Assim, a partir do momento em que o aplicador passou a complementar o sentido das normas jurídicas por meio de processos hermenêuticos, tornou-se difícil ignorar o fato de que o conteúdo normativo do ordenamento jurídico passou a ser dado também pela atividade interpretativa dos integrantes do Poder Judiciário.

A visão sistêmica da ordem jurídica não é de forma alguma incompatível com o fato concreto de que os juízes dão o significado do direito à luz de casos concretos, o que configura um procedimento nitidamente de caráter tópico.[9] Os recursos interpretativos no campo do direito representam um elemento de aproximação entre a lei e o fato, atendendo a uma necessidade institucional do Poder Judiciário, de oferecimento de respostas a problemas.

Caso as ponderações ora trazidas fossem improcedentes, como seria possível explicar o prestígio da jurisprudência nos sistemas de direito codificado, uma vez que ela não é tradicionalmente tida como fonte de direito? O que se vê, na prática, é uma tendência bastante forte da comuni-

---

7. Ver item 5.1.1.1.2 *infra*.
8. Sobre as mudanças trazidas pelo Estado liberal no campo do direito, ver item 3.3 *supra*.
9. Sobre os fundamentos desta afirmação, ver a discussão travada no item 4.4.6 *supra*.

dade jurídica a seguir as linhas interpretativas dadas pelas cortes superiores, muito embora não apresentem elas um caráter de obrigatoriedade em relação às demais instâncias decisórias. Justamente por isso, optou-se na presente obra por enfocar a manifestação da tópica em tribunais superiores e, mais especificamente, no Supremo Tribunal Federal.[10]

Assim, a reflexão sobre o papel normativo dos tribunais superiores não deve ser uma preocupação apenas dos estudiosos do direito da tradição jurídica anglo-saxônica, que tem nos precedentes judiciais a sua principal fonte de normatividade, mas também daqueles que analisam os sistemas de direito codificado, pois o fato de ser a jurisprudência a fonte básica do direito inglês e norte-americano não torna as reflexões a respeito do papel institucional da Corte Suprema dos Estados Unidos da América, por exemplo, de menor importância para os juristas da tradição jurídica romano-germânica, uma vez que os problemas metodológicos que afligem os dois sistemas são bastante semelhantes. Um sistema orientado por precedentes jurisprudenciais pode ser até mais inflexível do que um de direito codificado, se adotados parâmetros rígidos de submissão às decisões previamente estabelecidas. Na prática, a visão lógico-formal também pode ser adotada na *common law*, basta que se transforme o juiz de hoje em um escravo da decisão de ontem, proferida em uma realidade completamente diversa. Esta é uma situação análoga à do fetichismo legal da Escola da Exegese francesa, com a diferença de que aqui o juiz é um escravo dos precedentes e não do direito positivo criado pelo Estado.

---

10. Ver item 5.2 *infra*.

Os juristas americanos[11] têm inúmeros trabalhos realizados sobre o perfil político da Suprema Corte, a influência da opinião pública em seus julgados e os fundamentos utilizados por seus juízes nas mudanças de orientação jurisprudencial, cuja metodologia pode servir de importante auxílio em termos de pesquisa jurídica acerca da função jurisdicional em nossa tradição jurídica.

Acrescente-se que as cortes superiores têm, seja qual for o perfil do sistema jurídico, um inegável caráter político, seja pela forma de recrutamento de seus membros, que em regra decorre de indicações políticas; seja pelas conseqüências amplas das orientações por elas firmadas, principalmente em se tratando de cortes competentes para a

---

11. Inúmeros são os trabalhos produzidos sobre a Suprema Corte norte-americana, sendo de se destacar trabalho recente de Bernard Schwartz, no qual ele discute diversos julgamentos daquele Tribunal, a partir de esboços de votos, transcrições de debates entre os juízes e entrevistas, a fim de investigar como se dá o seu processo decisório. A investigação realizada discute o papel dos presidentes daquela Corte, na fixação de tendências jurisprudenciais, a influência da opinião pública e o perfil político dos juízes da Suprema Corte. Destaque-se que este é um trabalho de pesquisa jurídica e não jornalístico, o que demonstra a importância que os meios acadêmicos dos Estados Unidos dão a estudos relativos à atuação de seu Tribunal de maior hierarquia, algo que ainda parece ser pouco comum na tradição jurídica brasileira. Ver Bernard SCHWARTZ, *Decision: how the Supreme Court decides cases*, New York, Oxford University Press, 1996. Já sobre um enfoque mais descritivo a respeito do funcionamento da Suprema Corte, pode-se mencionar Laurence BAUM, *A Suprema Corte Americana*, tradução de Élcio Cerqueira, Rio de Janeiro, Forense Universitária, 1987, e Herbert JACOB, *Justice in America: courts, lawyers and the judicial process*, 3. ed., Boston; Toronto, Little, Brown and Company, 1978, pp. 220-230.

apreciação da matéria constitucional, uma vez que hoje existe uma forte tendência à constitucionalização das diferentes matérias jurídicas. Exatamente por isso, optou-se por um estudo mais detalhado da atividade do Supremo Tribunal Federal, que tem a tarefa de guarda da Constituição no sistema brasileiro.

5.1.1 *Hermenêutica constitucional e tópica*

Um dos temas de maior interesse do debate jurídico está relacionado com a eficácia normativa da Constituição.[12] Hoje, mostra-se forte a tendência de superação de uma dogmática constitucional clássica, que encarava a Lei Maior como mero repositório de princípios e diretrizes gerais no ordenamento jurídico, sem uma incidência normativa concreta.

Na realidade, deve-se admitir que o alcance da normatividade constitucional estende-se às diferentes matérias tratadas pela legislação infraconstitucional, principalmente tendo-se em vista que o modelo das constituições sociais adotadas principalmente nos países europeus e na América Latina tende a contemplar a disciplina de questões concretas, palpáveis, no próprio texto da constituição (direitos

---

12. Neste tema, é fundamental mencionar o texto clássico de Konrad HESSE, *A Força Normativa da Constituição*, tradução de Gilmar Ferreira Mendes, Porto Alegre, Sergio Fabris, 1991 (orig. 1959). Derivada de uma aula inaugural proferida na Universidade de Freiburg, na Alemanha, em 1959, esta obra representou um marco na reflexão ocorrida após a II Guerra Mundial, acerca do alcance da normatividade das regras e princípios constitucionais no interior do ordenamento jurídico.

sociais, regime jurídico do funcionalismo público, regras previdenciárias etc.).

A par do aspecto analítico dos textos constitucionais na atualidade, existe o fato de que também as normas de caráter principiológico presentes na constituição ali não figuram de forma apenas ornamental, implicando reais conseqüências jurídicas, difundindo-se por todo o ordenamento jurídico.[13]

Torna-se, então, imperativa uma análise sobre as possibilidades de uma metodologia tópica do direito no âmbito da hermenêutica constitucional, uma vez que este paradigma metodológico é reconhecido por Vicente de Paulo Barretto[14] como um primeiro passo para a superação das limitações apresentadas pela dogmática positivista, exatamente por privilegiar o estudo do processo argumentativo estabelecido entre os intérpretes da Constituição.[15]

Um estudo dessa natureza passa necessariamente por um exame das práticas jurídicas que dão consistência aos princípios e às normas constitucionais. Justamente emrazão disso dar-se-á especial destaque à atividade das cortes

---

13. Ver item 5.1.1.1.2 *infra*.
14. Vicente de Paulo BARRETTO, Interpretação Constitucional e Estado Democrático de Direito, in: *Revista de Direito Administrativo*, Rio de Janeiro, n. 203, jan./mar. 1996, p. 13.
15. Peter Häberle entende que a sociedade aberta dos intérpretes da constituição compreende não apenas os órgãos estatais, mas também os grupos de pressão, corporações, opinião pública, meios de comunicação etc. Peter HÄBERLE, *Hermenêutica Constitucional — a sociedade aberta dos intérpretes da constituição: contribuição para a interpretação pluralista e "procedimental" da constituição*, tradução de Gilmar Ferreira Mendes, Porto Alegre, Sérgio Fabris, 1997 (orig. 1975), pp. 13-14.

superiores como intérpretes privilegiados da Constituição, com inegável influência sobre a comunidade jurídica.

É de grande importância o fato de que a ordem constitucional democrática tem a sua legitimação dada pela formação de acordos sociais em torno de certos princípios e que tais pactos são assegurados pelas normas jurídicas, o que retira o Estado daquela posição de absoluta superioridade em relação aos cidadãos, tornando-o, na prática, um garantidor da manutenção de tais acordos. Neste contexto, a função dos tribunais tem extrema relevância, uma vez que são eles os órgãos incumbidos constitucionalmente de zelar pela preservação da estabilidade da ordem jurídica, por meio de suas decisões.[16]

Em sociedades plurais, os acordos são estabelecidos em torno de determinadas regras, que podem ou não atingir uma ampla escala de seus integrantes. No momento em que as regras jurídicas apresentam um distanciamento em relação a uma parcela considerável da sociedade, ocorre um processo de crise de legitimidade. Precisamente em tais circunstâncias as cortes superiores experimentam um incremento de sua responsabilidade. Com base na aplicação de princípios constitucionais deverão tais órgãos julgadores resgatar os fundamentos do acordo que estrutura determinada sociedade.

Ao abrirem mão desta função "corretiva" da ordem jurídica as cortes superiores ficam automaticamente "contaminadas" por este processo de deslegitimação, que deixa deser apenas da lei ou do tribunal, tornando-se da autoridade do Estado como um todo. Tal fato talvez justifique uma preocupação, implícita ou explícita, que os integran-

---

16. Mais aprofundadamente, ver Peter HÄBERLE, *op. cit.*, pp. 29-40.

tes dos tribunais da cúpula da Justiça têm com o senso comum e as reações da opinião pública.[17]

Não se pode ingenuamente imaginar que o Poder Judiciário, como instituição integrante de Estado, poderia ficar imune a um processo de declínio de sua legitimidade e muito menos que os princípios da separação de poderes e as garantias da magistratura pudessem servir de escudo para quaisquer tipos de cobranças da sociedade, relativamente às decisões de seus juízes.

Assim, a perspectiva tópica e argumentativa sobre o direito tem no exame da atividade das cortes constitucionais um campo bastante fértil para o seu desenvolvimento, até mesmo porque a formação colegiada dos tribunais superiores favorece o desenvolvimento de procedimentos argumentativos, a partir da contraposição de teses entre os seus membros.

5.1.1.1 *O papel dos tribunais superiores na concretização dos princípios constitucionais*

Sobre a função das cortes supremas, Perelman[18] afirma que em regra ela alcança apenas a questão da violação de lei pelos juízes das instâncias inferiores, não penetrando no campo da formação da prova no curso dos processos, tornando-as não competentes para a análise das questões de fato. Todavia, o próprio Perelman[19] indaga até que ponto é possível delimitar de forma tão precisa o campo de atuação

---

17. Chaïm PERELMAN, *Ética e Direito*, op. cit., p. 555. Peter HÄBERLE, op. cit., pp. 22-23.
18. Chaïm PERELMAN, *Ética e Direito*, op. cit., p. 575.
19. Chaïm PERELMAN, *Ética e Direito*, op. cit., p. 576.

de um tribunal superior, sabendo-se que o controle de legalidade envolve um exame de congruência entre a decisão que é objeto de reapreciação e os fatos debatidos ao longo de um processo.

Nem mesmo o argumento de que a lei clara não comporta interpretação seria aceitável neste caso, porque a lei tida como clara é na verdade aquela sobre a qual não pende divergência interpretativa entre os juristas. Tal fato faz com que a matéria jurídica seja apenas temporariamente estável, até o momento em que o "acordo" hermenêutico em vigor na comunidade jurídica seja rompido pela ocorrência de um fato novo ou mesmo em razão do surgimento de novas teses acerca do sentido de uma mesma lei.[20]

Deve-se, então, encarar com alguma precaução a idéia de clareza da lei, de vez que ela é a expressão normativa de conceitos jurídicos, que podem apresentar um conteúdo flexível. Dessa forma, falar de clareza absoluta da lei é negligenciar a tarefa concretizadora dos conceitos jurídicos desempenhada pela jurisprudência. Ao relacionar conceitos com fatos, a partir da apreciação das provas produzidas em um processo, o juiz contribui para uma precisa determinação do conteúdo dos próprios conceitos e, conseqüentemente, para a formação de um significado institucionalmente aceito para a própria lei positiva. As decisões judiciais criam precedentes, que passam a servir de referência para o julgamento de casos similares no futuro, seguindo a regra de justiça de que casos semelhantes devem ser julgados da mesma maneira.[21]

---

20. Chaïm PERELMAN, *Ética e Direito*, op. cit., pp. 576-577. Jürgen HABERMAS, *Direito e Democracia: entre facticidade e validade*, v.1, tradução de Flávio Beno Siebeneichler, Rio de Janeiro, Tempo Brasileiro, 1997 (orig. 1994), pp. 281-282.
21. Chaïm PERELMAN, *Ética e Direito*, op. cit., p. 578.

Por meio de raciocínios indutivos é possível criar-se uma regra a partir do exame de casos particulares. Este é um traço típico dos raciocínios tópicos e um poderoso mecanismo de criação das instituições de direito no Ocidente. Situação similar ocorre na atualidade com a atuação das cortes superiores, que não têm competência constitucional para criar o direito nos sistemas do direito codificado, mas que são as grandes responsáveis pela fixação do conteúdo dos conceitos jurídicos contidos nas leis que vigoram no ordenamento jurídico, por meio do estabelecimento de precedentes decisórios.[22]

Perelman[23] adverte, contudo, que a padronização decisória, derivada da formação de precedentes judiciais, pode vir a gerar a própria estagnação da jurisprudência, em função do fato de ficarem os juízes adstritos aos limites das decisões anteriores. Neste caso, ao invés de serem as decisões judiciais um fator de oxigenação do sistema jurídico, passariam a funcionar como elemento gerador de uma rigidez conceitual semelhante à existente nos sistemas formais, em que há um apego extremado ao texto da lei e que foi anteriormente criticada pelo próprio Perelman.

O deslinde desta questão passa pelas exigências instituídas para as decisões judiciais no interior do sistema jurídico. Em sendo necessária uma clara motivação para as sentenças judiciais, é possível à corte suprema realizar um

---

22. Habermas destaca, inclusive, a existência de um interesse público de uniformização do direito, que é preservado pela corte de maior hierarquia no ordenamento jurídico, a qual deve "decidir cada caso particular, mantendo a coerência da ordem jurídica em seu todo. Jürgen HABERMAS, *Direito e Democracia: entre facticidade e validade*, v. 1, *op. cit.*, p. 295.
23. Chaïm PERELMAN, *Ética e Direito*, *op. cit.*, p. 578.

controle de identidade entre o caso sob exame e julgados anteriores, eventualmente até reconhecendo as particularidades da nova situação. Da mesma forma, as decisões da própria corte superior deverão ser motivadas, a fim de que possam servir de balizamento para casos semelhantes ocorridos no futuro.

5.1.1.1.1 A motivação das decisões dos tribunais

A motivação das decisões judiciais constitui um tema indispensável para uma discussão do direito a partir de uma perspectiva tópica, porque é exatamente na fundamentação de suas decisões que os juízes lançam mão dos diferentes recursos argumentativos debatidos no Capítulo precedente,[24] a fim de torná-las aceitáveis pela comunidade jurídica e pela sociedade.

Os princípios adotados no estudo da fundamentação das decisões judiciais em geral são aplicáveis nas decisões dos tribunais superiores, muito embora a análise realizada nesta obra tenha como alvo especificamente a atuação desses últimos e a sua função orientadora em relação às demais instâncias julgadoras.

Antes de tudo, é importante mencionar que os próprios julgamentos motivados derivam de contingências históricas. A princípio, o direito medieval não exigia qualquer tipo de fundamentação dos julgados porque o processo era puramente arbitrário e fundado em ordálios e outros mecanismos de prova absolutamente irracionais e que pressupunham uma interferência direta de Deus, em favor daquele que fosse inocente ou estivesse com razão no caso.[25]

---

24. Ver item 4.2.1.3 *supra*.

Apesar de posteriormente haverem os julgamentos sido organizados de forma a investigar a verdade dos fatos, adotando-se o modelo inquisitorial,[26] a motivação das decisões não teve um papel de destaque, porque os juízes detinham pleno poder nas respectivas jurisdições (eclesiástica, local, mercantil etc.) e não precisavam declinar as razões de sua convicção. Perelman[27] destaca inclusive que as decisões proferidas em instâncias inferiores deveriam ser mais bem motivadas do que as derivadas da apreciação de recursos por órgãos de hierarquia superior, porque na realidade as primeiras deviam satisfação aos segundos e não aos súditos do rei.

A obrigação de fundamentar as sentenças foi uma decorrência da Revolução Francesa e teve como finalidade assegurar o controle sobre a atividade dos juízes, que deveriam agir em total fidelidade à lei, que era tida como expressão da vontade da nação.[28] Todavia, a prática demonstrou ser impossível a redução a zero da função criadora dos juízes, pois os casos concretos conspiram contra uma visão restritiva da atividade dos aplicadores do direito. Por meio de procedimentos interpretativos das normas, os magistrados atualizam o sentido das normas jurídicas, de forma a torná-las compatíveis com as mudanças ocorridas na sociedade.

Assim, a fundamentação das decisões, originariamente concebida como instrumento de limitação da atividade criadora dos juízes, findou por representar o espaço por

---

25. Chaïm PERELMAN, *Ética e Direito, op. cit.*, pp. 560-561.
26. Ver item 1.5.6 *supra*.
27. Chaïm PERELMAN, *Ética e Direito, op. cit.*, p. 561.
28. Chaïm PERELMAN, *Ética e Direito, op. cit.*, p. 562. Sobre essa questão, ver item 3.3 *supra*.

excelência da manifestação da atividade construtiva da norma pelo magistrado. Ao fundamentar uma determinada decisão, o juiz utiliza-se de inúmeros recursos argumentativos, a fim de articular a matéria de fato e a de direito e superar lacunas e ambigüidades do direito positivo. Por meio desses recursos retóricos tornou-se possível, também, a extensão ou restrição do sentido literal da lei, quando necessário, a aplicação analógica do direito e a busca de sua finalidade social, dentre outras coisas.

Como conseqüência do fenômeno supramencionado, Perelman[29] ressalta que a própria função da motivação foi alterada. Originariamente voltada a justificar a atitude do magistrado perante o legislador, ela hoje precisa satisfazer a opinião pública, que tem certas expectativas em relação à forma pela qual os seus juízes decidem os casos. As decisões judiciais devem estar próximas do que se denomina interesse geral, sendo este um instrumento de realização de legitimidade estatal.[30] Entretanto, isto não corresponde a dizer que o arbítrio do legislador foi substituído pelo arbítrio do juiz. O julgador tem uma certa esfera de liberdade de apreciação, mas as suas decisões devem ser orientadas por parâmetros de razoabilidade. Segundo Perelman,[31] "é dezarrazoado o que a opinião pública não pode aceitar, o que ela sente como manifestamente inadaptado à situação ou contrário à eqüidade".

A atividade judicial deriva de escolhas fundadas em juízos de valor, segundo os quais o aplicador elege certos valores como sendo mais importantes do que outros. Para

---

29. Chaïm PERELMAN, *Ética e Direito, op. cit.*, p. 565.
30. Ver item 5.1.1 *supra*.
31. Chaïm PERELMAN, *Ética e Direito, op. cit.*, p. 566.

Perelman,[32] o caráter colegiado dos tribunais representa uma forma de inibir os juízos puramente subjetivos e de fazer prevalecer uma posição mais próxima da opinião comum. Além disso, no Estado democrático, a motivação das decisões funciona como uma proteção da sociedade contra eventuais abusos da autoridade judicial, juntamente com o sistema recursal, que permite a revisão do julgamento original por instâncias superiores. Estas, por sua vez, têm o encargo de convencer as demais instâncias judicantes de que as suas fórmulas decisórias são as mais adequadas para garantir a estabilidade do sistema jurídico e harmonizar decisões judiciais contraditórias.[33]

Em realidade, as decisões dos tribunais superiores resultam de uma grande costura entre os argumentos trazidos pelas partes litigantes, precedentes judiciais e imperativos de razoabilidade e congruência entre fatos e normas jurídicas em vigor.[34] Uma decisão que fosse em princípio absolutamente justa, mas contrariasse as premissas fundantes de determinado ordenamento jurídico, comprometeria a estabilidade institucional do sistema normativo. Por outro lado, uma decisão absolutamente compatível com certos axiomas do sistema jurídico, mas que resultasse em uma solução pouco razoável em face do problema analisado, afetaria a credibilidade social da instituição judiciária, ocasionando, da mesma forma, uma crise de confiabilidade e segurança do sistema. Exatamente em função disso, a prática decisória dos tribunais

---

32. Chaïm PERELMAN, *Ética e Direito, op. cit.*, p. 566.
33. Chaïm PERELMAN, *Ética e Direito, op. cit.*, p. 567.
34. Jürgen HABERMAS, *Direito e Democracia: entre facticidade e validade*, v. 1, *op. cit.*, p. 294.

superiores reveste-se de imensa importância não apenas para a estabilidade do ordenamento jurídico, mas também para a própria preservação do princípio democrático, que tem hoje uma abrangência muito mais ampla do que a do processo político-eleitoral.[35]

A motivação das decisões judiciais representa o discurso que o órgão judicial emite a um auditório, que deve conciliar exigências legais, com o espírito do sistema e com a análise das repercussões da decisão tomada.[36]

A grande vantagem da teoria da argumentação de Perelman, como instrumento para o exame da atividade dos tribunais superiores, é o fato de que ela supera uma crença bastante forte no pensamento jurídico da Idade Moderna, de que a decisão judicial é uma simples manifestação de poder, ao resgatar na tradição jurídica anterior o caráter persuasivo das práticas jurídicas.[37] Além disso, o reconhecimento da faceta argumentativa das decisões judiciais apresenta-se como uma análise mais apropriada do fenômeno jurídico no contexto do Estado democrático de direito.[38]

---

35. Mauro CAPPELLETTI, *Juízes Legisladores?*, *op. cit.*, p. 98. Norberto BOBBIO, Democracia Representativa e Democracia Direta, in: O *Futuro da Democracia: uma defesa das regras do jogo*, tradução de Marco Aurélio Nogueira, 3. ed., Rio de Janeiro, Paz e Terra, 1986 (orig. 1984), pp. 41-64.
36. Chaïm PERELMAN, *Ética e Direito*, *op. cit.*, p. 570. Na mesma linha, ver Jürgen HABERMAS, *Direito e Democracia: entre facticidade e validade*, v. 1, *op. cit.*, p. 284.
37. Ver itens 4.2 e 4.3 *supra*.
38. Chaïm PERELMAN, *Ética e Direito*, *op. cit.*, p. 570. Especificamente no que diz respeito à interpretação e aplicação da constituição, ver Peter HÄBERLE, *op. cit.*, pp. 14-15.

5.1.1.1.2 Constitucionalização do direito privado

Tendo-se em vista que hoje busca-se a eficácia normativa dos princípios constitucionais e que o texto da lei maior caracteriza-se, na atualidade, por ser uma grande síntese de diretrizes para os diferentes campos do direito, verifica-se um claro fenômeno de constitucionalização de áreas que outrora eram tidas como representativas de subsistemas independentes no interior do ordenamento jurídico. Este é um processo que tem ocorrido de forma acelerada no campo dos saberes jurídicos tradicionalmente considerados como parte integrante das disciplinas do direito privado.[39]

Conforme já se teve oportunidade de debater nesta obra,[40] durante boa parte da história jurídica do Ocidente, as chamadas instituições de direito privado decorreram de práticas jurídico-processuais ou de elaborações acadêmicas, mas apresentavam em comum uma certa autonomia em relação a imperativos de ordem política. Mesmo sem negar a relevância institucional de sua atividade, parece ser difícil afirmar que os pretores e jurisconsultos romanos ou os estudiosos do direito durante a Baixa Idade Média agiam segundo um projeto legislativo de Estado. Esses juristas atuavam na busca de soluções para problemas surgidos cotidianamente, sem uma preocupação mais direta com os

---

39. Jürgen Habermas realiza estudo detalhado sobre o processo de irradiação dos direitos fundamentais pelo ordenamento jurídico, sobretudo nas relações jurídicas de direito privado em *Direito e Democracia: entre facticidade e validade*, v. 2, *op. cit.*, p. 127-147.
40. Ver Capítulo 1 e item 2.1.2 *supra*.

reflexos de suas decisões em relação ao poder político do Estado. A Era Moderna traz esta preocupação para o campo jurídico, alcançando as normas do direito privado. Não por coincidência, as monarquias absolutistas européias adotaram grandes projetos de ordenação da pluralidade de direitos herdados do medievo, de forma a harmonizar normas costumeiras locais, decisões judiciais e leis do reino.[41]

Cumpre lembrar que a maior parte dessas normas locais, derivadas da atividade de práticos do direito, dizia respeito à resolução de conflitos de ordem privada e não a questões políticas, o que justificava uma origem tópica do direito. Já as normas atinentes à atividade de quem exerce o poder político respondem a um projeto de sociedade previamente estabelecido pela pessoa ou grupo que controla as ações do Estado, por isso espelham diretamente a vontade de quem detém o poder.

Pode-se constatar, então, que a relação do poder estatal com o direito privado era historicamente muito mais a de um reconhecimento oficial de institutos jurídicos surgidos de maneira tópica do que propriamente de fixação apriorística dos parâmetros normativos das relações jurídicas entre particulares.

O rompimento com tal tradição deu-se efetivamente com o movimento codificador do direito do século XIX,[42] pois a partir de então o Poder Legislativo tomou para si o

---

41. Este foi exatamente o papel desempenhado pelas consolidações modernas de direito local e costumeiro medieval, que representaram, em realidade, a afirmação jurídica do poder normativo dos reis. Estes passaram a dar caráter oficial a regras previamente existentes, que foram alçadas a leis do reino.
42. Ver item 3.3 *supra*.

monopólio da criação de todo o direito estatal.[43] Assim, o direito privado passou a ter também os seus parâmetros determinados de forma apriorística pelo legislador, dentro de uma perspectiva inclusive de limitação da atividade criadora dos juízes, que passaram a ser meros aplicadores de um direito integralmente contido nos textos do direito positivo.

Por outro lado, o direito público também sofreu profundas mudanças a partir da Revolução Francesa. O movimento de 1789 tornou o direito criado pelo Estado não apenas aquele que disciplinava a submissão do povo a um poder soberano, como ocorria no Antigo Regime, fazendo dele um genuíno direito público, incumbido da tarefa de assegurar a estabilidade institucional do Estado, mas também de garantir ao cidadão mecanismos de defesa contra os excessos cometidos pelas autoridades estatais, por meio dos direitos individuais. A Declaração dos Direitos do Homem e do Cidadão, de 1789, foi um documento voltado em seus 17 artigos, à proteção dos indivíduos em face do próprio Estado, por meio de princípios como legalidade, impessoalidade e isonomia, dentre outros.

Este modelo burguês de Estado foi orientado por um amplo regime de liberdades, tanto políticas, englobando os campos eleitoral, partidário e de opinião; quanto econômicas, relacionadas com o mercado, a propriedade e os contratos. O sujeito de direito era o grande centro de interesse

---

43. Ainda assim, é importante lembrar que as codificações de direito privado são normalmente tidas como momentos de chegada de uma determinada tradição jurídica, uma vez que constituem uma síntese das instituições jurídicas previamente desenvolvidas, mas agora com uma pretensão de certeza e permanência. Sobre este ponto, ver Franz WIEACKER, *op. cit.*, p. 527.

das normas nele vigentes. Sua proteção derivava de dois princípios básicos: o da *liberdade negocial* e o da *igualdade* em relação aos demais sujeitos.[44]

O desenho jurídico do Estado liberal concretizava o projeto burguês de sociedade, mas não atendia às demandas de uma classe trabalhadora urbana, que cresceu aceleradamente durante o século XIX. O princípio isonômico então vigente era em realidade um elemento potencializador das desigualdades existentes no campo econômico e social, o que findou por motivar o surgimento de movimentos operários na segunda metade do século XIX, inspirados pelo marxismo, que passaram a buscar a superação do modo de produção capitalista, com a sua substituição por um modelo socialista, no qual a igualdade não fosse apenas formal, mas também concretamente observada.

Diante deste quadro de crise, o próprio perfil do Estado teve que ser alterado, passando ele a intervir diretamente na ordem econômica, limitando o exercício do direito de propriedade, por meio da consagração do princípio da função social; intervindo da autonomia contratual, sobretudo nas relações de trabalho e instituindo sistemas de previdência e assistência social.

Com o declínio do Estado liberal e o surgimento do chamado Estado social, o que se viu foi um deslocamento do núcleo jurídico das relações privadas da legislação civil, para a constituição, derivado justamente da ampliação do leque de direitos fundamentais que cabia ao Estado assegurar. Este não mais tinha mais uma postura meramente de garantidor da ordem pública e de direitos individuais, contando agora com uma posição ativa, ao intervir nas relações

---

44. Jürgen HABERMAS, *Direito e Democracia: entre facticidade e validade*, v. 2, *op. cit.*, p. 132.

econômicas e sociais por meio de políticas públicas das mais diferentes naturezas (assistenciais, habitacionais, prestação de serviços públicos e intervenção no domínio econômico, por exemplo).[45] A passagem de um projeto de Estado a outro ocorreu aproximadamente na mesma época em que o positivismo jurídico mergulhou em um quadro de crise, o que pode ser explicado pela íntima conexão entre os paradigmas positivistas do direito e o individualismo do Estado liberal.[46]

A fim de sanar os problemas gerados pela insuficiência do direito positivo na solução de certos tipos de caso, os juristas tiveram que se utilizar de recursos como a analogia, os costumes e os princípios gerais de direito, que se julgava afastados, a partir da codificação das normas jurídicas, no início do século XIX. Além disso, passou-se a examinar a finalidade social da norma, a *ratio legis* e a estender ou restringir o sentido da lei, quando necessário. Com isso, o padrão lógico-formal de interpretação do direito foi vencido pela prática jurídica, que demonstrou não ser possível raciocinar de forma absolutamente abstrata no campo do direito, justamente porque ele lida com fenômenos de ocorrência historicamente determinada.

O efeito da modificação do papel do Estado no mundo do direito teve a sua principal manifestação na inversão dos paradigmas instituídos pela civilística do século XIX.[47]

---

45. Franz WIEACKER, *op. cit.*, p. 511.
46. Franz WIEACKER, *op. cit.*, p. 505. Vicente de Paulo BARRETTO, Da Interpretação à Hermenêutica Constitucional, *in*: Margarida Maria Lacombe CAMARGO (org.), *1988-1998: uma década de constituição*, Rio de Janeiro, Renovar, 1999, p. 376.
47. Sobre a proposta de um *direito civil constitucional*, ver Pietro PERLINGIERI, *Perfis do Direito Civil: introdução ao direito civil*

Uma vez superada a fase da sacralização do direito positivado, abriu-se espaço para o resgate do papel dos valores no direito, por meio da utilização dos diferentes recursos hermenêuticos anteriormente mencionados.

Em verdade, o fato novo trazido pelo Estado social está relacionado à conversão do papel das normas disciplinadoras das relações entre o Estado e os cidadãos, que no Estado liberal eram estritamente voltadas à preservação do princípio de soberania estatal e dos direitos individuais, e passaram a ter como alvo, com o constitucionalismo social, a realização do bem-estar dos indivíduos, agora vistos não mais de forma egoística, e sim como membros sociedade.[48] Esta situação fez com que a separação entre direito público e privado, nítida na doutrina jurídica do século XIX, perdesse a sua força, passando os princípios contidos no texto constitucional a ter uma incidência crescente nas relações tradicionalmente regradas pelas normas do direito privado.[49]

No plano da metodologia do direito, tal modificação contribuiu para viabilizar a aplicação de uma metodologia tópica ao direito constitucional, apesar de ter ela reconhecidamente uma origem fortemente ligada às instituições do

---

constitucional, tradução de Maria Cristina De Cicco, Rio de Janeiro, Renovar, 1997 (orig. 3. ed. 1994) e Maria Celina Bodin de MORAES, A Caminho de um Direito Civil Constitucional, *in*: *Direito, Estado e Sociedade*, 2. ed., n. 1, Rio de Janeiro: Pontifícia Universidade Católica do Rio de Janeiro – Departamento de Ciências Jurídicas, pp. 59-73, jul./dez. 1996.

48. Jürgen HABERMAS, *Direito e Democracia: entre facticidade e validade*, v. 2, *op. cit.*, p. 134.

49. Vicente de Paulo BARRETTO, Da Interpretação à Hermenêutica Constitucional, *op. cit.*, p. 381.

direito privado. A partir do momento em que a preservação de interesses privados passou a derivar de uma aplicação direta de princípios constitucionais, as limitações identificadas por Friedrich Müller[50] à aplicação da tópica no direito constitucional perdem a sua razão de ser, pois na atualidade a jurisdição constitucional aprecia questões que outrora faziam parte exclusivamente do "sistema" do direito privado e lança mão de raciocínios nitidamente tópicos na concretização de tais princípios.

A noção de Estado democrático de direito confere aos princípios constitucionais grande efetividade, tornando-os difusos por todo o ordenamento jurídico.[51] Ela traduz uma valoração do poder estatal, que não pode mais ser encarado como algo divorciado das relações concretas estabelecidas no seio da sociedade, devendo estar voltado à realização do bem-estar de todos os cidadãos.

O direito privado e, mais especificamente, o direito civil devem hoje ser vistos como mecanismos infraconstitucionais de realização dos preceitos constitucionalmente estabelecidos de preservação da dignidade humana, redução das desigualdades e formação de uma sociedade justa e solidária, além dos próprios direitos fundamentais, de conteúdo individual, social, coletivo e político. Exatamente por isso os tribunais superiores têm grande destaque no ordenamento jurídico. Deles parte a aplicação direta das normas e princípios constitucionais a diversos casos que, no passado, teriam a sua disciplina restrita às normas do direi-

---

50. Sobre as críticas de Müller, ver item 4.4.2 *supra*.
51. Vicente de Paulo BARRETTO, Interpretação Constitucional e Estado Democrático de Direito, *op. cit.*, p. 18, e Da Interpretação à Hermenêutica Constitucional, *op. cit.*, p. 391.

to privado. Da mesma maneira, a preocupação conjuntural presente na análise da tópica jurídica representa uma grande contribuição para o estudo das questões constitucionais, pois, de uma forma ou de outra, elas repercutem no campo individual. O estudo de casos torna-se, então, um instrumento valioso para o jurista, porque deles deriva a contextualização histórica dos princípios gerais de direito, aplicados tradicionalmente no direito privado e hoje próximos do que se pode chamar de princípios fundantes do Estado democrático de direito.

5.2 A construção tópica do direito pelo Supremo Tribunal Federal

No sistema jurídico brasileiro instaurado com a Constituição Federal, de 5 de outubro de 1988, o Supremo Tribunal Federal exerce precipuamente a função de Corte incumbida da guarda da Constituição, por meio de mecanismos de controle concentrado e difuso de constitucionalidade,[52] além de atribuições específicas, previstas no art. 102 da Carta da República, em matérias de competência originária ou recursal ordinária, como julgamento do Presidente da República e Ministros de Estado, por infrações penais comuns; apreciação de recursos contra decisões em única instância, proferidas pelos Tribunais Superiores etc.

---

52. Sobre o sistema brasileiro de controle de constitucionalidade das leis, ver Clèmerson Merlin CLÈVE, *A Fiscalização Abstrata de Constitucionalidade no Direito Brasileiro*, São Paulo, Revista dos Tribunais, 1995, e Ronaldo POLETTI, *Controle da Constitucionalidade das Leis*, 2. ed., Rio de Janeiro, Forense, 1995.

Matérias envolvendo a violação de legislação federal são desde 1988 objeto de julgamento pelo Superior Tribunal de Justiça, por meio do denominado recurso especial, o que faz com que o Supremo Tribunal Federal hoje se dedique, na maior parte do tempo, ao exame de questões constitucionais.

O Supremo Tribunal Federal desempenha no sistema brasileiro uma função até certo ponto híbrida, já que não pode tecnicamente ser considerado uma Corte exclusivamente voltada à análise de questões constitucionais. Mesmo naqueles casos em que atua externamente ao que seria uma função de Corte Constitucional, o Supremo Tribunal Federal tem uma grande importância em termos institucionais, uma vez que suas decisões são grandes instrumentos de orientação para as demais instâncias julgadoras no Brasil.

Exatamente em razão do papel destacado que o Supremo Tribunal Federal possui no ordenamento jurídico brasileiro, optou-se por uma análise das manifestações da tópica nas suas decisões, sobretudo como forma de demonstrar o papel que as cortes superiores têm, na fixação da extensão normativa dos conceitos jurídicos.

Os raciocínios tópicos são inerentes à prática jurídica como um todo, desde o juízo singular até os colegiados dos tribunais, mas optou-se aqui por analisar como eles ocorrem em um tribunal que em princípio teria competência constitucional apenas para o exame de questões "de direito", mas que na prática valora com freqüência as questões fáticas ligadas à matéria sob julgamento. Tal fato demonstra que o suposto tecnicismo que orientaria a ação do Supremo Tribunal Federal cede à necessidade concreta de dar às normas e princípios constitucionais um sentido à luz do caso concreto.

Na realização desta parte da obra foram pesquisados na página do Supremo Tribunal Federal na *internet*,[53] nos volumes da *Revista Trimestral de Jurisprudência* e nos *Ementários de Jurisprudência* daquela Corte, os acórdãos prolatados pelo Supremo Tribunal Federal entre 5 de outubro de 1988, data da entrada em vigor da atual Constituição Federal, e setembro de 1999, que de alguma forma envolvessem uma discussão sobre o conceito jurídico de *interesse público*.[54]

Todavia, ao longo do levantamento realizado, foram encontrados acórdãos tratando de outros temas, mas que foram considerados relevantes para demonstrar a importância dos raciocínios tópicos nas decisões do Supremo Tribunal Federal e que são discutidos em itens específicos.[55]

Propositalmente, foram afastadas as questões vinculadas a ações diretas de inconstitucionalidade, por serem elas mecanismos de controle de constitucionalidade em tese, que partem da aferição da compatibilidade entre a lei e o

---

53. Endereço http://www.stf.gov.br
54. A opção pelo conceito de *interesse público* não se deveu a uma razão específica. Outros conceitos jurídicos poderiam ter servido de base para o levantamento realizado, mas optou-se por um conceito apenas, a fim de facilitar a pesquisa e de permitir que se pudesse realizar um diagnóstico fiel do tratamento dado a ele por diferentes julgados do Supremo Tribunal Federal, emitidos no período de vigência da Constituição de 1988. A principal exigência da investigação realizada era a de que o conceito a ser utilizado como base de dados tivesse um conteúdo bastante aberto, para que se pudesse constatar de que forma as decisões do Supremo nos casos concretos contribuíam para a fixação de seu significado.
55. Ver itens 5.2.2 e 5.2.3 *infra*.

texto constitucional, independentemente de qualquer lesão concreta ao direito. Nestes casos, ainda que eventualmente possam ser constatados raciocínios tópicos, eles tendem a ocorrer com menor freqüência, do que nos recursos interpostos no curso de ações envolvendo interesses concretos.[56]

Naturalmente, foram apuradas inúmeras decisões em que a questão do interesse público foi ventilada e, após um estudo dos acórdãos respectivos, chegou-se a aproximadamente vinte decisões, constituídas em seis eixos temáticos. Sim, porque pôde-se apurar que o Supremo Tribunal Federal opera por meio de precedentes, que servem de apoio para o julgamento de vários recursos versando sobre a mesma matéria no futuro, criando uma espécie de repetição dos acórdãos, fenômeno este que será debatido especificamente no presente Capítulo.[57] Dos acórdãos-base selecionados, foram extraídos os debates e argumentos mais relevantes utilizados nos votos dos ministros do Supremo Tribunal Federal, que serão aqui discutidos em face dos fundamentos teóricos construídos ao longo dos capítulos precedentes da obra.

---

56. O exame dos raciocínios tópicos em sede de julgamento abstrato de inconstitucionalidade de leis também é possível na medida em que o Supremo Tribunal Federal constrói o conteúdo de certos princípios constitucionais, que funcionam como referência para dizer-se se uma lei é ou não compatível com a ordem constitucional em vigor. Todavia, a fim de delimitar de forma mais precisa o objeto de estudo da parte empírica da obra, deu-se preferência aos casos em que houvesse interesses concretos envolvidos.

57. Ver item 5.2.2 *infra*.

5.2.1 A delimitação do conceito de interesse público

O primeiro acórdão a ser comentado foi proferido no julgamento do recurso extraordinário nº 181138-2-SP, pela 1ª Turma do Supremo Tribunal Federal, em 6 de setembro de 1994, e relatado pelo Ministro Celso de Mello. Tem ele como objeto a discussão sobre a possibilidade de aplicação ao recurso extraordinário da regra da contagem em dobro do prazo recursal da Fazenda Pública (no caso a União Federal), prevista no artigo 188 do Código de Processo Civil, tendo em vista a entrada em vigor da Lei nº 8.038/90.[58]

A recorrida alegou que a Lei nº 8.038/90, que passou a disciplinar o rito processual do recurso extraordinário, seria uma lei especial em face do Código de Processo Civil, e que a regra da contagem em dobro dos prazos recursais da Fazenda, nele contida, não seria aplicável ao recurso extraordinário.

Este seria um acórdão de pouco interesse para uma investigação como a ora proposta, não fosse o fato de que toda a sua fundamentação está centrada no conceito de interesse público. No que tange ao mérito, este é também um acórdão bastante rico, poisnele ocorre uma discussão sobre a questão da isenção tributária, em face do princípio da isonomia, conforme será debatido mais adiante.

Quanto à preliminar de intempestividade do recurso extraordinário, o Ministro Relator Celso de Mello a afasta, destacando exatamente a teleologia do prazo mais amplo

---

58. BRASIL. Supremo Tribunal Federal. Recurso extraordinário n. 181138-2-SP. 1ª Turma. Relator: Ministro Celso de Mello. 6 de setembro de 1994. Serviço de Jurisprudência do Supremo Tribunal Federal, Brasília, Ementário n. 1786-7, pp. 1496-1511.

para a interposição de recursos pelo Poder Público, inclusive na modalidade recursal regida pela Lei nº 8.038/90, nos seguintes termos:

> O legislador ordinário, considerando a complexidade e *"o vulto dos negócios do Estado"* (PONTES DE MIRANDA, "Comentários ao Código de Processo Civil", tomo III/145, 2ª ed., 1974, Forense) e tendo presentes as dificuldades de ordem material e estrutural que oneram o desempenho da atividade processual da Fazenda Pública, instituiu um mecanismo de compensação, consagrado no preceito inscrito no art. 188 do Código de Processo Civil, destinado a viabilizar, tanto quanto possível, no plano das relações processuais, a situação de igualdade jurídica entre a entidade de direito publico e os seus contendores.[59]

Como se vê, o tratamento diferenciado dado pela lei processual à Fazenda Pública decorre de razões fáticas, ligadas à própria estrutura da Administração Pública, que justificariam o "privilégio" do Poder Público em juízo. Por meio de um raciocínio dissociativo, o Ministro Relator minimiza a importância do fato de o recurso extraordinário ter a sua disciplina jurídica em diploma jurídico próprio, defendendo a preservação do interesse público como fator determinante da incidência no caso, da regra do art. 188 do Código de Processo Civil:

> A disciplinação do recurso extraordinário, em *texto normativo autônomo, não* constitui, dentro da perspectiva que orientou a formulação do art. 188 do CPC — *a*

---

59. Recurso extraordinário n. 181138-2-SP, Supremo Tribunal Federal, Ementário n. 1786-7, pp. 1500-1501.

necessidade de resguardar o interesse público —, fator bastante para descaracterizar a *ratio* que lhe é subjacente, pois a gravidade e a relevância dos motivos que levaram o Congresso Nacional a conceder à União Federal, dentre outros entes estatais, a prerrogativa do prazo recursal em dobro, não se reduzem e nem se desqualificam pela só circunstancia de o legislador haver tratado, em sede legislativa diversa, da espécie recursal em questão.[60] (grifos do original)

Fica claro, neste caso, que a questão finalística prevalece em relação a uma visão puramente técnica de confronto entre normas gerais e especiais. Ainda que o recurso em questão esteja efetivamente disciplinado em lei própria, não há qualquer justificativa razoável para que seja afastada a regra geral da contagem em dobro dos prazos recursais da Fazenda Pública, que responde a um imperativo de interesse público. No acórdão ainda é destacada a excepcionalidade da regra da contagem em dobro do prazo recursal, de forma a excluir o próprio argumento técnico de que se trata de um confronto entre norma especial e norma geral. É reiterada no acórdão a tese da preservação do interesse público, como sendo o móvel da regra processual que beneficia a Fazenda:

> A circunstância de a disciplina normativa pertinente ao recurso extraordinário achar-se, agora, consubstanciada em lei extravagante (a Lei 8.038/90, *no caso)* não constitui razão jurídica suficiente para tornar inaplicável à Fazenda Publica o beneficio da dilatação do prazo recursal,

---

60. Recurso extraordinário n. 181138-2-SP, Supremo Tribunal Federal, Ementário n. 1786-7, p. 1501.

eis que, não obstante a autonomia do diploma legislativo em causa, ainda subsistem, como já ressaltado, as razões objetivas que justificam, *ante a supremacia do interesse público*, a necessidade de instituir um sistema de proteção eficaz à preservação de sua intangibilidade.[61] (grifos do original)

Na sustentação da tese adotada, o Ministro Relator[62] recorre a diversos doutrinadores de renome no direito brasileiro, como Ada Pellegrini Grinover, Sérgio Ferraz e José Carlos Barbosa Moreira, e a precedentes do próprio Supremo Tribunal Federal em casos similares. Este é um expediente utilizado com freqüência pelos tribunais, a fim de dar maior solidez à decisão adotada, seja por estar amparada por entendimentos pretéritos da própria Corte, seja por ter a sua sustentação no entendimento de doutrinadores de prestígio no mundo jurídico.

Afastada a preliminar, o Relator discutiu a questão de mérito do recurso extraordinário. Trata-se de uma insurgência da União Federal contra acórdão do Tribunal de Justiça de São Paulo, que estendera a isenção de IOF/câmbio, instituída pelo Decreto-lei nº 2434/88, a guias de importação emitidas anteriormente a 1º de julho de 1988, data inicial de sua vigência. O argumento utilizado na decisão recorrida foi o de que o estabelecimento de uma data-limite para o início do favor legal seria violador do princípio constitucional da isonomia, uma vez que várias guias de importação já haviam sido emitidas previamente à

---

61. Recurso extraordinário n. 181138-2-SP, Supremo Tribunal Federal, Ementário n. 1786-7, p. 1502.
62. Recurso extraordinário n. 181138-2-SP, Supremo Tribunal Federal, Ementário n. 1786-7, pp. 1501-1503.

data constante do art. 6º do Decreto-lei nº 2.434/88 e os contribuintes respectivos foram excluídos da isenção sem qualquer fundamento. A motivação para a reforma do acórdão recorrido foi exatamente a de que não houve qualquer violação ao princípio isonômico, na forma adotada pela lei, na instituição do benefício tributário em questão, que tem objetivo evidentemente extrafiscal, voltado a uma implementação racional de políticas públicas. Vê-se, portanto, que o Supremo Tribunal Federal não constatou no caso qualquer violação a princípios constitucionais, mas apenas o intuito de preservar a própria igualdade na lei. Por meio de uma argumentação dissociativa,[63] o Ministro Relator analisa a extensão do princípio constitucional da isonomia, destacando a diferença entre *igualdade na lei* e *igualdade perante a lei*:

> A igualdade *na* lei — que opera numa fase de generalidade puramente abstrata — constitui exigência destinada ao legislador que, no processo de formação do ato legislativo, nele não poderá incluir fatores de discriminação responsáveis pela ruptura da ordem isonômica. E, tal como precedentemente assinalado a norma inscrita no art. 6º do DL 2.434/88, por apoiar-se, na veiculação do benefício isencional, em fatores lógico-racionais, não transgrediu o postulado essencial pertinente ao dever estatal de observância da igualdade *na* lei.
>
> A igualdade perante a lei, de outro lado, pressupondo lei já elaborada, traduz imposição destinada aos demais poderes estatais, que, na aplicação da norma legal, não po-

---

[63]. Ver item 4.2.1.3 *supra*.

derão subordiná-la a critérios que ensejem tratamento seletivo ou discriminatório.

A eventual inobservância desse postulado pelo legislador, *em qualquer das dimensões referidas*, imporá ao ato estatal por ele elaborado e produzido a eiva de inconstitucionalidade.[64] (grifos do original)

Esta é uma distinção ligada aos aspectos formais e substanciais do próprio conceito de isonomia, que tem as suas fronteiras delimitadas a partir do exame de casos concretos, como se pode concluir dos fundamentos supratranscritos.

A reforçar o entendimento pela reforma do julgado recorrido, o Relator lança mão de argumentos técnico-processuais relacionados com a função constitucional do Poder Judiciário. As isenções fiscais têm obrigatoriamente base em lei formal, o que torna juridicamente impossível a sua extensão a outras situações por decisão judicial, como ocorrido no caso.[65] Sobre este ponto, vale transcrever um trecho em que o Ministro Relator destaca o papel do Poder Judiciário como *legislador negativo*, com base inclusive em precedente do Supremo Tribunal Federal:

> Os magistrados e Tribunais — que não dispõem de função legislativa — não podem conceder, por isso mesmo, *ainda que sob fundamento de isonomia*, o benefício da exclusão do crédito tributário em favor daqueles a quem o legisla-

---

64. Recurso extraordinário n. 181138-2-SP, Supremo Tribunal Federal, Ementário n. 1786-7, pp. 1506-1507.
65. Recurso extraordinário n. 181138-2-SP, Supremo Tribunal Federal, Ementário n. 1786-7, p. 1507.

dor, com apoio em critérios impessoais, racionais e objetivos, *não quis* contemplar com a vantagem da isenção. Entendimento diverso, que reconhecesse aos magistrados essa *anômala* função jurídica, equivaleria, em última análise, a converter o Poder Judiciário em inadmissível *legislador positivo*, condição institucional esta que lhe recusou a própria Lei Fundamental do Estado. É de acentuar, *neste ponto*, que, em tema de controle de constitucionalidade de atos estatais, o Poder Judiciário só atua como *legislador negativo* (RTJ 145/461, rel. Min. CELSO DE MELLO).[66] (grifos do original)

A atuação do Judiciário restringe-se, por exemplo, à declaração da inconstitucionalidade da lei que concedeu a isenção, se for o caso, não alcançando a concessão dos benefícios por ela instituídos, a quem ela expressamente não mencionou. Trata-se de uma postura tradicional do Supremo Tribunal Federal, que foi superada em casos recentes, nos quais foi por ele adotada uma atitude de equiparação positiva, com base no princípio da isonomia.[67]

---

66. Recurso extraordinário n. 181138-2-SP, Supremo Tribunal Federal, Ementário n. 1786-7, p. 1508.
67. No julgamento do recurso ordinário em mandado de segurança n. 22.307-DF, relatado pelo Ministro Marco Aurélio e julgado em 19 de fevereiro de 1997 (*Revista Trimestral de Jurisprudência*, v. 163, pp. 132-1750), o Plenário do Supremo Tribunal Federal, por maioria, estendeu aos servidores públicos civis da União um reajuste de vencimentos de 28,86 %, que havia sido concedido por lei federal especificamente aos servidores militares, com base na incidência de norma sobre isonomia contida no art. 37, X da Constituição Federal. Neste caso ficou evidente a atuação positiva do Tribunal, ao conceder o referido reajuste também aos servidores civis, tendo por fundamento apenas a norma constitucional

Ao final, o Ministro Relator[68] consolida sua decisão pelo provimento do recurso extraordinário, utilizando-se de vários precedentes do Supremo Tribunal Federal, de forma a obter a adesão dos demais integrantes da Primeira Turma, no que obtém pleno êxito, como se pode constatar pelo caráter unânime da decisão.

Deve-se destacar que o acórdão do recurso extraordinário 181138-2-SP serviu também de precedente para outros acórdãos, no que se refere à questão da preliminar do prazo recursal ampliado da Fazenda Pública, tendo sido inclusive a base do acórdão relativo ao recurso extraordinário nº 163691-2-SP, relatado pelo mesmo Ministro Celso de Mello.[69]

Em outra decisão, o Supremo Tribunal Federal enfocou também a questão do interesse público, instituindo-o agora como fundamento para a prática de atos pela Administração Pública. Trata-se do recurso ordinário nº 21485-6-DF,[70] contra decisão do Superior Tribunal de Justiça dene-

---

anteriormente mencionada. Tal decisão discrepa de uma posição tradicional no Supremo, no sentido de que o Poder Judiciário não pode atuar como legislador positivo, estendendo vantagens não previstas em lei, pois a sua competência constitucional restringe-se a negar aplicação a normas violadoras da Constituição.
68. Recurso extraordinário n. 181138-2-SP, Supremo Tribunal Federal, Ementário n. 1786-7, p. 1510.
69. BRASIL. Supremo Tribunal Federal. Recurso extraordinário n. 163691-2-SP. 1ª Turma. Relator: Ministro Celso de Mello. 11 de abril de 1995. Serviço de Jurisprudência do Supremo Tribunal Federal, Brasília, Ementário n. 1800-08, pp. 1546-1560.
70. BRASIL. Supremo Tribunal Federal. Recurso ordinário n. 21485-6-DF. 2ª Turma. Relator: Ministro Marco Aurélio. 01 de setembro de 1992. Serviço de Jurisprudência do Supremo Tribunal Federal, Brasília, Ementário n. 1710-01, pp. 85-120.

gatória de mandado de segurança impetrado por integrante do Corpo Feminino da Reserva da Aeronáutica, inconformada com o seu desligamento injustificado do serviço ativo.

A decisão recorrida entendeu que o ato de desligamento de militares do Corpo Feminino da Reserva tem natureza discricionária, o que dispensaria a motivação. A legislação disciplinadora da matéria permitia que as militares passassem a fazer parte do Corpo Permanente da Aeronáutica, após o transcurso de oito anos de atividade, de acordo com as necessidades da Força.

Ocorre que das pouco mais de cem militares que se encontravam em exercício na Aeronáutica na época em que a recorrente ali servia, apenas oito não foram incorporadas definitivamente à Força, dentre as quais a recorrente, sem que tivesse sido dada qualquer justificativa para a sua exclusão.

Na fundamentação de seu voto, o Ministro Relator destacou a natureza do processo seletivo a que foram submetidas as integrantes do corpo feminino da Aeronáutica, de acordo com os procedimentos ora descritos:

> A habilitação das concorrentes ficou jungida não só à prova de seleção, como também ao aproveitamento no chamado "Estágio de Adaptação" no respectivo quadro. Previu-se, expressamente, a feitura de exames — artigo 5º da Lei em comento. As candidatas consideradas aptas nestes e classificadas dentro da quantidade de vagas existentes passam, ainda, pelo crivo de uma Junta Especial de Avaliação, para, somente após, serem matriculadas como alunas nos Estágios de Adaptação, na condição de praças especiais – artigo 6º da citada Lei. Aprovadas, nesta última

etapa, são nomeadas, iniciando-se, assim, uma caminhada em contexto em que se lhes acena, após renovações com o interstício de três anos, não superiores a duas e observado o teto máximo de oito anos, com a possibilidade de lhes ser assegurada a permanência definitiva no Serviço Ativo, de acordo com as necessidades da Aeronáutica, na forma prevista na regulamentação da Lei criadora do Corpo Feminino e demais regulamentos em vigor — artigos 7º e 13.[71]

Em seguida, o Relator partiu de argumentos fundados na estrutura do real,[72] como as formalidades adotadas na formação do Corpo Feminino e as próprias necessidades da Aeronáutica, para excluir a possibilidade de um desligamento imotivado de servidoras, sob pena de estar-se ferindo o princípio constitucional da isonomia, como a seguir pode-se observar:

> Senhor presidente, as formalidades exigidas para a integração ao Corpo Feminino, a premissa que serviu de base à criação deste — as necessidades da Aeronáutica —, bem como a atividade desenvolvida — comum a outros setores da Administração Pública, indicam, por si sós, a impossibilidade de o desligamento ocorrer à livre discrição, sem que a autoridade esteja compelida a lançar uma única linha que seja no sentido da existência de quadro contrário ao pressuposto norteador da arregimentação — a desnecessidade do serviço, isto para não se falar de uma seleção entre as várias requerentes da permanência defi-

---

71. Recurso ordinário n. 21485-6-DF, Supremo Tribunal Federal, Ementário n. 1710-7, pp. 91-92.
72. Ver item 4.2.1.3 *supra*.

nitiva no serviço ativo, o que seria de bom-tom em face do princípio isonômico.[73]

Mais adiante, o Relator consolidou a idéia da indispensabilidade da motivação do ato, novamente recorrendo a argumentos de natureza tópica, como a crise do mercado de trabalho para pessoas de uma determinada faixa etária e o próprio fato de que a grande maioria das integrantes do Corpo Feminino permaneceu incorporada à Aeronáutica e apenas oito foram desligadas, sem uma justificativa clara:

> Contudo, assim não concluiu a digna Autoridade apontada como coatora. Olvidando os sacrifícios relativos ao ingresso no Corpo Feminino, vários anos dedicados ao serviço público, as dificuldades notadas no mercado de trabalho para obtenção de emprego quando se está em certa faixa etária, assentou que, entre cento e nove graduadas, era-lhe possível decidir, à livre discrição e, portanto, dentro de um subjetivismo maior, aquelas que, atingidos os oito anos de vinculação e de serviços prestados, seriam efetivadas e as que, por isto ou por aquilo — e não se tem a esta altura como definir os aspectos considerados — seriam desligadas com o estigma do sentimento da rejeição e sem o conhecimento do fato que a originou. Indaga-se: é possível ver nesse procedimento, de uma autoridade pública, algo compatível e indispensável à homenagem que sempre deve haver aos interesses públicos? Onde está revelado, no caso, o atendimento destes e do critério limitador, que é a necessidade do serviço?[74]

---

73. Recurso ordinário n. 21485-6-DF, Supremo Tribunal Federal, Ementário n. 1710-7, pp. 92-93.
74. Recurso ordinário n. 21485-6-DF, Supremo Tribunal Federal, Ementário n. 1710-7, p. 93.

Constata-se uma nítida valoração da idéia de *interesses públicos*, os quais não foram claramente atendidos, na visão do Ministro Relator, a partir do momento em que ele concluiu que os serviços das recorrentes eram necessários, apesar de não terem elas sido aproveitadas e nem divulgados os critérios que fundaram o seu desligamento. Bastante interessante é o fato de que o voto do Relator incursiona por uma leitura do caso à luz de princípios constitucionais e mesmo das expectativas da impetrante:

> Dir-se-á que a lei impõe a obrigação de indenizar, recebendo a graduada de menor sorte na definição levada a efeito pela Autoridade e sem a mais tênue motivação, um soldo em relação a cada ano que tenha servido. À luz da ordem constitucional, é pouco, muito pouco, pois não se pode admitir que a Administração tenha o mesmo direito potestativo que tem o tomador comum de serviços e que, assim, possa agir à livre discrição, por vezes colocando em plano secundário, até mesmo, os princípios da conveniência e da oportunidade, com repercussões na vida de quem acreditou que, ultrapassadas as múltiplas barreiras para o ingresso, teria, uma vez transcorridos oito longos anos de serviços prestados, a porta aberta à permanência definitiva no serviço ativo, porquanto difícil seria conceber que, com o tempo, acabaria por se constatar a desnecessidade da mão-de-obra.[75]

Abre-se campo, então, para uma reflexão sobre a contraposição entre o interesse público, que deve orientar as atividades do Poder Público, e os direitos individuais e a

---

75. Recurso ordinário n. 21485-6-DF, Supremo Tribunal Federal, Ementário n. 1710-7, pp. 93-94.

lealdade que deve nortear a atitude do Estado perante os cidadãos. Esta inclusive foi a justificativa do voto do Relator, que adotou claramente um raciocínio por dissociação: é fundamental que seja atendido o interesse público, mas é também importante que a decisão administrativa seja clara quanto à realização de tal finalidade, pois do contrário estar-se-á consagrando uma evidente discriminação entre iguais, o que estaria a contrariar a regra de justiça aplicável ao caso em questão.[76]

Na fundamentação das decisões, o juiz deve buscar uma adequação entre a tese adotada e o ordenamento jurídico em vigor. O Ministro Marco Aurélio, em seu voto, articulou a norma do art. 23, § 2º do Decreto nº 86.325, de 01.09.81, que regulamentou o regime jurídico das impetrantes, com a exigência principiológica de motivação de sua exclusão do serviço ativo. O referido dispositivo regulamentar prevê a emissão de um parecer de uma Comissão de Promoções de Graduandos, a ser encaminhado ao Ministro da Aeronáutica, opinando pela permanência ou não de cada militar no serviço ativo. O Relator[77] associou a

---

76. Literalmente, o voto do Relator nesta parte: "Já seriam suficientes a forma de ingresso e a atividade desenvolvida para dizer-se não do direito à estabilidade porque, a teor do disposto no par. 9º do artigo 42 da Constituição Federal, dependente de lei, mas da obrigação de o ato de indeferimento do pedido de permanência definitiva no Serviço Ativo ser motivado, como também o que implica o deferimento, pois em ambas as hipóteses está em questão a necessidade da Força e, portanto, o interesse público que, assim, deve ser veiculado como causa de decidir. (...)". Recurso ordinário n. 21485-6-DF, Supremo Tribunal Federal, Ementário n. 1710-7, p. 94.

77. Recurso ordinário n. 21485-6-DF, Supremo Tribunal Federal, Ementário n. 1710-7, p. 95.

necessidade de motivar a decisão ministerial com o fato de que a impetrante foi submetida a uma avaliação prévia, muito provavelmente baseada em certos critérios objetivos, que deveria ter sido orientadora da decisão ao final tomada pelo Ministro da Aeronáutica.

O Ministro Marco Aurélio[78] concluiu que os princípios constitucionais da moralidade e publicidade servem de fundamento para o direito subjetivo da recorrente, de conhecer as razões objetivas que levaram à sua exclusão do Corpo Feminino da Aeronáutica, e enfatizou não ser o ato em questão de natureza discricionária, porque existente uma avaliação do desempenho da recorrente na função. Por fim, ele[79] destacou que a decisão recorrida está em desacordo com ampla jurisprudência do próprio Superior Tribunal de Justiça, com vários precedentes citados, além de ferir os princípios da legalidade e da isonomia. O voto do relator foi, portanto, pela reforma do acórdão recorrido, com a reintegração das recorrentes ao serviço militar ativo.

O Ministro Francisco Rezek acompanhou basicamente o voto do Relator, mas acrescentou alguns argumentos interessantes para o fortalecimento da tese adotada no voto condutor. Ele dissociou a posição de um Ministro de Estado daquela de um empregador privado e fundou a sua opinião em princípios constitucionais, assim como já fizera o Relator. Além disso, o próprio conceito de discricionariedade administrativa é revisto pelo Ministro Rezek, na forma que se segue:

---

78. Recurso ordinário n. 21485-6-DF, Supremo Tribunal Federal, Ementário n. 1710-7, pp. 95-96.
79. Recurso ordinário n. 21485-6-DF, Supremo Tribunal Federal, Ementário n. 1710-7, p. 96.

(...) Já é tempo de as pessoas se compenetrarem, na regência do serviço público, de que isso não tem mais futuro. Não pode o administrador publico tomar certas liberdades — ainda que movido dos melhores propósitos e ainda que exerça esse poder com lisura — que devem caracterizar apenas a faixa da atividade privada, aquela do empresário, aquela do empregador não comprometido, necessariamente, com determinados princípios constitucionais.[80]

O Ministro Carlos Velloso, por sua vez, discordou do relator quanto à natureza do ato administrativo praticado, considerando-o de perfil discricionário. Entretanto, destacou que a discricionariedade que o caracteriza não o exclui do controle jurisdicional, e justificou tal entendimento citando doutrina recente do direito administrativo europeu e latino-americano: Garcia de Enterría, Afonso Rodrigues Queiró, Agustin Gordillo e Celso Antônio Bandeira de Mello.[81] De acordo com os autores citados, a motivação do ato administrativo é indispensável, ainda que seja ele de natureza discricionária, para que tenha o Poder Judiciário alguma base para efetuar controle sobre o seu motivo.

Este inclusive é um recurso argumentativo de forte apelo, pois a citação de autores renomados traduz o uso de um argumento de autoridade, voltado normalmente a evidenciar a base doutrinária de uma tese jurídica arrojada, de forma a torná-la mais aceitável pelo auditório especializado

---

80. Recurso ordinário n. 21485-6-DF, Supremo Tribunal Federal, Ementário n. 1710-7, p. 98.
81. Recurso ordinário n. 21485-6-DF, Supremo Tribunal Federal, Ementário n. 1710-7, pp. 99-100.

ao qual é dirigida; neste caso, os demais ministros do Supremo Tribunal Federal. Merece destaque também outro expediente argumentativo de que lançou mão o Ministro Velloso,[82] na fundamentação de seu voto: a menção a um precedente em mandado de segurança, relatado pelo Ministro Néri da Silveira, ainda enquanto integrante do antigo Tribunal Federal de Recursos, em que uma pessoa foi admitida, após aprovação em concurso público para o emprego de Inspetor do Trabalho, e dispensada imotivadamente, após dois meses de serviço. A segurança foi concedida com base na falta de motivação do ato administrativo. O interessante é que o Ministro Néri era o Presidente da 2ª Turma do Supremo Tribunal Federal, quando do julgamento do RMS 21485-6-DF, o que conferiu grande peso institucional ao precedente citado. Além disso, o Ministro Néri da Silveira ainda não havia votado, quando da emissão do voto do Ministro Carlos Velloso. Nestas circunstâncias, caso desejasse votar contrariamente ao entendimento do Ministro Velloso, o Ministro Néri seria forçado a dissociar este novo caso daquele anteriormente apreciado, uma vez que não são efetivamente idênticas as situações, ou a assumir a mudança de seu entendimento, o que poderia efetivamente ocorrer, mas nem sempre sem um comprometimento da coerência das decisões do Tribunal e de seus ministros. Como se verá mais adiante, nenhuma dessas duas situações ocorreu neste caso, tendo o Ministro Néri mantido-se fiel à decisão citada pelo Ministro Velloso. Este inclusive estabeleceu um paralelo entre a decisão do Ministro Néri e a doutrina que apresentara anteriormente:

---

[82]. Recurso ordinário n. 21485-6-DF, Supremo Tribunal Federal, Ementário n. 1710-7, p. 100.

(...) É um acórdão exemplar no sentido desta moderna corrente de Direito Público e de Direito Administrativo, que entende que se deve exercer o controle judicial às inteiras sobre o ato administrativo discricionário, dado que a obrigação do administrador, no ato administrativo discricionário, é política e é jurídica.[83]

Em síntese, o Ministro Velloso reiterou o argumento do Relator de que a medida, na forma como adotada, feriu o princípio da isonomia, pois não se sabem quais foram os critérios que orientaram o desligamento da impetrante do serviço ativo da Aeronáutica. No fim do seu voto, o Ministro Carlos Velloso[84] reportou-se ao argumento utilizado pelo advogado da recorrente, no sentido de que a falta de fundamentação do ato administrativo teria levado sua cliente a concluir que sua dispensa havia sido motivada pelo fato de ela não ostentar prendas estéticas.

O Ministro Brossard, no único voto contrário ao provimento do recurso ordinário, refutou a "presunção" da recorrente, partindo exatamente da premissa oposta:

> A investidura é temporária, mas diz-se que é "de acordo com as necessidades da Aeronáutica". Não presumo que um Ministro de Estado vá excluir uma pessoa porque não é bonita. Se fosse assim, seria diferente. Não suponho e nem pressumo que um Ministro de Estado proceda assim. Isso seria um desvio de poder escandaloso, censurável, repelente. Exerci o cargo de Ministro e jamais procedi

---

83. Recurso ordinário n. 21485-6-DF, Supremo Tribunal Federal, Ementário n. 1710-7, p. 100.
84. Recurso ordinário n. 21485-6-DF, Supremo Tribunal Federal, Ementário n. 1710-7, pp. 100-101.

dessa maneira, de modo que não presumo que outros venham a proceder assim. (...)[85]

Ele utilizou um argumento fundado na estrutura do real,[86] ao presumir a correção da postura do Ministro da Aeronáutica, tendo por base a sua própria atitude quando era Ministro de Estado. Com base nesta presunção, o Ministro Brossard usou um raciocínio tópico, ao destacar que "o serviço militar exige uma série de requisitos, inclusive com relação à idade, à saúde e à energia física, que é próprio da finalidade do serviço. Tenho para mim como de compreensão intuitiva que é um serviço que está subordinado a determinados pressupostos e a determinadas normas, tendentes à realização de suas finalidades".[87] Vê-se, portanto, que ele enfatizou as características peculiares do serviço militar como suficientes para justificar a medida impugnada.

O Ministro Brossard valeu-se do mesmo artigo 23 do Decreto nº 86.325/81, citado pelo Ministro Relator, para fundamentar tese diametralmente oposta, o que gerou inclusive uma reação do Ministro Rezek,[88] que questionou o fato de não terem sido aproveitadas apenas oito das cento e oito integrantes do Corpo Feminino da Aeronáutica, circunstância não considerada pelo Ministro Brossard. Este respondeu à indagação com argumentos que enfatizam a

---

85. Recurso ordinário n. 21485-6-DF, Supremo Tribunal Federal, Ementário n. 1710-7, pp. 102-103.
86. Ver item 4.2.1.3 *supra*.
87. Recurso ordinário n. 21485-6-DF, Supremo Tribunal Federal, Ementário n. 1710-7, p. 103.
88. Recurso ordinário n. 21485-6-DF, Supremo Tribunal Federal, Ementário n. 1710-7, p. 104.

questão da conveniência administrativa, sem incursionar pelo debate acerca da motivação do ato em si:

> Não sei! Para mim isso não é matéria judicial. Se eu fosse Ministro da Aeronáutica provavelmente saberia, mas não sou e não serei! Agora, creio que não deva errar se disser que está havendo redução no serviço. É claro que um serviço não se extingue globalmente, de um dia para o outro. Ele vai sofrendo adaptações. Pelo menos eu procederia assim.[89]

Em seguida, o Ministro Brossard fundamentou a medida adotada nos cortes na época aplicados à área militar, muito embora tenha ressalvado o caráter não oficial da informação de que dispunha e que não foi ela um dos fatores orientadores de sua conclusão:

> Tenho informações, por exemplo, de que, em, virtude de exigências de ordem financeira, o serviço militar, tem sido abreviado, tem sido atrofiado: as pessoas são dispensadas em certos dias da semana para reduzir a despesa, até mesmo com a alimentação. Mas isso aí é apenas uma informação que tenho pelos jornais e, devo dizer, não compõe o meu raciocínio.[90]

Como conclusão, o Ministro Brossard[91] destacou que se tratava de uma investidura temporária em cargo público,

---

[89]. Recurso ordinário n. 21485-6-DF, Supremo Tribunal Federal, Ementário n. 1710-7, p. 104.
[90]. Recurso ordinário n. 21485-6-DF, Supremo Tribunal Federal, Ementário n. 1710-7, pp. 104-105.
[91]. Recurso ordinário n. 21485-6-DF, Supremo Tribunal Federal,

que poderia adquirir caráter de permanência, de acordo com as necessidades da Aeronáutica, o que efetivamente não ocorreu. Por considerar não haver violação a direito da recorrente, ele votou pela manutenção da decisão recorrida.

Por último, votou o Presidente da Segunda Turma do STF, Ministro Néri da Silveira, que iniciou sua exposição retomando o precedente citado pelo Ministro Carlos Velloso, no qual atuara como relator em matéria similar, ainda enquanto membro do antigo Tribunal Federal de Recursos. A parte inicial do voto[92] é formada basicamente por um breve relatório do julgamento lembrado pelo Ministro Velloso, em que destacou ser aquele um caso de ato administrativo imotivado, assim como no recurso em questão. Em momento algum, o Ministro Néri da Silveira negou a possibilidade de a Aeronáutica excluir do serviço ativo algumas das integrantes do Corpo Feminino. Todavia, a motivação fazia-se indispensável neste caso, mesmo em se tratando de ato fundado na necessidade do serviço, até mesmo porque existiam critérios de avaliação das servidoras:

> (...) Em realidade, o que constitui o constrangimento decorrente desse ato administrativo, e o torna susceptível do controle judicial, é precisamente a falta de motivação. Se houvesse razões que levassem a administração a fazer opção pelo licenciamento da impetrante, eu não oporia reparo algum ao ato administrativo. A autoridade detinha faculdade, podia exercê-la. Mas esta, havendo disciplina

---

Ementário n. 1710-7, p. 105.
92. Recurso ordinário n. 21485-6-DF, Supremo Tribunal Federal, Ementário n. 1710-7, p. 107.

para o seu exercício, não poderia ser desempenhada sem motivação.[93]

Na conclusão de seu voto, o Ministro Néri reporta-se ao voto proferido no Mandado de Segurança nº 83.593, a que havia feito menção o Ministro Velloso, que foi inclusive integrado ao corpo do acórdão de julgamento do recurso ordinário 21485-6-DF.[94]

Este julgamento confirma a hipótese formulada nesta obra, pois demonstra como o Supremo Tribunal Federal atua na concretização dos princípios constitucionais, estabelecendo um equilíbrio entre os direitos individuais e o interesse público.

Neste caso, o Supremo Tribunal Federal entendeu que o Poder Público não pode praticar atos despidos de qualquer motivação e, além do mais, em violação ao princípio da isonomia, pois o tratamento não igualitário tem caráter excepcional no sistema jurídico brasileiro, estando condicionado a critérios de razoabilidade. Estes exigem que a medida administrativa adotada seja acompanhada da devida justificativa, a fim de que se possa avaliar o atendimento do interesse público pelo ato da Administração.

Acrescente-se que o voto do Ministro Relator buscou amparo doutrinário, jurisprudencial e legal, requisitos indispensáveis para que a tese nele adotada pudesse ser acolhida pela comunidade jurídica. Também o voto do Ministro Carlos Velloso contribuiu para a aceitação da opinião do Relator pelo Colegiado, a partir do momento em que

---

93. Recurso ordinário n. 21485-6-DF, Supremo Tribunal Federal, Ementário n. 1710-7, p. 108.
94. Recurso ordinário n. 21485-6-DF, Supremo Tribunal Federal, Ementário n. 1710-7, pp. 109-119.

faz uma associação com outro caso julgado no passado pelo Presidente da Turma, antes de vir a integrar os quadros do STF. A estratégia argumentativa do Ministro Velloso ao final foi exitosa, pois o Ministro Néri não apenas seguiu o seu voto e o do Relator, mas utilizou na própria fundamentação de seu voto o precedente por ele anteriormente lembrado.

O raciocínio tópico caracteriza os votos de todos os ministros que decidiram pelo provimento do recurso ordinário, uma vez que teve grande impacto o fato de apenas oito entre as cento e oito servidoras do Corpo Feminino da Aeronáutica terem sido desligadas do serviço ativo, sem qualquer justificativa. Talvez se todas as cento e oito houvessem sido dispensadas, o argumento do Ministro Brossard, referente ao interesse do serviço e a redução de despesas, pudesse ter obtido maior aceitação, ainda que reconhecidamente imotivado o ato de desligamento. Do exame do problema é fácil concluir que no mínimo não houve clareza quanto aos critérios que orientaram a permanência de algumas militares no serviço ativo e o afastamento de outras, principalmente sabendo-se que a regulamentação em vigor previa a existência de uma comissão de avaliação das integrantes do Corpo Feminino.

Assim, orientado pelos princípios constitucionais da isonomia, da legalidade e da publicidade, o Supremo Tribunal Federal decidiu reintegrar a impetrante ao serviço ativo da Aeronáutica.

Em outro acórdão envolvendo a prática de ato administrativo, o STF contribuiu para a fixação dos contornos do conceito de interesse público a partir de um caso concreto. Trata-se do recurso extraordinário nº 192568-0-PI, julgado também pela 2ª Turma e relatado pelo mesmo Ministro

Marco Aurélio.[95] O recurso questionou a constitucionalidade da atitude do Tribunal de Justiça do Piauí, que deixou de nomear treze dos cinqüenta e cinco candidatos aprovados em concurso para a Magistratura daquele Estado, muitoembora o Edital do concurso contivesse previsão de que seriam preenchidas as vagas existentes na data de sua publicação e as que surgissem no prazo de validade do mencionado concurso, além de haver negado a prorrogação da validade do certame, requerida tempestivamente pelos aprovados.

O Ministro Relator iniciou a sua fundamentação com um argumento fundado na estrutura do real, relativo ao desgaste e esforço envolvidos em um concurso como o da magistratura e a confiabilidade com que devem contar os editais dos certames públicos:

> Todos nós sabemos as dificuldades enfrentadas quando da feitura de qualquer concurso, a exacerbarem-se quanto maior for a escolaridade exigida. Os candidatos, almejando a melhoria quer sob o ângulo profissional, quer sob o ângulo econômico, quase sempre dedicam-se com exclusividade aos estudos, especialmente quando em jogo cargos de difícil acesso como são os compreendidos no âmbito da magistratura, do Ministério Público e das Procuradorias Estaduais. Desligam-se das atividades que viabilizam o próprio sustento, passando a depender dos familiares, cuja convivência, ainda que de forma momentânea, sacrificam, em face da eleição de um objetivo maior.

---

[95] BRASIL. Supremo Tribunal Federal. Recurso extraordinário n. 192568-0-PI. 2ª Turma. Relator: Ministro Marco Aurélio. 23 de abril de 1996. Serviço de Jurisprudência do Supremo Tribunal Federal, Brasília, Ementário n. 1841-04, pp. 662-703.

Por outro lado, conforme ressaltado na inicial de folhas 2 a 21, confiam nos parâmetros constantes das normas regedoras do concurso, procedimento que é antecedido da análise das chances havidas.[96]

No exame do caso concreto, o Ministro Marco Aurélio recorreu a princípios constitucionais como o do Estado democrático de direito e da dignidade humana para exigir uma postura de lealdade do Poder Público em face dos cidadãos, o que para ele não ocorreu na situação sob julgamento:

> Na hipótese vertente, a Administração Pública veiculou edital revelador de que o certame teria como objetivo "o preenchimento das vagas atualmente existentes e para as que ocorrerem no prazo de validade do mencionado concurso". Ao assim proceder, sem nenhum condicionamento no tocante a possível gradação a ser observada no ato de nomear, obrigou-se, estabelecendo relação jurídica com tantos quantos acorreram ao edital. Em um Estado Democrático de Direito, exsurge a constância da dignidade do homem, exigindo-se, por isso mesmo, postura exemplar. O caso dos autos é típico, no que o Tribunal de Justiça do Estado do Piauí, o Poder Judiciário desse Estado, acabou por tripudiar, colocando em plano secundário condições divulgadas. Em área onde notada a carência de órgãos, reclamando-se a todo momento da ausência de valores, proclamou a realização de concurso para o preenchimento de vagas não só já existentes à época da abertura, como também de outras que, nos dois anos de valida-

---

96. Recurso extraordinário n. 192568-0-PI, Supremo Tribunal Federal, Ementário n. 1841-04, p. 667.

de, viessem a ser abertas. Aprovados os candidatos em número suficiente a se ter as vagas por preenchidas, deliberou convocar — já aqui, sim, no campo não da livre discrição, mas do arbítrio — apenas trinta e três candidatos. A um só tempo, acabou por introduzir discriminação contrária aos termos do edital, fazendo-o quando já conhecidos os aprovados e a classificação de cada qual. (...)[97]

A par da própria violação da regra editalícia, o recorrido ainda negou a prorrogação do prazo de validade do concurso público, solicitada pelos candidatos aprovados e não nomeados. Este que seria um ato tradicionalmente considerado pela doutrina e pela jurisprudência como orientado pela conveniência e oportunidade da administração teve os seus motivos questionados pelo Relator:

> (...) Indeferido o requerimento, deixou escoar o prazo de validade do concurso. Indaga-se: O que se pode depreender dessa atitude? A desnecessidade do preenchimento das vagas? A resposta é desenganadamente negativa. A uma, tendo em vista que a deficiência do número de órgãos do Judiciário é proclamada diariamente. A duas, porquanto o próprio edital de concurso sinalizou não apenas para o preenchimento das vagas existentes, como também das que surgissem no prazo de validade e aproveitamento dos candidatos.[98]

Como se vê, o Ministro Marco Aurélio recorreu a um raciocínio fundado no problema, para questionar uma

---

[97]. Recurso extraordinário n. 192568-0-PI, Supremo Tribunal Federal, Ementário n. 1841-04, pp. 667-668.
[98]. Recurso extraordinário n. 192568-0-PI, Supremo Tribunal Federal, Ementário n. 1841-04, p. 669.

decisão administrativa aparentemente praticada nos limites da ordem jurídica. A decisão de não nomear os recorrentes e de não prorrogar o prazo de validade do concurso deveria estar amparada pela existência de quadros suficientes na Magistratura ou pela inexistência de cargos vagos, não sendo verificada no caso nenhuma das duas situações. O relator assumiu o uso de um raciocínio tópico, ao relativizar a importância dos precedentes (possivelmente já antevendo uma resistência de integrantes do colegiado à superação da jurisprudência consolidada, de que o aprovado em concurso público tem mera expectativa de direito à nomeação):

> Senhor Presidente, desde cedo percebi que cada processo é uma lide individualizada, com aspectos e portanto parâmetros objetivos e subjetivos próprios, a obstaculizar a observância automática de precedentes. Se de um lado é certo que, realizado o concurso, preserva a Carta da República, acima de tudo, o chamamento de acordo com a ordem de classificação, proibindo, assim, que se venha a ter a preterição de candidatos, de outro não menos correto é que o edital de concurso, na feliz dicção de Hely Lopes Meirelles, citado na inicial, revela-se uma lei interna da concorrência.[99]

O Ministro Relator ainda fez uma detalhada análise da normatividade dos princípios constitucionais, a fim de demonstrar que, no caso sob apreciação, mostrava-se evidente a violação à Constituição Federal:

---

99. Recurso extraordinário n. 192568-0-PI, Supremo Tribunal Federal, Ementário n. 1841-04, p. 669.

(...) Há de tirar-se da Carta Política da República, principalmente no embate entre o Estado e o cidadão, a maior eficácia possível. Por isso mesmo é que, a par dos direitos e garantias nela expressos, existem outros decorrentes do próprio regime e dos princípios adotados.[100]

Em seguida, foram elencados, de forma expressa, os princípios constitucionais aplicáveis ao caso e a forma como se deu a sua violação pelo recorrido:

(...) O artigo 37 da Carta de 1988 é categórico ao revelar que a administração pública observará os princípios da legalidade, impessoalidade, moralidade e publicidade. No caso dos autos, o da legalidade foi menosprezado, já que olvidados os parâmetros do edital de concurso e o resultado deste último; o da impessoalidade, no que conhecidos os aprovados e classificados para as vagas, resolveu-se partir para a nomeação parcial, colocando-se em plano secundário, até mesmo, as necessidades existentes; o da moralidade, no que, espezinhado o primeiro, deixou-se de proceder, até mesmo, à prorrogação do concurso, abrindo-se margem à convocação de outro tão logo esgotado o prazo de dois anos; por último, o da publicidade, no que as regras insculpidas no edital serviram de estímulo à inscrição de candidatos, restando ignoradas.[101]

De fato, a normatividade dos princípios é inequívoca no sistema normativo e o presente caso demonstra que a con-

---

100. Recurso extraordinário n. 192568-0-PI, Supremo Tribunal Federal, Ementário n. 1841-04, p. 670.
101. Recurso extraordinário n. 192568-0-PI, Supremo Tribunal Federal, Ementário n. 1841-04, pp. 670-671.

cretização de seu sentido está intimamente ligada a raciocínios fundados nas peculiaridades do problema. Tal fato afasta qualquer dúvida a respeito da possibilidade de harmonização entre a idéia de sistema jurídico e a tópica, defendida nesta obra,[102] exatamente por conta da atuação construtiva da normatividade, que os tribunais superiores apresentam no interior do ordenamento.

Como nos outros acórdãos já comentados, aqui também o Ministro Relator buscou fundamentos de hermenêutica jurídica para justificar o entendimento adotado, inclusive tendo enfatizado o aspecto sistemático do ordenamento, muito embora tenha previamente destacado a necessidade de um exame casuístico das questões jurídicas:

> A interpretação de dispositivo legal ou constitucional há de fazer-se de modo sistemático e teleológico, métodos aos quais não se sobrepõe o alusivo à interpretação verbal. Se a Carta assegura, no prazo de validade do concurso, a convocação de candidatos nele aprovados, com prioridade sobre novos concursados, ou seja, candidatos aprovados em concurso posterior, é de concluir-se que a inércia, intencional, ou não, da administração pública, deixando de preencher cargos existentes, leva à convicção sobre a titularidade do direito subjetivo de ser nomeado. (...)[103]

No trecho transcrito do voto do Ministro Marco Aurélio constatou-se uma flagrante superação do sentido literal do art. 37, IV, da Constituição Federal, de forma a considerar como violadora da ordem de aprovação no concurso

---

102. Ver item 4.4.1 *supra*.
103. Recurso extraordinário n. 192568-0-PI, Supremo Tribunal Federal, Ementário n. 1841-04, p. 671.

a voluntária inércia do recorrido na nomeação dos aprovados, com a convocação de novo certame após o fim do prazo constitucional de validade do concurso público. É interessante observar que a consideração genérica feita pelo Ministro Marco Aurélio na fundamentação de seu voto, quanto à necessidade de examinar cada caso como uma situação em particular, tem na parte final do voto a sua justificativa. O acórdão ora analisado contrariou uma sólida jurisprudência do Supremo Tribunal Federal, no sentido de que o candidato aprovado em concurso público tem apenas expectativa de direito à nomeação para o cargo. Em razão disso, o relator parece ter assumido uma postura nitidamente contrária ao entendimento hegemônico apenas no final de seu voto, nos termos em seguida transcritos:

> A hipótese vertente não pode ficar na vala comum da jurisprudência engessada na máxima de que os concursados têm simples expectativa e não o direito à nomeação. As singularidades que acabo de ressaltar, fazendo-o até mesmo com tintas um pouco fortes, porquanto presente o sentido pedagógico, conduzem a postura diversa, restabelecendo-se a confiança dos Recorrentes, no que resolveram abraçar carreira em que tal predicado exsurge, com insuplantável valia. Ressalto que a presunção de que estaria havendo uma manobra visando à realização de novo concurso restou confirmada pela publicação nos Diários de 29 de janeiro, 13 de março e 15 de março de 1996, de avisos alterando o edital publicado em 25 de novembro de 1993 e a ele conferindo as conseqüências próprias — folhas 208 a 225.[104]

---

104. Recurso extraordinário n. 192568-0-PI, Supremo Tribunal Federal, Ementário n. 1841-04, pp. 672-673.

A referida presunção de que a inércia em empossar os recorrentes nos cargos de juiz foi proposital teve a sua fundamentação em provas trazidas aos autos, de que algum tempo depois de expirado o prazo de validade do concurso público, foi realizado outro concurso para o mesmo cargo em que deveriam ter sido providos os recorrentes. Foi citado inclusive precedente do Superior Tribunal de Justiça, a respeito de situação semelhante, a fim de demonstrar a plausibilidade da tese, nada obstante o fato de ser o Superior Tribunal de Justiça uma Corte de competência e hierarquia diversas do Supremo Tribunal Federal.[105]

Ao final, o Relator votou pelo provimento do recurso extraordinário, com a nomeação dos recorrentes para o cargo de Juiz de Direito Substituto do Tribunal de Justiça do Piauí. O voto do Ministro Marco Aurélio é condutor em relação à posição majoritária adotada pela segunda turma do Supremo Tribunal Federal, mas há incidentes no julgamento deste recurso que merecem ser comentados.

O Ministro Maurício Corrêa[106] acompanha basicamente o voto do Relator, recorrendo a argumentos que foram aqui enunciados no comentário ao voto do Ministro Marco Aurélio.

Já o Ministro Carlos Velloso seguiu uma vertente um pouco diversa da adotada pelo Relator, que inclusive culminará em uma divergência quanto aos efeitos da decisão. De início, o Ministro Velloso enfatizou os contornos da posição tradicional do Supremo Tribunal Federal sobre a temática do concurso público e nomeação dos aprovados,

---

105. Recurso extraordinário n. 192568-0-PI, Supremo Tribunal Federal, Ementário n. 1841-04, p. 673.
106. Recurso extraordinário n. 192568-0-PI, Supremo Tribunal Federal, Ementário n. 1841-04, pp. 675-678.

tendo destacado inclusive a existência de direito sumulado acerca da matéria:

> Sr. Presidente, a doutrina do Supremo Tribunal Federal é no sentido de que a aprovação no concurso publico não gera para o candidato aprovado direito à nomeação. Esse direito surge, está na Súmula 15, do Supremo Tribunal, se, dentro do prazo de validade do concurso, o cargo for preenchido sem observância da classificação, ou se a nomeação ocorrer contra o resultado do concurso. Em tais casos, surge, para o candidato aprovado, o direito à nomeação.[107]

Logo em seguida, ele lançou mão de um raciocínio dissociativo para afastar a hipótese, então sob julgamento, da situação prevista na Súmula 15, que prevê o direito à nomeação do candidato aprovado, quando não tiverem sido respeitados a ordem de classificação ou os resultados do certame.[108] Sabendo-se que não se trata da hipótese da Súmula 15, haveria direito à nomeação? Aqui, o Ministro Velloso empreendeu umraciocínio que parte do problema para o sistema, pois ao invés de operar de forma silogística, por meio de um raciocínio *a contrario* (se não está na Súmula 15, não há direito à nomeação), ele confessou a sua perplexidade diante de episódios como o então apreciado:

---

107. Recurso extraordinário n. 192568-0-PI, Supremo Tribunal Federal, Ementário n. 1841-04, p. 679.
108. A Súmula nº 15 do Supremo Tribunal Federal dispõe literalmente que "dentro do prazo de validade do concurso, o candidato aprovado tem direito à nomeação, quando o cargo for preenchido sem observância da classificação."

Sr. Presidente, tenho meditado, não é de hoje, a respeito do tema, a respeito desta hipótese: abre-se um concurso público para preenchimento de um certo número de vagas; os candidatos aprovados, dentro desse número de vagas, teriam direito à nomeação, no prazo de validade do concurso, ou na prorrogação deste? Por exemplo: abre-se concurso para preenchimento de três vagas de professor numa certa universidade pública. Realizado o concurso, três candidatos são aprovados e a administração resolve nomear, entretanto, apenas um candidato. Os dois candidatos restantes teriam direito à nomeação? *Mutatis mutandis*, é o caso dos autos.

Inclino-me, Sr. Presidente, depois de muito meditar sobre o tema, a dar resposta afirmativa à indagação. Ora, se a administração abre concurso público, realizando despesas, para preenchimento de um certo número de vagas, ela se obriga a nomear, no prazo do concurso, os aprovados dentro do número de vagas, a menos que surja motivo, com base na conveniência administrativa, a recomendar o não preenchimento das vagas. O motivo há de ser consistente, sempre sujeito ao controle judicial.[109] (grifos do original)

Neste caso, novamente a questão dos fundamentos do ato administrativo é trazida à discussão e mais uma vez a realização do interesse público é o fio condutor do raciocínio do julgador:

O que deve ser tomado em linha de conta é que a administração pública sempre age com base em motivos sérios,

---

109. Recurso extraordinário n. 192568-0-PI, Supremo Tribunal Federal, Ementário n. 1841-04, p. 680.

para a realização do interesse público. Ora, se ela abre um concurso público para preenchimento de um certo número de vagas, é porque, na verdade, o interesse público reclama o preenchimento de tais vagas. Bem por isso, que se justificam as despesas, o tempo e o dinheiro públicos gastos na realização do concurso.[110]

Este voto abordou, também, as questões do desgaste ocasionado pelo concurso público e da confiabilidade que dele se exige.

Na conclusão da análise em tese da matéria, o Ministro Velloso entendeu que os candidatos aprovados dentro do número de vagas previstas no edital do concurso têm direito à nomeação, salvo se devidamente motivada a sua não convocação. Ele destacou, também, que o julgamento em questão representou um avanço em relação à jurisprudência consolidada na Súmula 15:

> Estamos afirmando, conforme se vê, Sr. Presidente, uma terceira hipótese de direito do concursado à nomeação. Estamos indo, portanto, além da súmula 15, do Supremo Tribunal. Mas estamos agindo bem, Sr. Presidente, porque estamos extraindo da Constituição o máximo de sua eficácia.[111]

Em seguida, o Ministro Velloso[112] partiu para a apreciação do caso concreto, admitindo a possibilidade de indefe-

---

110. Recurso extraordinário n. 192568-0-PI, Supremo Tribunal Federal, Ementário n. 1841-04, pp. 680-681.
111. Recurso extraordinário n. 192568-0-PI, Supremo Tribunal Federal, Ementário n. 1841-04, p. 681.
112. Recurso extraordinário n. 192568-0-PI, Supremo Tribunal Federal, Ementário n. 1841-04, p. 682.

rimento do pleito dos recorrentes, de prorrogação do prazo de validade do concurso público, desde que tivesse o ato sido motivado. A prorrogação da validade do certame público é faculdade da Administração, mas é fundamental, quando da negativa a um requerimento neste sentido, que esta seja motivada, em função da própria natureza pública da atividade e também para que possa ser o ato passível de controle jurisdicional:

> (...) Assim, quando um agente público pratica um ato administrativo, ele tem de dizer porque o faz, tem que motivar o ato, até mesmo para que esse ato possa ser submetido ao controle judicial em caso de alegação de ofensa a direito, dado que a Constituição consagra o princípio da inafastabilidade do controle judicial de lesão ou ameaça a direito (C. F., art. 5º, XXXV).[113]

Ao finalizar o seu voto, o Ministro Carlos Velloso[114] deu provimento ao recurso e enfatizou o caráter inovador da decisão a ser tomada pelo Colegiado.

Após o voto do Ministro Velloso, o Presidente da Segunda Turma do Supremo Tribunal Federal, Ministro Néri da Silveira, propôs a conversão do julgamento em diligência, para que o Tribunal de Justiça do Piauí informasse as razões que fundaram o ato impugnado, que não constavam do processo judicial. O Presidente justificou tal iniciativa com o fato de que a decisão do Ministro Carlos Velloso estaria baseada na ausência de motivação

---

113. Recurso extraordinário n. 192568-0-PI, Supremo Tribunal Federal, Ementário n. 1841-04, pp. 682-683.
114. Recurso extraordinário n. 192568-0-PI, Supremo Tribunal Federal, Ementário n. 1841-04, p. 683.

do ato administrativo, o que efetivamente não está claro nos autos.

A esta proposta, seguiu-se um amplo debate entre o Ministro Marco Aurélio (Relator) e o Ministro Néri da Silveira (Presidente),[115] acerca da necessidade ou não de ser realizada a diligência proposta pelo último. O Relator entendeu que a instrução constante dos autos era suficiente para o julgamento, dispensando uma complementação de informações. Para isso, valeu-se das próprias informações prestadas pelo Presidente do Tribunal de Justiça do Piauí no mandado de segurança, que não fizeram referência aqualquer ato motivado daquele Tribunal, mas apenas destacaram que a prorrogação do concurso seria uma mera faculdade da Administração. Além disso, o próprio Tribunal de Justiça julgou em primeira instância o mandado de segurança, momento em que trouxe aos autos a fundamentação da providência administrativa adotada.

Após o debate entre os ministros, em que ficou clara a inconformidade do Presidente da Turma com a resistência do Relator à realização da diligência, o Ministro Marco Aurélio recorreu a argumentos de natureza técnico-jurídica para consolidar a sua posição:

> Para que as informações? Consubstanciam peça inútil no mandado de segurança? Não. É peça da maior valia, mediante a qual aquele que *"presenta"*, para utilizar uma expressão de Pontes de Miranda, o órgão, esclarece os motivos atinentes à prática do ato impugnado. E que esclarecimentos foram esses? Simplesmente, em primeiro lugar, se disse que, prorrogar, ou não, o prazo de um concurso é faculdade da Administração Pública; em se-

---

115. Recurso extraordinário n. 192568-0-PI, Supremo Tribunal Federal, Ementário n. 1841-04, pp. 686-688.

gundo, que a Administração Pública não está obrigada, consoante o verbete de nº 15 da Súmula do próprio Supremo Tribunal Federal, a nomear os aprovados.

Peço vênia, Senhor Presidente, como Relator, coerente com a postura que assumi ao liberar este processo como pronto para julgamento pelos meus Colegas, para entender que não devemos voltar a uma fase ultrapassada, dando oportunidade, além daquelas que ocorreram no curso do processo, para que o Tribunal de Justiça venha, desta ou daquela forma, justificar o ato praticado. Entendo que devemos continuar com o julgamento deste mandado de segurança, porquanto a questão nele envolvida pende de uma solução há vários anos.

É como voto no caso.[116]

O voto seguinte sobre a diligência foi do Ministro Maurício Corrêa, que já havia inclusive proferido seu voto sobre o mérito, na mesma linha do Relator. Entretanto, ainda que reconhecendo a suficiência da instrução constante do processo, votou favoravelmente à realização da diligência:

Sr. Presidente, parece-me que os fatos já estão plenamente explicados e não exigiriam mais complementação até

---

116. Recurso extraordinário n. 192568-0-PI, Supremo Tribunal Federal, Ementário n. 1841-04, p. 688. Consigne-se que de fato o mandado de segurança apresenta um rito abreviado, que normalmente não comporta instrução suplementar, nos moldes da diligência proposta. Dessa forma, a posição do Ministro Marco Aurélio parece estar tecnicamente mais de acordo com a natureza do instrumento processual em questão do que a sugestão do Presidente da Turma.

porque esta questão relativa à fundamentação nasceu exatamente durante este julgamento. (...)

Contudo, achando-me pressionado entre a proposta de V.Exa. e a recusa do eminente Relator, não posso deixar de levar na devida conta a vasta experiência de V. Exa. como antigo juiz e a plausibilidade do exame que se propõe a fazer acerca da decisão do Tribunal do Piauí.

Além do mais, é de praxe nesta Casa, quando algum Ministro deseja, para melhor formação de seu juízo, a fim de expungir dúvidas, requerer a audiência do Tribunal local sobre o teor exato do ato impugnado, não negar-lhe esse direito, razão por que, embora convencido quanto ao mérito, mas pedindo todas as vênias ao Ministro-Relator, também meu voto acompanha o do Presidente para deferir a diligência.[117]

Neste voto, ficou bastante clara a influência do prestígio do Ministro mais antigo e, ainda por cima, presidente da Turma julgadora, sobre a decisão do Colegiado. Chama a atenção o fato de que o Ministro Maurício Corrêa já havia votado, disse estar convencido a respeito da questão, mas, ainda assim, anuiu com a proposta do Ministro Presidente, com base em uma tradição no Tribunal, de atendimento às solicitações de diligências formuladas por algum de seus ministros.

Já o Ministro Carlos Velloso, que foi na prática quem suscitou a questão da ausência de motivação do ato administrativo impugnado, posicionou-se de forma contrária à

---

117. Recurso extraordinário n. 192568-0-PI, Supremo Tribunal Federal, Ementário n. 1841-04, p. 689.

diligência e o fez amparado em argumentos de natureza técnica, similares aos utilizados pelo Ministro Marco Aurélio:

> Não vou, então, na instância extraordinária, rever prova. Rever os motivos, a esta altura, é rever a prova, o que não é possível em sede extraordinária.
>
> De outro lado, se a autoridade administrativa não cuidou, no prazo legal, de defender bem os interesses da administração, penso que não devo, na instância extraordinária, complementar o trabalho da autoridade.[118]

Fato interessante nesta decisão sobre a diligência é que a posição majoritária, favorável à realização da diligência, foi formada graças ao voto do Ministro Maurício Corrêa, que confessou considerá-la de fato desnecessária, mas curvou-se a questões institucionais da Corte, para acolher a sugestão do Ministro Presidente.

Após a suspensão do julgamento e a prestação das informações adicionais pelo Tribunal de Justiça do Piauí, o Ministro Relator[119] confirmou o teor de seu voto originário, que inclusive foi fortalecido pelo fato de que as informações prestadas pelo recorrido comprovaram que a deliberação de não prorrogar o prazo do concurso foi tomada em votação secreta daquele Tribunal, o que demonstrou inequivocamente a ausência de motivação do ato.

---

118. Recurso extraordinário n. 192568-0-PI, Supremo Tribunal Federal, Ementário n. 1841-04, p. 690.
119. Recurso extraordinário n. 192568-0-PI, Supremo Tribunal Federal, Ementário n. 1841-04, pp. 692-694.

Os Ministros Maurício Corrêa[120] e Carlos Velloso[121] também ratificaram seus votos anteriores, sendo que o último fez questão de destacar que decidiu pela concessão da segurança apenas para assegurar aos impetrantes o direito de preferência à nomeação e não a nomeação em si, diferentemente do que entendeu o Relator.

Em extenso voto, o Ministro Néri da Silveira lançou mão de um discurso eminentemente técnico-jurídico, para divergir da maioria e opinar pela denegação da segurança, na forma da decisão recorrida. Sua linha de raciocínio partiu da disciplina do art. 37, incisos III e IV, da Constituição Federal, para concluir que "só cabe entender subsistente título à nomeação, enquanto o concurso público tiver seu prazo de validade vigente. Cessa, destarte a eficácia do título de aprovação em concurso público, no instante em que este caduca, pelo decurso do prazo de sua validade, se não houver a prorrogação prevista na norma constitucional suso transcrita (CF, art. 37, III)".[122]

Após situar o problema, o Ministro Presidente da Segunda Turma utilizou um argumento por dissociação, no momento em que reconheceu a nulidade da decisão do Tribunal do Piauí de não prorrogar o prazo de validade do concurso, honrando oentendimento majoritário do Colegiado, mas considerou que tal vício do ato administrativo não criou para os recorrentes o direito à prorrogação automática do prazo:

---

120. Recurso extraordinário n. 192568-0-PI, Supremo Tribunal Federal, Ementário n. 1841-04, p. 695.
121. Recurso extraordinário n. 192568-0-PI, Supremo Tribunal Federal, Ementário n. 1841-04, p. 696.
122. Recurso extraordinário n. 192568-0-PI, Supremo Tribunal Federal, Ementário n. 1841-04, pp. 697-698.

(...) Então, indago: hoje, tantos anos passados, desde a caducidade do concurso, pode o STF, com base em nosso sistema, emprestar vida de novo a esse competitório? Os candidatos remanescentes já estão sem título a qualquer pretensão, em face da prejudicialidade autêntica decorrente do fluxo integral do prazo da caducidade. Como admitir-se se crie, a esta altura, título juris a ser presente perante o Tribunal de Justiça do Estado, com força a assegurar-lhes nomeação? Encontro, sob o ponto de vista jurídico, de imediato, essa intransponível dificuldade. Não existe direito, líquido e certo dos impetrantes à prorrogação do prazo de validade do concurso. Sequer houve provisão judicial, sob forma de cautelar, a manter subsistente, até decisão final do mandado de segurança, o titulo resultante da aprovação. O prazo de validade do concurso, previsto na Constituição, fluiu inteiramente. (...)[123] (grifo do original)

Inegavelmente, este é um forte argumento de ordem processual, uma vez que não foi realmente concedida nenhuma cautela aos recorrentes. Todavia, fica claro que o posicionamento majoritário superou barreiras de ordem processual a fim de dar uma solução razoável ao problema, pois a negativa do recorrido em prorrogar o prazo do concurso público faz parte da essência da própria lesão ao direito dos recorrentes, segundo o entendimento que ao final prevaleceu. Dizer-se que o ato administrativo é nulo, mas que a violação a direito dele derivada é irreversível representaria na prática uma demonstração de falta de efetividade da prestação jurisdicional. Acrescente-se que o

---

123. Recurso extraordinário n. 192568-0-PI, Supremo Tribunal Federal, Ementário n. 1841-04, p. 699.

rigor técnico-processual já fora rompido pelo próprio Ministro Néri da Silveira, quando submeteu à Turma a realização atípica de uma diligência em sede de recurso extraordinário, que não admite o exame de questões de fato, ainda mais quando interposto em mandado de segurança, que tem um rito processual bastante simplificado.

O Ministro Néri fez, ainda, uma aproximação entre o entendimento tradicional sobre o tema e o caso sob exame, contrariando diretamente a argumentação utilizada pelo Ministro Velloso, que ressaltava as peculiaridades da situação ora em julgamento:

> (...) As decisões, que precederam a vinda do feito ao STF em grau de recurso, nada lhes asseguraram; ao contrário, reafirmaram doutrina tradicional, em nosso sistema jurídico, qual seja, a inexistência de direito do candidato aprovado à nomeação, se não houve preterição por outro concorrente em situação classificatória inferior, bem como não haver direito de candidato aprovado a exigir prorrogação de prazo de validade de concurso. (...)[124]

Além disso, o Ministro Néri fundou a sua argumentação no fato de que não teria havido qualquer ofensa aos dispositivos constitucionais que fundamentaram o recurso extraordinário, e em função disso não deveria ele ser conhecido. Ao final reiterou ele que seu julgamento estaria em linha de coerência com o entendimento tradicional do Supremo Tribunal Federal sobre a questão dos concursos públicos:

---

124. Recurso extraordinário n. 192568-0-PI, Supremo Tribunal Federal, Ementário n. 1841-04, p. 699.

Fiel, dessa maneira, aos princípios que sempre foram seguidos por esta Corte no julgamento de recursos extraordinários ou de mandados de segurança originários, em matéria de concurso público, *data venia*, não vejo ofensa ao art. 37, IV, da Constituição.[125] (grifos do original)

Os raciocínios tópicos afloram neste acórdão de maneira flagrante, sendo por diversas vezes superadas exigências de ordem técnica, com o objetivo de buscar a melhor solução para o caso. Chama a atenção o uso de princípios constitucionais na fixação dos limites entre os direitos individuais dos recorrentes e o interesse da Administração. Este acórdão dá maior solidez à vinculação entre interesse público e motivação das decisões administrativas, também debatida no acórdão aqui já comentado, referente ao recurso ordinário nº 21485-6-DF. Tal fato demonstra a conformação jurisprudencial do conceito de interesse público, a partir da necessidade de motivação dos atos administrativos. Pode-se até concluir que a falta de fundamentação do ato cria uma presunção de não realização do próprio interesse público, que poderá contudo ser superada, a partir do momento em que se tornarem conhecidas as suas motivações.

Muito embora existisse um entendimento sólido no Supremo Tribunal Federal sobre os limites dos direitos dos aprovados em concurso público, esta decisão fez uma ruptura com a jurisprudência previamente existente, a fim de concretizar a idéia de justiça. Neste caso, o conjunto probatório demonstrou que não houve transparência nos crité-

---

125. Recurso extraordinário n. 192568-0-PI, Supremo Tribunal Federal, Ementário n. 1841-04, p. 701.

rios adotados no momento em que se decidiu não prover os impetrantes nos cargos e nem prorrogar o concurso público em que foram aprovados. Fato mais grave e que caracterizou o não atendimento ao interesse público pelo Tribunal do Piauí, foi o da convocação de novo concurso para a Magistratura, tempos depois de haver expirado o prazo constitucional de validade do certame em que foram aprovados os impetrantes.

Verifica-se que o câmbio jurisprudencial observado neste acórdão foi sustentado por inúmeros argumentos de fato e de direito, fundados em princípios jurídico-constitucionais, utilizados a fim de afastar o rigor costumeiro do Supremo Tribunal Federal no trato de matéria deste tipo e a realizar uma interpretação construtiva do art. 37, incisos III e IV da Constituição Federal, que tratam do prazo de validade e da ordem de nomeação dos candidatos aprovados em concurso público, respectivamente.

5.2.2 A força dos precedentes

Merece também comentário uma decisão bastante significativa, que demonstra claramente o peso simbólico da questão institucional, no âmbito do Supremo Tribunal Federal. Trata-se do acórdão proferido no recurso extraordinário nº 154919-RS, julgado pela Segunda Turma e relatado pelo Ministro Carlos Velloso,[126] que apreciou a questão dos limites da aplicabilidade da norma prevista no art. 192,

---

126. BRASIL. Supremo Tribunal Federal. Recurso extraordinário n. 154919-RS. 2ª Turma. Relator: Ministro Carlos Velloso. 22 de junho de 1993. *Revista Trimestral de Jurisprudência*, Brasília, v. 152, pp. 280-288.

§ 3º da Constituição Federal, que instituiu um limite máximo de 12% ao ano para os juros no Brasil.

A referida decisão segue o precedente estabelecido pelo Plenário do Supremo Tribunal Federal, no julgamento da Ação Direta de Inconstitucionalidade nº 4 – DF,[127] que tinha como objeto exatamente a mesma matéria. Muito embora o acórdão do recurso extraordinário nº 154919-RS aparente ser uma simples decisão que honra uma orientação jurisprudencial previamente estabelecida, ele reveste-se de certa peculiaridade, conforme ver-se-á em seguida.

De início, o Ministro Relator reportou-se ao precedente anteriormente mencionado, destacando que o Plenário entendera que a regra constitucional sobre os juros não era de eficácia plena, ficando pendente de edição de lei complementar para tornar-se efetiva. O Relator[128] ressalvou que fora vencido na votação da Ação Direta de Inconstitucionalidade, que serviu de precedente, e transcreveu integralmente o voto então proferido, no qual lançou mão de fartos fundamentos doutrinários, a fim de defender a auto-aplicabilidade da norma do art. 192, § 3º da Constituição Federal. No referido voto, ele enfatiza o papel construtivo do intérprete da Constituição, nos seguintes termos:

> As normas constitucionais são, de regra, auto-aplicáveis vale dizer, são de eficácia plena e aplicabilidade imediata.

---

127. BRASIL. Supremo Tribunal Federal. Ação direta de inconstitucionalidade nº 4-7. Tribunal Pleno. Relator: Ministro Sydney Sanches. 7 de março de 1991. *Revista Trimestral de Jurisprudência*, Brasília, v. 147, pp. 719-858.
128. Recurso extraordinário n. 154919-RS, *Revista Trimestral de Jurisprudência*, v. 152, p. 282.

Já foi o tempo em que predominava a doutrina no sentido de que seriam excepcionais as normas constitucionais que seriam, por si mesmas, executórias. (...) Nem poderia ser de outra forma. É que o legislador constituinte não depende do legislador ordinário. Este é que depende daquele. Então, o que deve o intérprete fazer, diante de um texto constitucional de duvidosa auto-aplicabilidade, é verificar se lhe é possível, mediante os processos de integração, integrar a norma à ordem jurídica. Esses métodos ou processos de integração são conhecidos: a analogia, que consiste na aplicação a um caso não previsto por norma jurídica de uma norma prevista para hipótese distinta, porém semelhante à hipótese não contemplada; o costume; os princípios gerais de direito e o juízo de eqüidade, que se distingue da jurisdição de eqüidade. (...)[129]

Em seguida, o Ministro Velloso destacou, citando José Carlos Barbosa Moreira, a atividade de concretização do sentido dos conceitos jurídicos indeterminados, por parte do intérprete da Constituição:

(...) De outro lado, pode ocorrer que uma norma constitucional se refira a instituto de conceito jurídico indeterminado. Isto tornaria inaplicável a norma constitucional? Não. É que a norma dependeria, apenas, de "interpretação capaz de precisar e concretizar o sentido de conceitos jurídicos indeterminados", interpretação que daria à norma "sentido operante, atuante", ensina o Professor e Desembargador José Carlos Barbosa Moreira, com a sua peculiar acuidade jurídica (José Carlos Barbosa

---

129. Recurso extraordinário n. 154919-RS, *Revista Trimestral de Jurisprudência*, v. 152, p. 283.

Moreira, "Mandado de Injunção", *in* "Estudos Jurídicos", Rio, 1991, pág. 41).

É o caso da "taxa de juros reais" inscrita no § 3º do art. 192 da Constituição, que tem conceito jurídico indeterminado, e que, por isso mesmo, deve o juiz concretizar-lhe o conceito, que isto constitui característica da função jurisdicional. Busco, novamente, a lição de J. C. Barbosa Moreira a dizer que "todo conceito jurídico indeterminado é suscetível de concretização pelo juiz, como é o conceito de boa-fé, como é o conceito de bons costumes, como é o conceito de ordem pública e tantos outros com os quais estamos habituados a lidar em nossa tarefa cotidiana". (J. C. Barbosa Moreira, ob. e loc. cits.).[130]

Esta linha de raciocínio está em consonância com a proposta defendida nesta obra, de que as cortes constitucionais têm a função de tornar efetivos os princípios contidos no texto da Lei Maior.[131]

A fim de consolidar doutrinariamente a sua tese, o Ministro Velloso[132] citou autores de amplo prestígio na comunidade jurídica, como Celso Antônio Bandeira de Mello, Garcia de Enterría e Eros Roberto Grau, até que chega a uma definição do sentido do conceito de *juros reais*, contido no mencionado art. 192, § 3º da Carta da República:

---

130. Recurso extraordinário n. 154919-RS, *Revista Trimestral de Jurisprudência*, v. 152, pp. 283-284.
131. Ver item 5.1.1.1 *supra*.
132. Recurso extraordinário n. 154919-RS, *Revista Trimestral de Jurisprudência*, v. 152, pp. 284-285.

A formulação do conceito de juros reais ou a concretização desse conceito não oferece, ao que penso, maiores dificuldades. Juros reais diferem de juros nominais. Os juros reais constituem efetiva ou real remuneração do capital. Assim, incidem eles sobre o capital corrigido monetariamente, por isso que a doutrina e a jurisprudência já estabeleceram que a correção monetária não constitui acréscimo, sendo mera atualização do capital. Em outras palavras, os juros reais são juros deflacionados, são os juros que se calculam desprezando-se a parcela referente à correção monetária.[133]

No final do voto proferido na Ação Direta de Inconstitucionalidade nº 4, transcrito no acórdão ora analisado, o Ministro Carlos Velloso reconheceu o enfoque sociológico adotado no exame da matéria e o próprio papel político dos tribunais superiores:

> Vale, Senhor Presidente, a invocação do elemento político-social na interpretação do § 3º do art. 192 da Constituição. O eminente advogado do autor da ação direita expôs da tribuna elementos políticos, sociológicos, que nós, juízes, sabemos que existem e que não podem ficar ao largo da questão quando o Supremo Tribunal, Corte Constitucional, profere um julgamento que tem muito de político, político, evidentemente, no exato sentido da palavra, no sentido grego do vocábulo.[134]

---

133. Recurso extraordinário n. 154919-RS, *Revista Trimestral de Jurisprudência*, v. 152, p. 285.
134. Recurso extraordinário n. 154919-RS, *Revista Trimestral de Jurisprudência*, v. 152, pp. 286-287.

Cabe observar que o Ministro Velloso empreendeu, na parte derradeira do voto, uma análise flagrantemente tópica da matéria, muito embora deva-se destacar que tal atitude foi precedida de um extenso discurso técnico-jurídico, repleto de referências doutrinárias. Fica flagrante a tentativa do Relator de harmonizar todo um discurso técnico sobre o direito, com a sua convicção pessoal a respeito da relevância social da regra sobre tabelamento dos juros:

> Nós sabemos, Senhor Presidente, que as taxas de juros que estão sendo praticadas, hoje, no Brasil, são taxas que nenhum empresário é capaz de suportar. Nós sabemos que o fenômeno que se denomina, pitorescamente de "ciranda financeira", é que é a tônica, hoje, do mercado financeiro, engordando os lucros dos que emprestam dinheiro e empobrecendo a força do trabalho e do capital produtivo.
>
> Tudo isso eu devo considerar e considero, Senhor Presidente, quando sou chamado, como juiz da Corte Constitucional, a dizer o que é a Constituição. Também esses elementos, Senhor Presidente, levam-me, interpretando o § 3º do art. 192 da Constituição de 1988, a emprestar-lhe aplicabilidade imediata, eficácia plena.[135]

O aspecto mais curioso do voto do Relator no julgamento do recurso extraordinário nº 154919-RS é o de que ele fundamentou toda a sua decisão no voto vencido que

---

135. Recurso extraordinário n. 154919-RS, *Revista Trimestral de Jurisprudência*, v. 152, p. 287.

proferira em um julgamento anterior, mas ao final curvou-se à hierarquia institucional, honrando a decisão em sentido contrário, oriunda do Plenário do Tribunal:

> Reporto-me ao voto acima transcrito, dado que não me convenci do seu desacerto. Não posso, entretanto, na Turma, arrostar a jurisprudência do Supremo Tribunal, tomada em sessão plenária. Ajusto-me, portanto, ao decidido na ADIn nº 4-DF, ressalvando, entretanto, o meu ponto de vista pessoal a respeito do tema.
>
> Do exposto, conheço do recurso extraordinário e dou-lhe provimento.[136]

Em voto breve, o Ministro Marco Aurélio consignou a sua opinião originariamente convergente com a do Relator e também o seguiu na decisão de votar de acordo com a jurisprudência firmada pelo Plenário do Tribunal. Além disso, declarou expressamente ter assumido tal posição em função dos sérios riscos institucionais envolvidos na adoção pelas Turmas do Supremo Tribunal Federal, de posições contrárias ao anteriormente decidido pelo Plenário do Tribunal:

> Senhor Presidente, vou pedir vênia ao nobre Ministro Paulo Brossard para entender que a matéria, em si, já está sedimentada pela Corte, principalmente levando-se em conta que se avizinha a revisão constitucional. Não creio mesmo que, no Plenário, sentisse-me tão à vontade para reafirmar o ponto de vista inicial, tendo em conta as inú-

---

136. Recurso extraordinário n. 154919-RS, *Revista Trimestral de Jurisprudência*, v. 152, p. 287.

meras repercussões de uma decisão diversa da assentada anteriormente.[137]

De forma contrária, o Ministro Paulo Brossard[138] reafirmou a posição manifestada, quando da discussão da Ação Direta de Inconstitucionalidade n° 4-7, mantendo o voto contrário ao entendimento dominante no Supremo Tribunal Federal.

Por último, o Ministro Néri da Silveira,[139] Presidente da Segunda Turma do Supremo Tribunal Federal, manifestou a sua opinião contrária à orientação adotada pela Corte, mas curvou-se à diretriz firmada pelo Plenário do Supremo Tribunal Federal, sendo fiel às normas de procedimento adotadas pelo Tribunal.

O aspecto de maior destaque deste acórdão está relacionado com a total contrariedade dos cinco ministros integrantes da Segunda Turma do Supremo Tribunal Federal com a tese que prevaleceu no Plenário, acerca do limite de 12% para os juros reais. Ressalve-se que o Supremo Tribunal é formado por onze ministros no total, o que demonstra que o entendimento dominante naquele Tribunal sobre o tema tem uma base frágil de sustentação. O fato de a Segunda Turma haver decidido em consonância com um entendimento por ela rejeitado unanimemente demonstra a força do aspecto institucional na atuação dos tribunais superiores. Às vezes compensa mais uma decisão contrária

---

137. Recurso extraordinário n. 154919-RS, *Revista Trimestral de Jurisprudência*, v. 152, p. 287.
138. Recurso extraordinário n. 154919-RS, *Revista Trimestral de Jurisprudência*, v. 152, pp. 287-288.
139. Recurso extraordinário n. 154919-RS, *Revista Trimestral de Jurisprudência*, v. 152, p. 288.

às próprias convicções pessoais do julgador, mas de acordo com as orientações dominantes no Tribunal, do que uma afirmação de visões individuais, que possam vir a ferir a credibilidade da Corte. Esta preocupação fica bastante clara nas razões de decidir contidas no voto do Ministro Marco Aurélio.

Este acórdão também é uma evidência do peso institucional dos precedentes na tradição do direito codificado muito embora prevaleça o discurso público da plena liberdade decisória do magistrado. Formalmente falando, tal liberdade até existe, mas da análise dos casos concretos é possível concluir que as decisões judiciais seguem normalmente uma regra de coerência, que constitui um dos traços fundamentais de qualquer esquema argumentativo. Se uma determinada instituição (no caso o Supremo Tribunal Federal) adotar discursos e decisões diferentes para casos análogos, terá ela a razoabilidade e a própria validade jurídica dos seus julgados colocadas em dúvida. Isto justifica o prestígio da jurisprudência também nos sistemas de direito codificado.

Ainda no campo da importância dos precedentes jurisprudenciais, vale a pena analisar uma série de acórdãos semelhantes do Supremo Tribunal Federal, sobre os efeitos da revogação de isenção do antigo ICM, prevista para a saída de máquinas e equipamentos adquiridos para projetos de obra de interesse público. A controvérsia gira em torno da aplicabilidade das normas instituídas pelo Convênio nº 24/81, que revogaram a isenção aos projetos já aprovados na vigência do Convênio ICM nº 9/75, mas não iniciados até 31.12.81, data-limite da sua eficácia.

O primeiro dos inúmeros acórdãos sobre o tema, apurados na pesquisa realizada, e que serve de orientação decisória básica para todos os demais é o referente ao recurso extraordinário nº 113149-SP, do Plenário do Supremo Tribunal Federal, relatado pelo Ministro Moreira Alves.[140] Neste caso, a questão foi submetida a exame do Plenário precisamente porque havia divergência entre as duas turmas do Supremo Tribunal Federal, diferentemente do que ocorreu no acórdão anteriormente analisado, quando já existia uma decisão plenária, que serviu de orientação para o voto dos ministros integrantes da 2ª Turma.

Em seu voto, o Ministro Relator Moreira Alves transcreveu os votos divergentes entre as turmas do STF, que motivaram a apreciação da matéria pelo Plenário. Primeiramente, o voto condutor do Ministro Oscar Corrêa,[141] da 1ª Turma, que se utilizou de diversos precedentes e da orientação consolidada pela Súmula 544 do Supremo Tribunal Federal,[142] a fim de entender pela generalidade da isenção em comento e, conseqüentemente, por sua revogabilidade por Convênio posterior. Em segundo lugar, o Ministro Moreira Alves[143] citou o julgado divergente da 2ª Turma do Supremo Tribunal Federal, relatado pelo Ministro Carlos Madeira, que fez uma leitura totalmente diversa acerca da natureza da isenção tributária concedida pelo

---

140. BRASIL. Supremo Tribunal Federal. Recurso extraordinário n. 113149-SP. Tribunal Pleno. Relator: Ministro Moreira Alves. 05 de outubro de 1989. *Revista Trimestral de Jurisprudência*, Brasília, v. 136, pp. 774-792.
141. Recurso extraordinário n. 113149-SP, *Revista Trimestral de Jurisprudência*, v. 136, p. 778.
142. A Súmula nº 544 do Supremo Tribunal Federal dispõe literalmente que "isenções tributárias concedidas, sob condição onerosa, não podem ser livremente suprimidas".
143. Recurso extraordinário n. 113149-SP, *Revista Trimestral de Jurisprudência*, v. 136, pp. 779-781.

Convênio ICM 9/75. Segundo ele, tal isenção estava condicionada à realização de projeto que atendesse ao interesse nacional, não se tratando de uma isenção genérica, de caráter impessoal. Em verdade, a referida isenção criou uma situação jurídica individual, pois apenas aqueles que desenvolvessem projetos considerados de interesse nacional teriam direito a ela. Como se pode constatar, o Ministro Carlos Madeira lançou mão de um raciocínio por dissociação em seu voto, para enfatizar o caráter específico da regra de isenção em comento, de modo a distingui-la das demais formas existentes.

Após a especificação dos limites da divergência existente entre as Turmas do Tribunal, o Ministro Relator Moreira Alves passou a examinar a matéria. Ele próprio estruturou sua decisão a partir de um argumento por dissociação, ao trabalhar com os conceitos de *contribuinte de direito* e *contribuinte de fato*:

> Ora, esta Corte — seguindo a opinião dominante na doutrina brasileira — entende que isenção, em nosso sistema jurídico, se caracteriza pela dispensa legal do pagamento de tributo devido. É benefício, portanto, concedido ao contribuinte (o impropriamente denominado contribuinte de direito), por ser este o devedor a que se dirige essa dispensa legal e não ao impropriamente denominado contribuinte de fato, que é aquele que vai suportar, em termos econômicos efetivos, a carga de tributação. O que implica dizer que o direito a isenção é do chamado contribuinte de direito e não do denominado contribuinte de fato.[144]

---

144. Recurso extraordinário n. 113149-SP, *Revista Trimestral de Jurisprudência*, v. 136, p. 782.

A partir daí, o Relator centrou todo o seu discurso na distinção supramencionada, enfatizando que a isenção alcançaria o *contribuinte de direito* e não o *de fato*, só havendo, portanto, direito adquirido por parte do primeiro:

Assim, o direito adquirido, resultante de a isenção ser condicionada e o prazo certo, será o direito adquirido do "contribuinte de direito", com relação ao qual, portanto, é que esses dois elementos (condição e termo) devem ser apreciados.

(...)

Ao "contribuinte de direito" – o fabricante nacional – não se exige que assuma qualquer obrigação em contrapartida da isenção, nem esta lhe é concedida por prazo determinado.[145]

Por fim, o Relator consolidou a idéia de que a isenção então debatida não era condicionada, nem por prazo determinado, uma vez que o beneficiário era o fabricante do maquinário (contribuinte de direito) e não aquele que desenvolve a atividade de interesse nacional (contribuinte de fato), podendo ser então revogada a qualquer tempo.

O voto seguinte é do próprio Ministro Carlos Madeira,[146] Relator de um dos acórdãos que motivaram a Sessão Plenária, que reitera o seu entendimento original, aqui já comentado.

O Ministro Néri da Silveira,[147] após pedido de vista dos autos, acompanhou o voto do Ministro Relator, adotando a

---

145. Recurso extraordinário n. 113149-SP, *Revista Trimestral de Jurisprudência*, v. 136, pp. 782-783.
146. Recurso extraordinário n. 113149-SP, *Revista Trimestral de Jurisprudência*, v. 136, pp. 784-786.
147. Recurso extraordinário n. 113149-SP, *Revista Trimestral de*

tese de que o benefício fiscal era extensivo apenas ao *contribuinte de direito* e não ao *de fato*, porque voltado às "saídas de máquinas e equipamentos" e não à execução dos projetos em si e, justamente em função disso, não era o mero desempenho da atividade de interesse nacional motivadora da isenção, fundamento suficiente para conferir ao benefício um caráter de irrevogabilidade. Para que isso fosse possível, seria exigível que a isenção tivesse prazo certo e ocorresse segundo condições específicas, não verificadas no caso.

Ao final, a decisão plenária prestigiou por maioria o voto do Relator, tendo ficado vencidos os Ministros Célio Borja e Francisco Rezek, que seguiram a linha interpretativa do Ministro Carlos Madeira.

A grande importância deste acórdão deve-se não exatamente a uma riqueza dos recursos argumentativos nele utilizados e sim ao fato de que ele representou uma importante referência decisória para inúmeros casos análogos posteriormente apreciados. Sobre o mesmo tema do recurso extraordinário nº 113149-SP, foram levantados os acórdãos referentes aos julgamentos dos recursos extraordinários nº 119223-SP,[148] 114863-2-RJ,[149] 114977-9-SP,[150]

Jurisprudência, v. 136, pp. 786-792.
148. BRASIL. Supremo Tribunal Federal. Recurso extraordinário n. 119223-SP. 1ª Turma. Relator: Ministro Moreira Alves. 21 de novembro de 1989. *Revista Trimestral de Jurisprudência*, Brasília, v. 130, pp. 1269-1275.
149. BRASIL. Supremo Tribunal Federal. Recurso extraordinário n. 114863-2-RJ. Tribunal Pleno. Relator: Ministro Moreira Alves. 14 de dezembro de 1989. Serviço de Jurisprudência do Supremo Tribunal Federal, Brasília, Ementário n. 1573-1, pp. 151-161.
150. BRASIL. Supremo Tribunal Federal. Recurso extraordinário n. 114977-9-SP. 2ª Turma. Relator: Ministro Carlos Velloso. 16

116014-4-SP[151] e 113343-1-SP.[152] De forma geral, tais acórdãos seguiram a diretriz estabelecida pelo Plenário do Supremo Tribunal Federal quanto ao tema, no julgamento do recurso extraordinário n° 113149-SP, tendo sido o respectivo acórdão normalmente citado por tais decisões.

Fica então demonstrado o caráter de autoridade existente nas decisões do Supremo Tribunal Federal. Uma vez instituída uma determinada linha de interpretação sobre certa matéria, a tendência é que ela venha a ser utilizada em futuros casos similares. Este tipo de raciocínio é semelhante ao adotado pelos pretores e jurisconsultos romanos, pelos juristas medievais e mesmo no sistema da *common law*, na atualidade. Assim, negligenciar o papel normativo das decisões dos tribunais constitucionais, com base em um apego extremado ao princípio da separação de poderes, corresponde a ignorar a tendência de harmonização do discurso da jurisprudência. Não por coincidência, há situações em que os ministros do Supremo Tribunal Federal decidem até contrariamente à sua posição pessoal, em nome da autoridade da maioria e da própria credibilidade do sistema.

É possível, portanto, pensar em um estudo do ordenamento jurídico, que leve em consideração a importância do

---

de outubro de 1990. Serviço de Jurisprudência do Supremo Tribunal Federal, Brasília, Ementário n. 1606-1, pp. 169-174.

151. BRASIL. Supremo Tribunal Federal. Recurso extraordinário n. 116014-4-SP. 1ª Turma. Relator: Ministro Moreira Alves. 13 de novembro de 1990. Serviço de Jurisprudência do Supremo Tribunal Federal, Brasília, Ementário n. 1607-2, pp. 260-268.

152. BRASIL. Supremo Tribunal Federal. Recurso extraordinário n. 113343-1-SP. 1ª Turma. Relator: Ministro Sydney Sanches. 2 de abril de 1996. Serviço de Jurisprudência do Supremo Tribunal Federal, Brasília, Ementário n. 1830-02, pp. 277-287.

Poder Judiciário na sua estruturação normativa. Ainda que não possam ser considerados leis em sentido próprio, os acórdãos são um indispensável instrumento de pesquisa para os profissionais de direito, pois deles deriva a materialização de comandos contidos de forma abstrata no direito positivo. A função corretiva e integrativa dos tribunais não pode mais ser vista como um processo técnico-jurídico dotado de absoluta racionalidade. Antes disso, ele é resultado de todo um conjunto de relações discursivas, que superam em vários momentos a própria técnica dominante no meio jurídico, a fim de dar sentido ao conceito de justiça, a partir do exame de casos concretos.[153]

5.2.3 As mudanças jurisprudenciais: o caso do mandado de injunção

Por outro lado, é possível constatar a ocorrência de mudanças na jurisprudência a respeito de certos temas, que podem ser atribuídas a diferentes fatores, como a reação da opinião pública, as críticas da comunidade jurídica e até mesmo os efeitos concretos das decisões tomadas no passado. Um caso bastante significativo de alteração da jurisprudência do Supremo Tribunal Federal é o do mandado de injunção, que será agora debatido.

Previsto no art. 5º, LXXI da Constituição Federal, o mandado de injunção foi concebido como um instrumento voltado a permitir que o cidadão pudesse vir a exercer de imediato direitos constitucionalmente previstos, mas ainda pendentes de regulamentação por normas infraconstitucionais.

---

153. Ver item 4.1.1 *supra*.

Todavia, no período imediatamente posterior à entrada em vigor da Carta de 1988, o Supremo Tribunal Federal firmou orientação, no sentido de que o Poder Judiciário, nos processos pertinentes a esta garantia constitucional, deveria limitar-se a expedir uma notificação ao órgão competente, para que fosse editada a norma indispensável para tornar efetivo o comando constitucional. Tal entendimento era fundado essencialmente no princípio da separação de poderes e partia da premissa de que não compete constitucionalmente ao Supremo Tribunal Federal criar normas jurídicas, ainda que de forma excepcional, pois se assim agisse, estaria usurpando a função legislativa.

Contudo, a partir do julgamento do mandado de injunção nº 284-DF, relatado pelo Ministro Marco Aurélio, em novembro de 1991,[154] o Supremo alterou a linha decisória que vinha adotando desde a entrada em vigor da Constituição de 1988. Este julgado atenuou o rigor do entendimento originário do Supremo Tribunal Federal sobre o tema, ao inaugurar a tese da mora legislativa. Trata-se de uma construção intelectual, que altera a linha originariamente adotada pelo Tribunal, no que se refere aos efeitos do instituto do mandado de injunção, sem contudo romper de forma radical com a tendência predominante na Corte desde a entrada em vigor da Constituição Federal de 1988. Deve-se destacar que oSupremo Tribunal preservou o raciocínio original, de que o instrumento previsto no art. 5º, LXXI da Constituição Federal não atribui ao Poder Judiciário fun-

---

154. BRASIL. Supremo Tribunal Federal. Mandado de injunção n. 284-DF. Tribunal Pleno. Relator para o acórdão: Ministro Celso de Mello. 22 de novembro de 1991. *Revista Trimestral de Jurisprudência*, Brasília, v. 139, pp. 712-732.

ções normativas, que constitucionalmente não são de sua competência. Em realidade, desenvolveu a Corte, neste julgamento, a tese de que, em tendo sido notificado o órgão legislativo competente, para que editasse a norma reguladora de preceito constitucional e não o tendo feito em prazo razoável, seria possível a propositura pelos lesados de ação própria para a reparação econômica dos danos sofridos.

No caso sob exame, os impetrantes buscavam o gozo do direito previsto no art. 8º, § 3º do Ato das Disposições Constitucionais Transitórias da Carta de 1988, a seguir transcrito:

> Art. 8º — ....
> § 3º Aos cidadãos que foram impedidos de exercer, na vida civil, atividade profissional específica, em decorrência das Portarias Reservadas do Ministério da Aeronáutica nº S-50-GM5, de 19 de junho de 1964, e nº S-285-GM5 será concedida reparação de natureza econômica, na forma que dispuser lei de iniciativa do Congresso Nacional e a entrar em vigor no prazo de doze meses a contar da promulgação da Constituição.

Tal matéria fora objeto de apreciação no mandado de injunção nº 283-DF,[155] relatado pelo Ministro Sepúlveda Pertence, tendo o Congresso Nacional sido notificado para que a matéria fosse regulamentada em quarenta e cinco dias, o que efetivamente não ocorreu. Assim, no julgamen-

---

155. BRASIL. Supremo Tribunal Federal. Mandado de injunção n. 283-DF. Tribunal Pleno. Relator: Ministro Sepúlveda Pertence. 20 de março de 1991. *Revista Trimestral de Jurisprudência*, Brasília, v. 135, pp. 882-904.

to deste novo mandado, foi o Poder Legislativo considerado em mora, conforme será visto adiante.

Inicialmente, o Ministro Marco Aurélio,[156] Relator original, consignou a sua posição minoritária no Colegiado relativamente ao tema, uma vez que entendia ser o mandado de injunção um provimento jurisdicional voltado à imediata concretização de direito previsto na Constituição, a partir de uma construção normativa jurisprudencial. Dessa forma, votou o Relator[157] favoravelmente ao imediato pagamento da reparação devida aos impetrantes, criando um critério próprio para indenização, de vez que não editada a lei regulamentadora do art. 8º, § 3º do ADCT da Constituição de 1988, com base no que é pago "a comandante de Boeing 737 – aeronave padrão", pelo período correspondente ao tempo em que estiveram impossibilitados de atuar na profissão.

Cabe mencionar, também, o debate acerca da preliminar de ilegitimidade passiva da União Federal, levantada pelo Ministro Moreira Alves.[158] O próprio Relator reiterou, no exame da preliminar, sua posição a respeito da natureza do próprio mandado de injunção, questionando o entendimento predominante no Supremo Tribunal:

> Esta matéria já foi enfrentada pelo Tribunal e, na oportunidade, lancei que não posso inverter a ordem natural das coisas. Não posso, à mercê da jurisprudência até aqui

---

156. Mandado de injunção n. 284-DF, *Revista Trimestral de Jurisprudência*, v. 139, p. 716.
157. Mandado de injunção n. 284-DF, *Revista Trimestral de Jurisprudência*, v. 139, p. 717.
158. Mandado de injunção n. 284-DF, *Revista Trimestral de Jurisprudência*, v. 139, pp. 717-718.

assentada — e espero que algum dia a Corte evolua no tocante à garantia constitucional, que é o mandado de injunção —, concluir, abstraídos os termos da inicial, pela ilegitimidade de determinada parte. Não posso, como que imaginando qual será o resultado da demanda, olvidar que temos um pedido formulado, de forma correta ou não, no sentido da prolação de uma sentença declaratória constitutiva que repercutirá no âmbito da União.[159]

Ao final, votou o Ministro Marco Aurélio pela rejeição da preliminar, exatamente porque considerava que a União Federal iria sofrer os efeitos econômicos da eventual concessão do mandado, não podendo, portanto, ser excluída do feito.

O Ministro Ilmar Galvão votou no mesmo sentido, mas de forma pouco usual fundamentou a sua posição na existência de minoria considerável no colegiado, que considerava que a União deveria fazer parte do pólo passivo em mandados de injunção:

> Com a devida vênia do Ministro Moreira Alves, enquanto houver uma voz no Pleno do Supremo Tribunal Federal contrária à questão de ordem decidida no MI nº 107, que me parece algo suscetível de ser modificado, ficarei ao lado dessa minoria, rejeitando a preliminar de exclusão da União Federal.[160]

O fato curioso deste voto é que, diferentemente do ocorrido na grande maioria dos acórdãos debatidos nesta

---

159. Mandado de injunção n. 284-DF, *Revista Trimestral de Jurisprudência*, v. 139, p. 718.
160. Mandado de injunção n. 284-DF, *Revista Trimestral de Jurisprudência*, v. 139, p. 718.

obra, o Ministro manteve uma posição contrária ao posicionamento dominante no Tribunal, admitindo inclusive a possibilidade de sua superação.

Postura similar adotou o Ministro Carlos Velloso,[161] que fundou o seu voto sobre a preliminar apreciada, no seu próprio entendimento sobre a natureza do mandado de injunção, como ora se observa:

> Estou entre aqueles — o Tribunal conhece muito bem a minha opinião — que entendem que mandado de injunção viabiliza exercício de direito ou de prerrogativa constitucional, e a sentença proferida no mandado de injunção é constitutiva, porque faz as vezes da norma regulamentadora ausente.[162]

Além disso, fica claro da leitura do voto do Ministro Velloso que não havia uma posição amadurecida do Supremo Tribunal Federal acerca do mandado de injunção, pois ele também admitia a superação da linha dominante:

> Não posso admitir que, em nome de uma jurisprudência, que amanhã pode ser mudada, se impeça que participe da demanda aquele que, na verdade, tem interesse, porque poderá suportar os efeitos da sentença.[163]

Os demais votos quanto à preliminar, dos Ministros Celso de Mello, Sepúlveda Pertence, Néri da Silveira, Mo-

---

161. Mandado de injunção n. 284-DF, *Revista Trimestral de Jurisprudência*, v. 139, p. 719.
162. Mandado de injunção n. 284-DF, *Revista Trimestral de Jurisprudência*, v. 139, p. 719.
163. Mandado de injunção n. 284-DF, *Revista Trimestral de Jurisprudência*, v. 139, p. 719.

reira Alves e Octávio Gallotti, seguiram a linha dominante no Tribunal, de que a natureza mandamental da referida ação inviabiliza a integração da União Federal no pólo passivo. É de se destacar, porém, o voto do Ministro Néri da Silveira,[164] que acolheu a preliminar de ilegitimidade passiva da União no mandado de injunção, mas reconheceu a coerência interna do voto do Relator, lançando mão de um argumento por associação de idéias: se o Relator seguia a linha da imediata satisfação dos direitos dos impetrantes na injunção, era natural que reconhecesse à União o direito de oferecer defesa, pois a ela caberia suportar os efeitos financeiros da eventual concessão da medida. Entretanto, como o Ministro Néri foi fiel ao entendimento dominante no Supremo Tribunal Federal, no sentido de que a concessão do mandado de injunção redunda apenas na notificação da autoridade impetrada, não viu razão para que a União viesse a integrar a lide.

Quanto ao julgamento do mérito, o Ministro Ilmar Galvão iniciou o seu voto debatendo a natureza do mandado de injunção e concluindo ser ele um instrumento voltado a gerar um julgamento por eqüidade:

> Senhor Presidente, os estudos que tenho feito, e que ainda não se completaram, sobre o mandado de injunção, têm-me convencido de que no art. 5º, LXXI, da Constituição Federal de 88, está contida uma previsão de julgamento por eqüidade — o que não constitui novidade no direito brasileiro (cf. art. 8º da CLT, art. 108 do CTN e art. 1.109 do CPC) —, já que a norma foi editada para o fim de obviar a falta de lei regulamentadora, que está a

---

164. Mandado de injunção n. 284-DF, *Revista Trimestral de Jurisprudência*, v. 139, p. 721.

inviabilizar o exercício de direitos atribuídos pela Constituição.[165]

Todavia, logo em seguida lançou mão de um argumento de caráter essencialmente tópico, relacionado com o possível congestionamento do Supremo Tribunal Federal com inúmeros mandados de injunção, para restringir os efeitos da concessão da medida:

> Acredito, entretanto, que a prestação jurisdicional, no mandado de injunção, não pode ir além do suprimento da lacuna ocorrente no sistema jurídico, vale dizer, da indicação da regra que deverá ser aplicada ao caso concreto pelo juiz competente. Trata-se de entendimento destinado a afastar grave óbice, capaz de tornar inócuo o instituto, a saber, o congestionamento do Supremo Tribunal Federal, transformado que seria em foro de julgamento de um sem-número de ações, muitas das quais a exigir demoradas instruções probatórias, com intoleráveis desvios de suas elevadas funções.[166]

Entendeu ele, portanto, que o mandado de injunção não teria como efeito uma sentença executável de imediato pelos impetrantes, mas apenas o surgimento de uma regra sobre os critérios para a reparação econômica prevista no art. 8º, § 3º do ADCT, aplicável em uma futura ação, a ser por eles proposta. Em realidade, esta é uma posição inter-

---

165. Mandado de injunção n. 284-DF, *Revista Trimestral de Jurisprudência*, v. 139, p. 722.
166. Mandado de injunção n. 284-DF, *Revista Trimestral de Jurisprudência*, v. 139, p. 722.

mediária entre o voto do Relator e a posição tradicional do Supremo Tribunal Federal sobre o tema.

O Ministro Carlos Velloso[167] amparou seu voto no precedente firmado no julgamento do citado mandado de injunção nº 283-DF, transcrevendo boa parte do voto então proferido. Merece destaque, na fundamentação utilizada, que o critério utilizado pelo Ministro Carlos Velloso,[168] na fixação do critério para a reparação do dano dos impetrantes, teve como base texto de projeto de lei sobre a matéria, em tramitação no Congresso Nacional. Esta fundamentação tem a grande vantagem de enfraquecer a tese daqueles que defendem efeitos limitados para o mandado de injunção, pois sinaliza no sentido de que o Supremo Tribunal Federal tende a decidir em consonância com a vontade do Poder Legislativo e, ao mesmo tempo, repele o temor de que as decisões do Supremo Tribunal Federal nestes casos derivem do puro arbítrio dos julgadores.

Por não ter sido a União Federal considerada parte legítima no mandado de injunção nº 283-DF, assim como ocorreu no julgamento do mandado de injunção ora discutido, o Ministro Carlos Velloso[169] decidiu que os efeitos do julgado deveriam estar limitados à construção jurisprudencial de uma norma para o caso concreto, com base na qual deveriam os impetrantes da injunção buscar a reparação, por meio de ação própria proposta em face da União Federal.

---

167. Mandado de injunção n. 284-DF, *Revista Trimestral de Jurisprudência*, v. 139, pp. 723-725.
168. Mandado de injunção n. 284-DF, *Revista Trimestral de Jurisprudência*, v. 139, p. 725.
169. Mandado de injunção n. 284-DF, *Revista Trimestral de Jurisprudência*, v. 139, p. 726.

O Ministro Celso de Mello[170] desenvolveu, em seu voto, toda uma tese a respeito da ocorrência de mora constitucional, a partir do momento em que o Poder Legislativo descumpriu o prazo de doze meses instituído pelo art. 8º, § 3º do ADCT, da Carta da República, para que ocorresse a sua regulamentação. Entretanto, o referido Ministro[171] considerou o mandado de injunção instrumento inadequado para a tutela jurisdicional pretendida pelos impetrantes, nitidamente de direito de caráter patrimonial e de natureza condenatória. Sua opinião fundou-se no princípio da separação de poderes e na falta de competência do Supremo Tribunal Federal para a edição de normas:

> O novo *writ* não se destina, pois, a constituir direito novo nem, a ensejar ao Poder Judiciário o anômalo desempenho de funções normativas que lhe são institucionalmente estranhas. O mandado de injunção não é o sucedâneo constitucional das funções político-jurídicas atribuídas aos órgãos estatais inadimplentes. A própria excepcionalidade desse novo instrumento jurídico *impõe* ao Judiciário o dever de estrita observância do princípio constitucional da divisão funcional do Poder.[172] (grifos do original)

Ao final, o Ministro Celso de Mello[173] honrou o precedente do Mandado de Injunção nº 283-DF, votando pelo

---

170. Mandado de injunção n. 284-DF, *Revista Trimestral de Jurisprudência*, v. 139, p. 727.
171. Mandado de injunção n. 284-DF, *Revista Trimestral de Jurisprudência*, v. 139, p. 728.
172. Mandado de injunção n. 284-DF, *Revista Trimestral de Jurisprudência*, v. 139, p. 728.
173. Mandado de injunção n. 284-DF, *Revista Trimestral de Ju-*

reconhecimento da mora do Congresso Nacional e pela busca da reparação, por meio de ação própria, nos moldes do entendimento majoritário do Colegiado.

O Ministro Sepúlveda Pertence,[174] relator do citado precedente do mandado de injunção nº 283, transcreveu inicialmente o voto proferido naquele julgamento e discutiu o presente caso à luz das conseqüências do julgamento anterior. Nele, já ocorrera uma notificação ao Congresso Nacional, para que editasse a lei regulamentadora do art. 8º, § 3º do ADCT da Constituição Federal em quarenta e cinco dias, o que não ocorreu.

Utilizando-se de um raciocínio nitidamente tópico, o Ministro Sepúlveda Pertence[175] indagou se seria necessária, neste caso, uma nova comunicação ao Congresso e a abertura de novo prazo para a regulamentação pretendida. Lançando mão de uma argumentação por dissociação, o Ministro Pertence passou ao largo da discussão sobre a essência do instrumento processual em questão, cuja natureza é claramente de tutela concreta de direitos, a fim de justificar a falta de necessidade de abertura de novo prazo para regulamentação da norma constitucional pelo órgão competente:

> Mas, Senhor Presidente, creio que é preciso interpretar *cum granum salis* a relatividade dos efeitos da coisa julgada, no mandado de injunção, quanto ao capítulo em que a decisão como que se desprende da situação individual

---

risprudência, v. 139, p. 728.
174. Mandado de injunção n. 284-DF, *Revista Trimestral de Jurisprudência*, v. 139, pp. 728-729.
175. Mandado de injunção n. 284-DF, *Revista Trimestral de Jurisprudência*, v. 139, p. 730.

do impetrante para traduzir uma declaração de inconstitucionalidade por omissão, com as conseqüências que, conforme o caso, se imputarem a essa omissão. No caso, por exemplo, a fixação do prazo para o suprimento da omissão declarada. Aqui, Senhor Presidente, entendo que não tem sentido nem repetir a comunicação da declaração da mora, nem muito menos ressuscitar o prazo exaurido.[176] (grifos do original)

Em seguida, o Ministro Sepúlveda[177] empreendeu um raciocínio por analogia, a fim de aproximar a situação sob exame da declaração de inconstitucionalidade por via incidental, proferida no curso de um processo judicial versando sobre interesses concretos. Neste caso, após declarar a inconstitucionalidade de uma lei, o Supremo Tribunal Federal notifica o Senado Federal, para que suspenda a sua eficácia, o que confere eficácia genérica à declaração de inconstitucionalidade, cujos efeitos atingiriam normalmente apenas as partes integrantes daquela ação em especial. O Ministro Sepúlveda Pertence estabeleceu uma equivalência entre as duas situações nos seguintes termos:

> Ora, *mutatis mutandis*, creio que esse é o critério a adotar em relação ao mandado de injunção: a mora está declarada e comunicada ao Congresso Nacional e, atento à peculiaridade do caso, assinou-se prazo para o cumprimento dessa mora.

---

176. Mandado de injunção n. 284-DF, *Revista Trimestral de Jurisprudência*, v. 139, p. 730.
177. Mandado de injunção n. 284-DF, *Revista Trimestral de Jurisprudência*, v. 139, p. 731.

Evidenciado, em feito subseqüente que, apesar de cientificado da mora, o Congresso nela persistiu. Renovada essa declaração, na decisão posterior e aferida a existência, no caso concreto, em relação aos impetrantes, da prova dos pressupostos do direito subjetivo constitucional alegado, só nos cabe facultar-lhes o acesso imediato à apuração judicial da indenização devida: nesse sentido é o meu voto, deferindo, em parte, o pedido.[178](grifos do original)

Após o voto do Ministro Pertence, o Ministro Celso de Mello[179] retificou seu voto já proferido, para consignar também de imediato a mora do Congresso Nacional, sem a necessidade de abertura de novo prazo para a edição da lei em questão.

O Ministro Néri da Silveira[180] acompanhou o voto do Ministro Sepúlveda, no sentido de que não há necessidade de abrir-se novo prazo, seguindo a tendência a esta altura já consolidada no Colegiado, de declarar a mora, a fim de que pudessem os impetrantes buscar a devida reparação pelas vias ordinárias.

Ao final, o Ministro Moreira Alves[181] adotou a mesma linha decisória do Ministro Celso de Mello, anteriormente relatada.

---

178. Mandado de injunção n. 284-DF, *Revista Trimestral de Jurisprudência*, v. 139, pp. 730-731.
179. Mandado de injunção n. 284-DF, *Revista Trimestral de Jurisprudência*, v. 139, p. 731.
180. Mandado de injunção n. 284-DF, *Revista Trimestral de Jurisprudência*, v. 139, pp. 731-732.
181. Mandado de injunção n. 284-DF, *Revista Trimestral de Jurisprudência*, v. 139, p. 733.

Pode-se verificar que a prática decisória de um tribunal superior retrata uma consolidação temporal de entendimentos jurídicos, a exemplo do que ocorreu na própria tradição jurídica ocidental, como já se teve oportunidade de discutir nesta obra. Assim, o mandado de injunção, enquanto instituto novo e discrepante da tradição do direito brasileiro, enfrentou uma resistência inicial por parte do Supremo Tribunal Federal, que limitou sensivelmente os seus efeitos práticos. Todavia, os debates do próprio tribunal e asreações doutrinárias levaram a uma mudança na jurisprudência da Corte, expressa pelo desenvolvimento da tese da mora do Poder Legislativo.

Este acórdão é marcante, pois nele o Supremo Tribunal Federal assume a postura de oferecer uma regra aplicável ao caso concreto, apesar de os ministros demonstrarem nítida cautela em evitar qualquer impressão de que estariam ultrapassando o limite de suas atribuições constitucionais. É possível também constatar uma profunda preocupação em não decidir de forma absolutamente incoerente com a interpretação originariamente firmada na Corte sobre o mandado de injunção, o que se observa pelas remissões a julgados pretéritos e pela ênfase nas peculiaridades do caso apreciado no mandado de injunção nº 284-DF.

5.3 A relevância da metodologia proposta

Pelo que se pôde constatar no presente Capítulo, há uma inegável contribuição do Supremo Tribunal Federal para a afirmação do significado de certos conceitos jurídicos. Além disso, o estudo de casos demonstrou que, por vezes, as cortes superiores afastam-se de exigências de natureza técnica, a fim de buscar a realização da justiça no caso concreto.

É de se destacar, porém, que a superação de certas barreiras de ordem técnica vem sempre acompanhada de uma sólida fundamentação e às vezes até de um discurso de aproximação entre algumas teses doutrinárias existentes, precedentes do Tribunal e a posição adotada no julgamento em questão. Tal expediente justifica-se, na medida em que o puro e simples de afastamento das exigências de ordem técnica implicaria uma certa resistência da comunidade jurídica à decisão tomada, com comprometimento da própria credibilidade do Tribunal.

A mencionada importância dos precedentes também mereceu destaque neste Capítulo, pois no estudo realizado ficou claro que a autonomia decisória dos juízes encontra limites claros em certas exigências de ordem institucional. Os tribunais superiores têm uma flagrante preocupação com a questão hierárquica e com a preservação da coerência das decisões tomadas. Assim, as decisões do Plenário do Tribunal têm um peso maior, do que as de suas Turmas, da mesma forma que uma decisão unânime apresenta maior força do que um precedente firmado por maioria apertada.

Aspectos institucionais, como a antiguidade dos ministros, as funções que ocuparam no passado ou as que desempenham na própria Corte, são de grande importância simbólica, pois influenciam o conteúdo das decisões nela tomadas. A origem dos ministros do Supremo Tribunal Federal tem reflexo nas suas decisões, pois são políticos os critérios constitucionais para a sua escolha, não havendo uma estrutura de carreira, como em outras instâncias do Judiciário.

Acrescente-se que, se por um lado, é considerável o peso institucional dos precedentes jurisprudenciais, por outro, são possíveis as mudanças no entendimento majoritário do Tribunal, a partir de uma nova situação ou mesmo em função da própria mudança do perfil dos integrantes da Corte. Entretanto, deve-se estar atento para o fato de que mesmo as modificações jurisprudenciais obedecem a uma lógica de preservação da estabilidade do sistema. Geralmente, as novas decisões vêm acompanhadas de extensa fundamentação jurídico-doutrinária e de uma argumentação dissociativa, voltada a dar destaque às peculiaridades do caso então examinado, em face dos precedentes consolidados pelo Tribunal.

Pelo que se pôde observar, o estudo do direito a partir de um exame de decisões judiciais pode contribuir para a determinação do sentido presente de certos conceitos jurídicos, como o de *interesse público*, aqui analisado,[182] servindo de importante auxílio para o jurista, na fixação do perfil de seu sistema jurídico.

Obviamente, a lei é um ponto de partida importante no processo de aplicação do direito, mas este é muito mais amplo do que um procedimento silogístico de adequação entre o fato e a norma abstrata. Em verdade, as decisões dos tribunais dão sentido histórico aos conceitos jurídicos, contidos no direito positivado, o que torna indispensável o conhecimento da jurisprudência, para que se tenha precisão quanto ao conteúdo normativo do ordenamento jurídico.

---

182. Ver item 5.2.1 *supra*.

Capítulo 6
Conclusão

A proposta básica desta obra foi a de demonstrar a pertinência dos raciocínios tópicos no direito, a partir da análise da atuação dos tribunais superiores. A atividade judicial nada mais representa do que um conjunto de práticas de natureza tópica aplicadas ao direito, pois os juízes examinam as características particulares de cada situação e atribuem soluções para a controvérsia, com base nas normas jurídicas em vigor. Para tanto, lançam mão de vários tipos de argumentos, fundados na realidade, no senso comum, em valores etc., que ao final irão funcionar como diretrizes para a resolução de casos semelhantes no futuro.

Assim tem sido ao longo de toda a tradição jurídica ocidental. O lado criativo da atuação dos juristas deriva, em boa parte, da necessidade de oferecer soluções para novos problemas. Basta observar o exercício intelectual dos juristas da Baixa Idade Média, que partiram de uma legislação romana antiga, o *Corpus Iuris Civilis*, para criar instituições jurídicas que viessem a atender às necessidades políticas, econômicas e sociais do capitalismo nascente e que influenciaram o direito dos futuros Estados modernos. Na realização de tal intento, recorreram eles exatamente à tópica aristotélica e ciceroniana. Por mais paradoxal que possa parecer, a cultura medieval foi capaz de desenvolver um sofisticado modelo de interpretação e aplicação do direito e um fecundo debate acadêmico sobre questões jurídicas, muito embora esse procedimento lógico ocorresse no contexto da cultura teológica cristã. Isto apenas demonstra como a cultura jurídica do Ocidente medieval foi capaz de harmonizar a dogmática da Igreja com raciocínios próprios do campo da opinião, por meio do chamado método escolástico. No pensamento medieval, verdade e direito caminhavam juntos, com base na crença na racionalidade dos textos romanos, muito embora na Antigüidade a premissa originária do método dialético fosse a de que o direito tem caráter argumentativo e no campo da argumentação não existem verdades, mas apenas opiniões majoritárias.

Enquanto os romanos foram capazes de criar inúmeras instituições de direito, mas não se preocuparam efetivamente em dar-lhes um caráter sistemático, os juristas da Baixa Idade Média foram capazes de desenvolver princípios jurídicos, com base em procedimentos de generalização de casos particulares.

Exatamente neste tipo de procedimento encontra-se a base do jusracionalismo moderno, muito embora existisse uma negação do método escolástico por parte dos juristas da Era Moderna. A criação de esquemas abstratos e dotados de generalidade foi obra dos juristas medievais, antes de ser adotada como padrão de análise do fenômeno jurídico na Era Moderna, o que faz Harold Berman[1] defender

---

1. Harold J. BERMAN, *op. cit.*, pp. 15-16.

a tese da continuidade da cultura jurídica ocidental, por meio daquilo que denomina *desenvolvimento orgânico*. Em realidade, não teriam ocorrido rupturas na tradição jurídica do Ocidente, mas apenas a atribuição de uma nova roupagem a institutos jurídicos previamente existentes.[2]

Enquanto a dogmática jurídica medieval tinha na autoridade dos textos do direito romano e na providência divina a fonte da verdade, o pensamento moderno substituiu o primeiro pela soberania do Estado e a segunda pela racionalidade humana. A partir do século XVI, a cultura ocidental começou a sofrer uma importante modificação, pois havia cessado o monopólio da palavra divina pela Igreja, a partir da Reforma protestante de Lutero. Com isso, os reis passaram a buscar as bases do seu poder em relações seculares, e não mais em valores transcendentes.

As doutrinas contratualistas potencializaram a questão do livre-arbítrio e o próprio individualismo, que se tornou uma tendência marcante no direito até o final do século XIX, fazendo do poder político uma conseqüência da razão humana e não um resultado de contingências históricas ou da vontade de Deus. A existência de um poder político soberano, superior a todos os demais, respaldado por uma delegação de poder por parte dos indivíduos, a partir do pacto fundante da sociedade política, teve grande importância para o pensamento jurídico moderno, uma vez que serviu de respaldo para construções sistemáticas a respeito do direito.

---

2. Berman reconhece, contudo, a existência de exceções a essa premissa genérica de continuidade, como no caso do júri, que representou uma ruptura com a tradição jurídica da época em que foi criado. Ver Capítulo 1, nota nº 5.

Um dos pressupostos para a efetiva existência de um poder soberano no Estado era a sua capacidade de deter o monopólio da criação e da aplicação das normas jurídicas. Tal monopólio inexistia durante a Baixa Idade Média, tanto que foram desenvolvidos mecanismos para determinar as competências das diversas jurisdições que atuavam naquele período. Da mesma forma, eram variadas as fontes de normatividade no período medieval (direitos costumeiro, canônico, romano, germânico, feudal, das cidades etc.). Não por coincidência, os Estados absolutistas europeus adotaram políticas de harmonização entre normas e de centralização da produção normativa, por meio das chamadas *ordenações*, como forma de afastar as diferentes fontes de normatividade existentes na Idade Média.

Pode-se, então, constatar que a atividade legislativa dos reis foi uma afirmação jurídica da idéia de soberania, tendo o Estado se transformado na referência maior para o direito, diferentemente do que ocorria na Idade Média. A preocupação sistematizante dos juristas medievais era muito mais de natureza intelectual do que propriamente de ordem política, tanto que os juristas de Bolonha, por exemplo, investiam no ideal do *Imperium*, como base para a construção de um direito comum europeu fundado no *Corpus Iuris Civilis*.[3] A referência dos juristas modernos era totalmente diversa, já que buscavam uma justificativa racional para o fenômeno histórico do Estado-nação e também uma racionalização do processo de criação e aplicação das normas que nele vigoravam.

O pensamento jurídico moderno transpôs para o direito um esquema lógico-dedutivo, aplicado inicialmente às ciências da natureza e inspirado pelo pensamento de Des-

---

3. Ver item 1.3.1 *supra*.

cartes. Este processo manifestou-se por meio do jusracionalismo, que passou a investir em padrões axiomáticos de organização do direito. As normas jurídicas deveriam ser uma decorrência de juízos racionais e não de contingências históricas. Elas deveriam expressar a vontade do soberano e ser impositivas a todos os integrantes da sociedade, independentemente de estarem em conformidade com costumes ou tradições, pois o contrato originário, fundante da sociedade política, conferia legitimidade exclusivamente ao soberano para a criação do direito.

Houve uma sensível mudança na finalidade do direito, entre a Baixa Idade Média e a Era Moderna. Enquanto a dogmática jurídica medieval preservou a visão casuística e moralista dos juristas romanos, ao buscar a adequação entre textos jurídicos antigos e as instituições jurídicas do medievo, o jusnaturalismo moderno pretendeu ressaltar os aspectos de ordem e segurança jurídica, construindo um sistema jurídico abstrato, orientado por uma razão estatalista. Talvez a grande distinção entre o pensamento jurídico moderno e o pré-moderno seja exatamente a ênfase do primeiro na segurança do Estado, em face da preocupação do segundo com a harmonização das relações sociais, por meio do oferecimento de soluções para casos concretos.

O ímpeto racionalizante do direito alcançou o seu ápice com o positivismo jurídico, que em suas diferentes manifestações investiu em uma construção sistemática abstrata. As codificações francesas do século XIX foram a expressão máxima da autoridade do Estado na criação do direito, ao pretenderem banir da ordem jurídica fontes de normatividade adotadas pela tradição jurídica ocidental por vários séculos, como os costumes, o direito natural e os precedentes jurisprudenciais.

O arcabouço conceitual criado pela pandectística alemã na segunda metade do mesmo século não seguiu inicialmente um centralismo estatal, mas adotou também padrões exacerbados de abstração, que afastaram os institutos jurídicos de suas bases históricas e dos valores que os inspiraram ao longo dos séculos.

Já o normativismo jurídico de Hans Kelsen, surgido na primeira metade do século XX, levou ao extremo o papel da abstração e da autoridade estatal na construção de uma ciência do direito, ao assumir uma preocupação unicamente estrutural com o ordenamento jurídico, referenciando todo o sistema jurídico em uma norma fundamental, que funcionaria como pressuposto de validade para todas as demais normas em vigor no ordenamento, conquanto não pudesse ela própria ter a sua natureza investigada pelo jurista.

Muito embora se deva reconhecer que a referência sistemática representa um caminho sem retorno na ciência do direito ocidental, o que esta obra questiona é o tabu da impossibilidade de harmonização entre a sistematicidade do direito moderno e a tradição jurídica pretérita. Será a casuística sempre um fator de descaracterização da ciência do direito? Terá a ruptura ocorrida entre o pensamento jurídico moderno e o medieval sido de ordem metodológica ou apenas política?

A resposta a essas duas indagações passa por uma revisão dos parâmetros positivistas de análise do direito, a partir de um referencial histórico. Ainda que se possa falar de um sistema de normas ou de conceitos jurídicos, não se pode esquecer que os elementos formadores deste sistema são uma decorrência de toda uma consolidação cultural da tradição jurídica do Ocidente, sendo impossível estabelecer uma fronteira clara entre o pensamento jurídico romano, o medieval e o moderno, no que se refere à gênese das instituições de direito. A tradição jurídica européia continental, da qual o direito brasileiro é tributário, derivou de um eixo romanístico comum, combinado com o direito canônico e o costumeiro; não sendo possível afirmar qual dessas influências teve maior peso na construção desta cultura jurídica.

Dessa forma, a análise aqui adotada do direito ocidental parte do pressuposto de que a ruptura entre o pensamento racionalista moderno e aquele que o precedeu derivou de uma flagrante finalidade de negar o passado, muito embora todo o edifício jurídico posteriormente construído tenha partido dos alicerces firmados no pensamento romano e medieval. Assim, não parece ter havido realmente uma ruptura no curso da história do direito ocidental, mas verdadeiramente uma negação por ele de seus próprios fundamentos, a partir da Idade Moderna.

A tentativa de transpor para o direito esquemas formais de base matemática revelou-se malsucedida, o que levou os juristas do século XIX a um retorno aos processos hermenêuticos concebidos pelo pensamento jurídico medieval, ao buscarem a finalidade da lei e resgatarem a importância do elemento histórico na formação do direito. Ocorre, porém, que foram atribuídas novas denominações a tais procedimentos, como se eles representassem uma grande inovação no pensamento jurídico e não um reconhecimento da continuidade da cultura jurídica ocidental.

Na prática, o tempo demonstrou serem inaplicáveis no campo do direito os parâmetros lógico-formais utilizados pelo positivismo jurídico, em virtude de diversos fatores, dentre os quais pode ser destacada a gênese tópica dos conceitos jurídicos, que derivam de uma consolidação histórica do saber jurídico, formando o que Theodor Viehweg intitula de *catálogo de topoi*, ou o que Chaïm Perelman vê como um resultado da afirmação de um discurso jurídico dominante a partir do transcurso do tempo. Exatamente a crítica destes autores ao positivismo jurídico, que ganhou corpo a partir dos anos cinqüenta, serviu de referência principal para esta obra. A retomada de alguns parâmetros pré-modernos de abordagem do direito, sobretudo da Antigüidade, é capaz de oferecer algumas respostas para indagações do jurista moderno, principalmente no que tange ao conflito entre justiça e segurança jurídica.

A tópica jurídica de Viehweg busca, no pensamento aristotélico e em uma investigação histórica da tradição jurídica do Ocidente, inspiração para afirmar a essência problemática do processo de formação das instituições de direito. Antes de ser concebido como ciência, o direito era visto como uma grande técnica de resolução de problemas, inclusive não sendo clara na obra dos juristas romanos e dos da Baixa Idade Média a existência de uma preocupação em criar uma ciência do direito. As denominadas instituições de direito no Ocidente nada mais são do que a organização, em grandes sistemas de direito, do conjunto das soluções criadas para questões jurídicas, a partir dos costumes, da jurisprudência, das opiniões dos juristas e das leis criadas ao longo dos séculos.

As codificações do século XIX foram uma tentativa de inserir todo este acervo jurídico em compilações de normas, organizadas com profundo rigor sistemático, mas que foram vencidas pelo curso da história e pelas mudanças nas relações sociais, que conspiram todo o tempo contra a capacidade do legislador de antever conflitos e as respectivas soluções. A grande falha dos juristas daquele período foi a de imaginar que, uma vez formado um todo completo e harmônico de normas jurídicas, consubstanciado nos códigos, seria possível raciocinar-se apenas dedutivamente no direito, pois as premissas maiores do silogismo normativo estariam totalmente disponíveis, por meio de leis que seriam a expressão positiva de conceitos genéricos e abstratos. Este tipo de raciocínio negligenciou totalmente as bases tópicas da cultura jurídica ocidental, sobretudo das instituições de direito privado, que surgiram em boa parte da solução de problemas concretos.

Perelman ressalta um outro equívoco do positivismo jurídico, que foi o de aplicar ao direito padrões de uma lógica demonstrativa, própria dos esquemas das ciências naturais e exatas e não dos fenômenos sociais e humanos. A relação dedutiva observada nos sistemas formais não se aplica ao direito, pois tais sistemas pressupõem uma total coerência entre os elementos que os formam e a absoluta clareza dos símbolos utilizados, requisitos que dificilmente serão encontrados em alguma estrutura de normas jurídicas. Primeiramente, porque as próprias premissas de um sistema jurídico são imprecisas e genéricas, contidas em princípios ou cláusulas gerais, que demandam uma determinação *a posteriori* de seu significado, com base em eventos concretamente observados. Em segundo lugar, o direito integra o elenco dos saberes argumentativos e não demonstrativos porque lida não com verdades e sim com teses hegemônicas em certos locais, por determinado período de tempo. Não é possível pensar no direito sem que sejam levadas em consideração as mudanças da história e a influência que elas têm sobre os institutos jurídicos. Isto decorre do fato de que o direito está condicionado por fatores políticos, ideológicos, econômicos, religiosos e culturais; que escapam de uma sistematização formal exatamente porque respondem a necessidades momentâneas, sujeitas a alterações com o passar do tempo.

O que conferiu às instituições de direito ocidentais uma certa uniformidade, dando aos juristas modernos a falsa impressão de que poderiam criar um padrão de juridicidade a-histórica, foi a formação de uma classe profissionalizada de juristas, como enfatiza Harold Berman,[4] que empreendeu uma troca de idéias e tornou o direito um objeto específico de estudo, viabilizando uma difusão de idéias e a formação de famílias de direito, no dizer de René David. Entretanto, não há que se falar de uma verdade jurídica, pois o direito faz parte do campo das opiniões e, sendo assim, lida com argumentos, que ao mesmo tempo em que contam com prestígio em certas épocas, são levados ao esquecimento em outras. Assim foi com o direito natural, por exemplo, que, além de ter sofrido diferentes leituras ao longo da história do Ocidente (foi associado ao universo, à razão, à lei e à vontade de Deus), mergulhou em um período de ostracismo durante o auge do positivismo legalista, para mais tarde retornar sob a roupagem das doutrinas sobre direitos humanos e as teorias da justiça. Também a figura do Estado já foi tratada de diferentes maneiras, como democrático, liberal, social, monárquico, intervencionista, *gendarme*, neoliberal etc.; tendo cada uma dessas leituras sido acompanhada de uma respectiva institucionalização jurídica, que prevaleceu em certos locais, durante determinado tempo.

Esta reflexão, inspirada pela teoria da argumentação de Perelman e pela tópica jurídica de Theodor Viehweg, mostra como o paradigma lógico-formal é inadequado para o estudo do direito, exatamente porque ignora algo fundamental para as instituições jurídicas: o papel da prática jurídica na construção da normatividade. O direito não

---

4. Ver item 1.6.3 *supra*.

pode ser reduzido a um todo abstrato de normas, aplicáveis perfeitamente a casos presentes e futuros. Em verdade, o conjunto normativo formado pelo ordenamento jurídico tem o seu significado dado pela leitura que os aplicadores do direito fazem das normas que nele vigoram.

O enfoque aqui adotado partiu da hipótese de que o imperativo de ordem sistemática, aplicado ao direito a partir da Era Moderna, pode ser harmonizado com raciocínios que levem em consideração o papel da casuística, na construção do sistema jurídico. Daí derivou a preocupação, nesta obra, de examinar a forma pela qual a jurisprudência dos tribunais superiores contribui para a formação dos conteúdos normativos do ordenamento jurídico, por meio de um direcionamento de decisões futuras de outras instâncias julgadoras.

A motivação das decisões judiciais é uma expressão da faceta argumentativa do direito, sendo inclusive um importante fator de legitimação dos tribunais superiores no Estado democrático de direito. Por um lado, a motivação traz fundamentos de ordem técnica para a decisão, dirigidos à comunidade jurídica; por outro, representa um discurso voltado a persuadir a sociedade como um todo da adequação da linha decisória adotada. Assim, ao fundamentar a sua decisão, o juiz faz uma costura entre o arcabouço conceitual e principiológico existente no sistema normativo e as peculiaridades do caso sob exame, o que traduz uma clara harmonização entre os pensamentos tópico e sistemático no direito.

A comprovação de tal hipótese deu-se por meio da análise de acórdãos do Supremo Tribunal Federal, Corte selecionada por ser a de maior hierarquia no Poder Judiciário brasileiro e encarregada da guarda da Constituição. Sim, porque a tendência de enxergar o direito a partir da incidência normativa dos princípios constitucionais é bastante forte na atualidade, sobretudo quando se tem em vista a tutela dos direitos do cidadão contra os abusos praticados por terceiros e pelo próprio Estado. Tanto que hoje torna-se cada vez mais freqüente a discussão acerca de uma constitucionalização do direito privado e das perspectivas futuras de uma nova hermenêutica jurídica, que tenha como ponto central de sua abordagem a função diretiva dos princípios constitucionais.[5]

As demonstrações de raciocínio tópico nas decisões do Supremo Tribunal Federal revelaram algumas preocupações freqüentes no âmbito daquela Corte, que merecem aqui um reflexão específica.

A preservação do papel institucional do Supremo Tribunal Federal, no contexto do Estado brasileiro, com base na afirmação da coerência de suas decisões, foi uma preocupação observada em diversos votos do ministros do Tribunal. A questão dos precedentes de jurisprudência tem grande força também nos sistemas de direito codificado, mais por um imperativo de credibilidade política do órgão encarregado de aplicar o direito do que propriamente por uma imposição de ordem metodológica. Tal afirmação justifica-se, na medida em que inegavelmente há uma grande preocupação com a coerência das decisões do Supremo, mas também diversos casos em que ministros decidem contrariamente a certas tendências dominantes no Tribunal. Deve-se, entretanto, reconhecer que o mais comum é a submissão – muitas vezes contra a própria convicção pessoal do integrante do colegiado – à orientação firmada previamente pelo Plenário do Tribunal, em nome da preservação da credibilidade da Corte.

---

5. Ver item 5.1.1 *supra*.

Outro aspecto que chamou a atenção no estudo das decisões do Supremo Tribunal Federal foi a profunda preocupação da maior parte de seus integrantes com princípios de eqüidade. Pôde-se constatar a superação de certas barreiras técnicas, estabelecidas com base em precedentes do próprio Tribunal, a fim de adotar uma decisão considerada pelo ministro votante mais consentânea com os princípios de justiça aplicáveis ao caso concreto. Bastante interessante observar que, mesmo nestes casos, o voto vinha acompanhado de fartos argumentos de ordem técnica, normalmente de caráter dissociativo, voltados a afirmar a coerência interna da linha decisória adotada e as particularidades do caso então julgado, em relação aos precedentes jurisprudenciais. Tal expediente é voltado também a preservar, na medida do possível, o citado imperativo de coerência das decisões do Tribunal.

Nesta análise de jurisprudência, foi possível também observar como o Supremo Tribunal Federal atua na fixação do sentido de conceitos jurídicos e princípios constitucionais, a partir de decisões tomadas em casos concretos. Utilizou-se como referência na investigação o conceito de *interesse público* e pôde-se apurar que nas duas Turmas do Tribunal, e mesmo em sua composição Plenária, foi desenvolvida uma consolidação semântica deste conceito, em consonância com o espírito da Carta Constitucional de 1988, vinculando-o às exigências de publicidade e de motivação dos atos praticados pelo Poder Público e ao estabelecimento de um ponto de equilíbrio entre o interesse da coletividade e os direitos individuais.

O estudo realizado demonstrou que o Supremo Tribunal Federal tem uma posição fundamental na determinação dos limites de normatividade da ordem jurídica hoje em vigor no Brasil. Dessa forma, pôde-se concluir que uma metodologia jurídica que se pretenda inovadora deve dar especial atenção à função normativa da jurisprudência também nos sistemas jurídicos da tradição romano-germânica.

A finalidade precípua desta obra foi exatamente a de refletir sobre um novo padrão de sistematicidade para o direito que fosse capaz de estabelecer um ponto de equilíbrio entre uma visão puramente casuística do fenômeno jurídico, tão criticada pelos opositores da tópica, e os enfoques sistemáticos do positivismo jurídico, absolutamente divorciados dos fundamentos históricos do direito ocidental.

Dentre os novos tipos de sistematicidade aplicáveis ao direito merecem destaque as "hierarquias entrelaçadas", propostas por Kerchove e Ost,[6] que são de certa forma uma harmonização entre a estrutura hierárquica dos ordenamentos jurídicos, enfatizada por Kelsen, e o caráter eminentemente tópico das decisões judiciais. Segundo este enfoque, a hierarquização existe, mas não é linear, sendo observadas no ordenamento emanações de normatividade derivadas dos próprios processos decisórios judiciais. Talvez a partir daí seja possível fundamentar, em termos teóricos, a atividade de criação do direito pelos tribunais, sem comprometer toda uma construção moderna sobre segurança jurídica e hierarquia das fontes normativas. A integração entre o império da lei, dogma do positivismo legalista do século XIX, e a aporia da justiça, a partir da concretização jurisprudencial dos princípios de direito, representa um campo fértil de estudo, ainda não explorado suficientemente pela doutrina jurídica e que tende a crescer consideravelmente nos próximos anos.

---

6. Ver item 2.2.2.3 *supra*.

Uma nova leitura do conceito de sistema jurídico pressupõe um estudo da relevância da atividade normativa dos tribunais superiores, pois hoje é clara a sua importância na determinação do real sentido da ordem jurídica. Em uma análise dessa natureza devem ser levados em consideração diferentes aspectos. Inicialmente, o fato de que o prestígio individual dos juízes influencia decisivamente nas decisões das cortes, conforme constatou-se no estudo realizado das decisões do Supremo Tribunal Federal. A antigüidade de um ministro ou a função que exerce no Tribunal incrementa o peso institucional de suas opiniões. Pelo que se tem conhecimento, este é um tipo de análise pouco comum no direito brasileiro, mas algo freqüente nos Estados Unidos da América, onde os mandatos dos presidentes da Corte Suprema são considerados como "Eras", em termos de tendências decisórias daquele Tribunal.

Outro aspecto a ser considerado, em uma análise de decisões proferidas por tribunais, é a previsibilidade das repercussões sociais dos julgados. Pôde-se observar, no levantamento realizado, uma preocupação constante do Supremo Tribunal Federal com o impacto de seus acórdãos na sociedade, o que inclusive tem justificado a superação pelo Tribunal de certas barreiras técnicas, a fim de tornar as suas decisões mais próximas de um senso comum social.

O último elemento a ser considerado no estudo da jurisprudência dos tribunais superiores é a tendência de formação de grandes entendimentos majoritários, que servirão de diretriz para outras instâncias decisórias e para o próprio tribunal no futuro. Exatamente neste último ponto parece residir o traço normativo fundamental da atuação das cortes superiores, que apesar de não criarem leis em sentido próprio, dão concretude a conceitos e princípios jurídicos, além de serem responsáveis pela construção de linhas interpretativas acerca das normas jurídicas em vigor, que passarão a ser uma referência em todo o ordenamento jurídico.

Toda a reflexão aqui proposta leva a um atenuamento do rigor do princípio da separação de poderes, que foi inegavelmente uma importante conquista do Estado liberal, mas, elevado a um dogma do Estado revolucionário francês e a um dos pilares do positivismo jurídico, fez do juiz um escravo da lei previamente criada pelo legislador. É inegável a contribuição deste princípio para o Estado de direito, pois permitiu a existência de um maior controle dos órgãos componentes da estrutura do Estado, limitando as competências de juízes e governantes, que eram imprecisas no Antigo Regime. Entretanto, a redução extremada no papel criativo do juiz representou, na prática, a negação de uma função tópica de construção da ordem jurídica, exercida tradicionalmente pelos tribunais.

Dessa forma, a ênfase no estudo das decisões dos tribunais superiores representa um resgate desses fundamentos tópicos do direito ocidental e implica, inegavelmente, um repensar da forma de incidência do princípio da separação de poderes. Trata-se de uma tendência inevitável na atualidade, sobretudo quando se observa que o próprio Poder Executivo vem tomando para si inúmeras atribuições normativas. Talvez desta reflexão se possa até chegar à conclusão de que se verifica hoje uma convergência entre as tradições jurídicas da Europa continental e da *common law*, como defende Perelman,[7] o que justificaria o reconhecimento, também nos sistemas de direito codificado, da existência de uma função normativa dos tribunais hierarquicamente superiores.

---

7. Chaïm PERELMAN, *Ética e Direito*, *op. cit.*, pp. 570-571.

Acrescente-se que o próprio conceito de Estado democrático de direito tem como pressuposto uma interação entre Estado e sociedade mais ampla do que a mera participação política dos cidadãos pela via do voto. As instituições democráticas compreendem uma satisfação do Estado à sociedade, no que tange à administração das finanças públicas, àprestação de serviços públicos e às políticas governamentais adotadas. Tal mudança no perfil do Estado repercute também na administração da justiça. Em uma sociedade plural são inúmeros os grupos de pressão, os interesses corporativos e econômicos, que têm inegável reflexo no Poder Judiciário. Isto sem falar da pressão exercida pelos meios de comunicação de massa, que hoje recebem e emitem informações de forma instantânea e têm um imenso poder de formação de opinião na sociedade. Seria ingenuidade achar, então, que a clássica independência do Poder Judiciário seria capaz de torná-lo absolutamente imune a este tipo de influência, que, longe de ser uma distorção do sistema, é algo que faz parte da atual realidade dos Estados democráticos e que não pode ser ignorado pelos juristas.

Um estudo como o aqui proposto reconhece a necessidade de restauração, na metodologia do direito, dos vínculos históricos e culturais tradicionais entre o sistema jurídico e a sociedade, que foram comprometidos pela visão absolutamente formalista do direito trazida pelo positivismo jurídico.[8] Assim, como os padrões do liberalismo polí-

---

8. Neste ponto em particular, é inegável a conexão com o tridimensionalismo de Miguel Reale, que conjuga exatamente o elemento normativo do direito, o histórico-social e o axiológico, fornecendo as três dimensões estruturantes do fenômeno jurídico. Miguel REALE, *Teoria Tridimensional do Direito*, 5. ed. revista

tico demandaram uma reformulação no século XX, também a teoria do direito não pode permanecer vinculada ao parâmetros instituídos no período do Estado liberal. O estudo da atividade dos tribunais representa, portanto, uma contribuição importante para uma nova abordagem do direito, ao privilegiar o caráter argumentativo das suas decisões, que são responsáveis pelo estabelecimento de nexos entre as normas vigentes no sistema e os fatos ocorridos na sociedade.

Por fim, a proposta desta obra foi dar uma contribuição ao debate contemporâneo sobre a metodologia do direito, buscando na retomada de certas premissas pré-modernas, ligadas a uma prática jurídica fundada no exame das características do caso concreto, a base para o estudo do caráter normativo da jurisprudência dos tribunais superiores. Esta proposta tópica não implica desconsiderar a existência de um sistema jurídico orientado por certos imperativos de segurança e coerência, mas reconhecer que a cultura jurídica do Ocidente é resultado de uma consolidação histórica de instituições de direito, construídas a partir de procedimentos argumentativos.

---

e reestruturada, São Paulo, Saraiva, 1994. Miguel REALE, *Filosofia do Direito*, *op. cit.*, pp. 497-620.

Referências bibliográficas

AARNIO, Aulis. *Le Rationnel Comme Raisonnable: la justification en droit*. Trad. Geneviève Warland, Bruxelles: E. Story-Sciencia, 1992 (orig. 1987).
ADEODATO, João Maurício. *Filosofia do Direito: uma crítica à verdade na ética e na ciência*. São Paulo: Saraiva, 1996.
ALEXY, Robert. *A Theory of Legal Argumentation: the theory of rational discourse as theory of legal justification*. Translated by Ruth Adler and Neil MacCormick, Oxford: Oxford University Press, 1989 (orig. 1978).
ARISTÓTELES, *Ética a Nicômaco*. Tradução de Leonel Vallandro e Gerd Bornheim. *In*: Os Pensadores, v. IV, São Paulo: Abril Cultural, 1973, pp. 245-436. Versão inglesa de W. D. Rosá. Original grego.
_____. *Tópicos*. Tradução de Leonel Vallandro e Gerd Bornheim. *In*: Os Pensadores, v. IV, São Paulo: Abril Cultural, 1973, pp. 7-158. Versão inglesa de W. A. Pickard. Original grego.
ATIENZA, Manuel. *Tras la Justicia: una introduccion al Derecho y al razonamiento jurídico*. Barcelona: Ariel, 1993.
BARRETTO, Vicente de Paulo. Da Interpretação à Hermenêutica Constitucional. *In*: Margarida Maria Lacombe CAMAR-

GO (org.). *1988-1998: uma década de constituição*. Rio de Janeiro: Renovar, 1999, pp. 369-394

_____. Interpretação Constitucional e Estado Democrático de Direito. In: *Revista de Direito Administrativo*, Rio de Janeiro: n. 203, pp.11-23, jan./mar. 1996.

BARROSO, Luís Roberto. *O Direito Constitucional e a Efetividade de suas Normas*. 2.ed. ampliada e atualizada, Rio de Janeiro: Renovar, 1993.

BAUM, Laurence. *A Suprema Corte Americana*. Tradução de Élcio Cerqueira, Rio de Janeiro: Forense Universitária, 1987.

BERMAN, Harold J. *La Formación de la Tradición Jurídica de Occidente*. Tradução de Mónica Utrilla de Neira, México: Fondo de Cultura Económica, 1996 (orig. 1983).

BIN, Roberto. *Diritti e Argomenti: il bilanciamento degli interessi nella giurisprudenza constituzionale*. Milano: Dott. A Giuffrè, 1992.

BOBBIO, Norberto. Democracia Representativa e Democracia Direta. In: *O Futuro da Democracia: uma defesa das regras do jogo*. Tradução de Marco Aurélio Nogueira, 3. ed., Rio de Janeiro: Paz e Terra, 1986 (orig. 1984), pp. 41-64

_____. *O Positivismo Jurídico: noções de filosofia do direito*. Compiladas por Nello Morra, tradução e notas Márcio Pugliesi, Edson Bini, Carlos E. Rodrigues, São Paulo: Ícone, 1995.

_____. *Teoria do Ordenamento Jurídico*. Tradução de Cláudio de Cicco e Maria Celeste C.J. Santos, São Paulo: Polis; Brasília: Universidade de Brasília, 1989 (orig. 1982).

_____. *Thomas HOBBES*. Tradução de Carlos Nelson Coutinho, Rio de Janeiro: Campus, 1991.

BOETHIUS. *In Ciceronis Topica*. Translated with Notes and Introduction by Eleonore Stump, Ithaca; London: Cornell University Press, 1988.

BRASIL. Supremo Tribunal Federal. Ação Direta de Inconstitucionalidade n° 4-7. Tribunal Pleno. Relator: Ministro Sydney Sanches. 7 de março de 1991. *Revista Trimestral de Jurisprudência*, Brasília, v. 147, pp. 719-858.

BRASIL. Supremo Tribunal Federal. Mandado de injunção n. 283-DF. Tribunal Pleno. Relator: Ministro Sepúlveda Pertence. 20 de março de 1991. *Revista Trimestral de Jurisprudência*, Brasília, v. 135, pp. 882-904.

BRASIL. Supremo Tribunal Federal. Mandado de injunção n. 284-DF. Tribunal Pleno. Relator para o acórdão: Ministro Celso de Mello. 22 de novembro de 1991. *Revista Trimestral de Jurisprudência*, Brasília, v. 139, pp. 712-732.

BRASIL. Supremo Tribunal Federal. Medida Cautelar na Ação Direta de Inconstitucionalidade n° 594-DF. Tribunal Pleno. Relator: Ministro Carlos Velloso. 19 de fevereiro de 1992. *Revista Trimestral de Jurisprudência*, Brasília, v. 151, pp. 20-50

BRASIL. Supremo Tribunal Federal. Recurso extraordinário n. 113149-SP. Tribunal Pleno. Relator: Ministro Moreira Alves. 05 de outubro de 1989. *Revista Trimestral de Jurisprudência*, Brasília, v. 136, pp. 774-792.

BRASIL. Supremo Tribunal Federal. Recurso extraordinário n. 113343-1-SP. 1ª Turma. Relator: Ministro Sydney Sanches. 2 de abril de 1996. Serviço de Jurisprudência do Supremo Tribunal Federal, Brasília, Ementário n. 1830-02, pp. 277-287.

BRASIL. Supremo Tribunal Federal. Recurso extraordinário n. 114863-2-RJ. Tribunal Pleno. Relator: Ministro Moreira Alves. 14 de dezembro de 1989. Serviço de Jurisprudência do Supremo Tribunal Federal, Brasília, Ementário n. 1573-1, pp. 151-161.

BRASIL. Supremo Tribunal Federal. Recurso extraordinário n. 114977-9-SP. 2ª Turma. Relator: Ministro Carlos Velloso. 16 de outubro de 1990. Serviço de Jurisprudência do Supremo Tribunal Federal, Brasília, Ementário n. 1606-1, pp. 169-174.

BRASIL. Supremo Tribunal Federal. Recurso extraordinário n. 116014-4-SP. 1ª Turma. Relator: Ministro Moreira Alves. 13 de novembro de 1990. Serviço de Jurisprudência do Supremo Tribunal Federal, Brasília, Ementário n. 1607-2, pp. 260-268.

BRASIL. Supremo Tribunal Federal. Recurso extraordinário n. 119223-SP. 1ª Turma. Relator: Ministro Moreira Alves. 21 de novembro de 1989. *Revista Trimestral de Jurisprudência*, Brasília, v. 130, pp. 1269-1275.

BRASIL. Supremo Tribunal Federal. Recurso extraordinário n. 152919-RS. 2ª Turma. Relator: Ministro Carlos Velloso. 22 de junho de 1993. *Revista Trimestral de Jurisprudência*, Brasília, v. 152, pp. 280-288.

BRASIL. Supremo Tribunal Federal. Recurso extraordinário n. 163691-2-SP. 1ª Turma. Relator: Ministro Celso de Mello. 11 de abril de 1995. Serviço de Jurisprudência do Supremo Tribunal Federal, Brasília, Ementário n. 1800-08, pp. 1546-1560.

BRASIL. Supremo Tribunal Federal. Recurso extraordinário n. 181138-2-SP. 1ª Turma. Relator: Ministro Celso de Mello. 6 de setembro de 1994. Serviço de Jurisprudência do Supremo Tribunal Federal, Brasília, Ementário n. 1786-7, pp. 1496-1511.

BRASIL. Supremo Tribunal Federal. Recurso extraordinário n. 192569-0-PI. 2ª Turma. Relator: Ministro Marco Aurélio. 23 de abril de 1996. Serviço de Jurisprudência do Supremo Tribunal Federal, Brasília, Ementário n. 1841-04, pp. 662-703.

BRASIL. Supremo Tribunal Federal. Recurso ordinário n. 21485-6-DF. 2ª Turma. Relator: Ministro Marco Aurélio. 01 de setembro de 1992. Serviço de Jurisprudência do Supremo Tribunal Federal, Brasília, Ementário n. 1710-01, pp. 85-120.

BRASIL. Supremo Tribunal Federal. Recurso ordinário n. 22.307-DF. Tribunal Pleno. Relator: Ministro Marco Aurélio. 19 de fevereiro de 1997. *Revista Trimestral de Jurisprudência*, Brasília, v. 165, pp. 132-175.

CAMARGO, Margarida Maria Lacombe. *Hermenêutica e Argumentação: uma contribuição ao estudo do direito*. Rio de Janeiro: Renovar, 1999.

CANARIS, Claus-Wilhelm. *Pensamento Sistemático e Conceito de Sistema na Ciência do Direito*. Tradução de António Menezes Cordeiro, 2.ed., Lisboa: Fundação Calouste Gulbenkian, 1996, (original 1983).

CAPPELLETTI, Mauro. *Juízes Legisladores?* Tradução de Carlos Alberto Alvaro de Oliveira, Porto Alegre: Sérgio Fabris, 1993.

CÍCERO, Marco Túlio. Topica. In: *Cicero II, Loeb Classical Library*, LCL 386, translated by H. M. Hubbel, Cambridge, Massachusetts; London: 1993, pp. 382-459.

CLÈVE, Clèmerson Merlin. *A Fiscalização Abstrata de Constitucionalidade no Direito Brasileiro*. São Paulo: Revista dos Tribunais, 1995.

DAVID, René. *Os Grandes Sistemas do Direito Contemporâneo*. Tradução de Hermínio A. Carvalho, 3.ed., São Paulo: Martins Fontes, 1996.

DESCARTES, René. *Discurso do Método*. Tradução de J. Grinsburg e Bento Prado Júnior. In: *Os Pensadores*, v. XV, São Paulo: Abril, 1973, pp. 33-79.

DINAMARCO, Cândido Rangel. *A Instrumentalidade do Processo*. 4. ed., São Paulo: Malheiros, 1994.

ENTERRÍA, Eduardo García de. Reflexiones sobre la Ley y los Principios Generales del Derecho en el Derecho Administrativo. In: *Reflexiones sobre la Ley y los Principios Generales del Derecho*. Madrid: Civitas, 1984, pp. 13-72.

FERRAZ JÚNIOR, Tércio Sampaio. *A Ciência do Direito*. 2. ed., São Paulo: Atlas, 1991.

_____. *Conceito de Sistema no Direito: uma investigação histórica a partir da obra jusfilosófica de Emil Lask*. São Paulo: Revista dos Tribunais, 1976.

_____. *Direito, Retórica e Comunicação*. 2. ed., São Paulo, Saraiva, 1997.

_____. *Introdução ao Estudo do Direito: técnica, decisão, dominação*. 2.ed., São Paulo: Atlas, 1994.

_____. *Teoria da Norma Jurídica: ensaio de pragmática da comunicação normativa*, Rio de Janeiro, Forense, 1978.

FREITAS, Juarez. *A Interpretação Sistemática do Direito*. 2 ed. rev. ampl., São Paulo: Malheiros, 1998.

GAUDEMET, Jean. *Les Naissances du Droit: le temps, le pouvoir et la science au service du droit*. Paris: Montchrestien, 1997.

GIERKE, Otto von. *Teorías Políticas de la Edad Media (edicíon de F. W. Maitland)*. Traducción de Piedad García-Escudero, Madrid: Centro de Estudios Constitucionales, 1995 (orig. 1881).

GILISSEN, John. *Introdução Histórica ao Direito*. Tradução de António Manuel Hespanha, Lisboa: Fundação Calouste Gulbenkian, 1986 (orig. 1979).

GUERRA FILHO, Willis Santiago. O Direito como Sistema Autopoiético. In: *Revista Brasileira de Filosofia*. v. XXXIX, Fascículo 163, São Paulo: Instituto Brasileiro de Filosofia, pp. 185-196, jul.-ago.-set. 1991.

HÄBERLE, Peter. *Hermenêutica Constitucional — a sociedade aberta dos intérpretes da constituição: contribuição para a interpretação pluralista e "procedimental" da constituição*. Tradução de Gilmar Ferreira Mendes, Porto Alegre: Sérgio Fabris, 1997 (orig. 1975).

HABERMAS, Jürgen. *Direito e Democracia: entre facticidade e validade*. Tradução de Flávio Beno Siebeneichler, Rio de Janeiro: Tempo Brasileiro, 1997 (orig. 1994), 2 v.

HESPANHA, António Manuel. *Panorama Histórico da Cultura Jurídica Européia*, Lisboa: Europa-América, 1997.

HESSE, Konrad. *A Força Normativa da Constituição*. Tradução de Gilmar Ferreira Mendes, Porto Alegre: Sérgio Fabris, 1991 (orig. 1959).

HOBBES, Thomas. *Leviatã ou Matéria, Forma e Poder de um Estado Eclesiástico e Civil*. Tradução de João Paulo Monteiro e Maria Beatriz Nizza da Silva, São Paulo: Nova Cultural, 1998 (orig. 1651).

JACOB Herbert. *Justice in America: courts, lawyers and the judicial process*, 3. ed., Boston; Toronto: Little, Brown and Company, 1978.

KANTOROWICZ, Ernst H. *Os Dois Corpos do Rei: um estudo sobre teologia política medieval.* Tradução de Cid Knipel Moreira, São Paulo: Companhia das Letras, 1998 (orig. 1957).

KELSEN, Hans. *Teoria Pura do Direito.* Tradução de João Baptista Machado, revista por Silvana Vieira, 2.ed. bras., São Paulo: Martins Fontes, 1987 (original: 1934 (1.ed.); 1960 (2.ed.)).

KERCHOVE, Michel van de; OST, François. *Le Système Juridique entre Ordre et Désordre*, Paris, Presses Univeristaires de France, 1988.

LARENZ, Karl. *Metodologia da Ciência do Direito.* Tradução de José Lamego, 2. ed., Lisboa: Calouste Gulbenkian, 1986 (orig. 1983).

LE GOFF, Jacques. *La Civilisation de L'Occident Médiéval.* [France]: Flammarion, 1982 (orig. 1964).

LILLA, Mark. G. B. *Vico: the making of an anti-modern.* Cambrige, Massachusetts; London: Harvard University Press, 1994.

_____. *Les Intellectuels au Moyen Age.* Paris: Éditions du Seuil, 1985 (orig. 1957).

LUHMANN, Niklas. *Legitimação pelo Procedimento.* Tradução de Maria da Conceição Côrte-Real, Brasília: Ed. Universidade de Brasília, 1980.

_____. *Sociologia do Direito.* Tradução de Gustavo Bayer, Rio de Janeiro: Tempo Brasileiro, v.1, 1983; v.2, 1985 (orig. 1972).

LUSCOMBE, D. E.; EVANS, G. R. La Renaissance du XIIe Siècle. *In:* BURNS, James Henderson. *Histoire de la Pensée Politique Médiévale.* Trad. Jacques Ménard, Paris: P.U.F., 1993 (orig. 1988), pp. 291-220.

MEIRA, Silvio A. B. *História e Fontes do Direito Romano.* São Paulo: Saraiva, 1966.

MENDONÇA, Paulo Roberto Soares. *A Argumentação nas Decisões Judiciais.* 2 ed., Rio de Janeiro: Renovar, 2000.

MONTESQUIEU, Barão de La Brède e de (Charles-Louis de Secondat). *Do Espírito das Leis. In: Os Pensadores*, v. XXI, São Paulo: Abril, 1973, p. 157.

MORAES, Maria Celina Bodin. A Caminho de um Direito Civil Constitucional. *In: Direito, Estado e Sociedade*, 2. ed., n. 1, Rio de Janeiro: Pontifícia Universidade Católica do Rio de Janeiro – Departamento de Ciências Jurídicas, pp. 59-73, jul./dez. 1996.

MOREIRA, José Carlos Barbosa. Reflexões sobre a Imparcialidade do Juiz. *In: Doutrina Adcoas*, n. 7, 1998, pp. 254-260.

MÜLLER, Friedrich. *Discours de la Méthode Juridique*. Trad. par Olivier Jouanjan, Paris: P.U.F., 1996 (orig. 1993).

NELSON, Janet. La Royauté et L'Empire. *In:* James Henderson BURNS (org.), *Histoire de la Pensée Politique Médiévale*. Trad. Jacques Ménard, Paris: P.U.F., 1993 (orig. 1988), pp. 202-240.

PENNINGTON, K. Loi, Autorité Legislative et Théories du Gouvernement, 1150-1300. *In:* BURNS, James Henderson. *Histoire de la Pensée Politique Médiévale*. Trad. Jacques Ménard, Paris: P.U.F., 1993 (orig. 1988), pp. 400-427.

PEREIRA, Caio Mário da Silva. Código Napoleão. *In: Revista do Instituto dos Advogados Brasileiros*, Anos XXIV e XXV, n. 75, 76, 77 e 78, pp. 9-20.

PERELMAN, Chaïm. Argumentação. *In: Enciclopédia Einaudi*, v. 11, Imprensa Nacional – Casa da Moeda, 1987, pp. 234-265.

_____. *Droit, Morale et Philosophie*. Paris: Librairie Générale de Droit et de Jurisprudence, 1976

_____. *Ética e Direito*. Tradução de Maria Ermantina Galvão G. Pereira, São Paulo: Martins Fontes, 1996.

_____. *Justice et Raison*. Bruxelas: Éditions de lUniversité de Bruxelles, 1963.

_____. *La Lógica Jurídica y la Nueva Retórica*. Traducción de Luis Diez-Picazo, Madrid: Civitas, 1979 (orig. 1976).

_____. *Le Champ de l'Argumentation*. Bruxelas: Éditions de lUniversité de Bruxelles, 1970.

_____. *Le Raisonnable et le Déraisonnable en Droit. Au-delà du Positivisme Juridique*. Paris: Librairie Générale de Droit et de Jurisprudence, 1984.

_____. *The New Rethoric: A Theory of Practical Reasoning*. In: *The Great Ideas Today*, Chicago: Britannica, 1970, pp. 273-311.

_____. *The Realm of Rhetoric*. Translated by William Kluback, Notre Dame – London: University of Notre Dame Press, 1982. Edição original: *Lempire Rhétorique*. Paris: Librairie Philosophique J. Vrin, 1977.

PERELMAN, Chaïm; FORIERS, D. (org.). *La Motivation des Décisions de Justice*. Bruxelles: Établissements Émile Bruylant, 1978.

PERELMAN, Chaïm; OLBRECHTS-TYTECA, Lucie. *Traité de L'argumentation, la nouvelle rhétorique*, Paris: Presses Universitaires de France, 1958. Edição em inglês: *The New Rhetoric: A Treatise on Argumentation*. Translated by John Wilkinson and Purcell Weaver, Notre Dame: University of Notre Dame Press, 1971. Edição em português: *Tratado da Argumentação: a Nova Retórica*. Tradução de Maria Ermantina Galvão G. Pereira, São Paulo: Martins Fontes, 1996.

PERLINGIERI, Pietro. *Perfis do Direito Civil: introdução ao direito civil constitucional*. Tradução de Maria Cristina De Cicco, Rio de Janeiro: Renovar, 1997 (orig. 3. ed. 1994).

POLETTI, Ronaldo. *Controle da Constitucionalidade das Leis*. 2. ed., Rio de Janeiro: Forense, 1995.

PORTALIS, Jean Etienne Marie. Discours Préliminaire sur le Projet de Code Civil. In: *Discours, Rapports et Travaux Inédits sur le Code Civil*. Paris: Joubert – Libraire de la Court de Cassation, 1844, pp. 1-62.

_____. Exposé des Motifs du Projet de Loi Intitulé: Titre Préliminaire de la Publication, des Effects et de L'Application des Lois en Général. In: *Discours, Rapports et Travaux Inédits sur le Code Civil*. Paris: Joubert – Libraire de la Court de Cassation, 1844, pp. 142-161.

QUARESMA, Regina. *O Mandado de Injunção e a Ação Direta de Inconstitucionalidade por Omissão: teoria e prática*. Rio de Janeiro: Forense, 1995.
RADBRUCH, Gustav. *Filosofia do Direito*. Tradução e Prefácios de L. Cabral de Moncada, 6. ed. r. a., Coimbra: Armênio Amado, 1979 (orig. 1932).
REALE, Miguel. *Filosofia do Direito*. 16. ed., São Paulo: Saraiva, 1994.
_____. *Fontes e Modelos do Direito: para um novo paradigma hermenêutico*. São Paulo: Saraiva, 1994.
_____. *Teoria Tridimensional do Direito*. 5. ed. revista e reestruturada, São Paulo: Saraiva, 1994.
ROUSSEAU, Jean-Jacques. *Do Contrato Social*. Tradução de Lourdes Santos Machado. In: *Os Pensadores*, v. XXIV, São Paulo: Abril, 1973, pp. 7-151.
SCHWARTZ, Bernard. *Decision: how the Supreme Court decides cases*. New York: Oxford University Press, 1996.
SICHES, Luís Recaséns. *Panorama del Pensamiento Jurídico en el Siglo XX*. México: Porrúa, 1963.
SILVA, Nuno Espinosa Gomes da. *História do Direito Português*. 2.ed., Lisboa: Fundação Calouste Gulbenkian, 1991.
STERN, Jacques. *Thibaut y Savigny – La Codificación: una controversia programatica basada en sus obras*. Madrid: Aguilar, 1970.
STRAUSS, Leo. *Droit Naturel et Histoire*. [France]: Flammarion, 1954.
TEUBNER, Gunter. *O Direito como Sistema Autopoiético*. Tradução e prefácio de José Engracia Antunes, Lisboa: Fundação Calouste Gulbenkian, 1993 (orig. 1989).
TIGAR, Michael E.; LEVY, Madeleine R. *O Direito e a Ascensão do Capitalismo*. Tradução de Ruy Jungmann, Rio de Janeiro: Zahar, 1978.
TROPER, Michel. *Pour Une Théorie Juridique de L'État*. Paris: P.U.F., 1994.
VICO, Giambattista. *On the Study Methods of our Time*. Translated with na Introduction and notes by Elio Gianturco,

Ithaca and London: Cornell University Press, 1990 (orig. 1709).

_____. Princípios de uma Ciência Nova: acerca da natureza comum das nações. In: Os Pensadores: Vico. Tradução e notas de Antonio Lázaro de Almeida Prado, 2. ed., São Paulo: Abril Cultural, 1979.

VIEHWEG, Theodor. Perspectivas Históricas de la Argumentación Jurídica: la Epoca Moderna. In: Tópica y Filosofia del Derecho. Traducción de Jorge M. Seña, Barcelona: Gedisa, 1991, pp.150-162.

_____. Problemas Sistémicos en la Dogmática Jurídica y en la Investigación Jurídica. In: Tópica y Filosofia del Derecho. Traducción de Jorge M. Seña, Barcelona: Gedisa, 1991, pp. 71-85.

_____. Sobre el Desarrollo Contemporáneo de la Tópica Jurídica. In: Tópica y Filosofia del Derecho Traducción de Jorge M. Seña, Barcelona: Gedisa, 1991, pp.176-184.

_____. Tópica e Jurisprudência. Tradução de Tércio Sampaio Ferraz Jr., Brasília: Imprensa Nacional, 1979 (orig. 1953). Versão em inglês: Topics and Law: a contribution to basic research in Law. Translated by Cole Durham Jr., Frankfurt am Main; Berlin; Bern; New York; Paris; Wien: Lang, 1993.

VILLEY, Michel. Direito Romano. Tradução de Fernando Couto, Porto: Resjurídica, 1991.

_____. Filosofia do Direito: definições e fins do direito. Tradução de Alcidema Franco Bueno Torres, São Paulo: Atlas, 1977.

_____. Philosophie du Droit: les moyens du droit. Deuxième édition, Paris: Dalloz, 1984.

WIEACKER, Franz. História do Direito Privado Moderno. Tradução de António Manuel Hespanha, 2.ed., Lisboa: Fundação Calouste Gulbenkian, 1993 (orig. 1967).

WOLF Erik. El Problema del Derecho Natural. Tradução de Manuel Entenza, Barcelona: Ariel, 1960 (orig. 1958).

Impresso em offset nas oficinas da
FOLHA CARIOCA EDITORA LTDA.
Rua João Cardoso, 23 – Tel.: 2253-2073
Fax: 2233-5306 – CEP 20220-060 – Rio de Janeiro – RJ